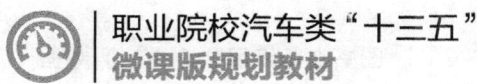

汽车保险与理赔

第 2 版 微课版

侯士元 / 主编 李陶胜 李秀芬 / 副主编

人民邮电出版社

北京

图书在版编目（CIP）数据

汽车保险与理赔：微课版／侯士元主编．--2版．--北京：人民邮电出版社，2017.8
 职业院校汽车类"十三五"微课版规划教材
 ISBN 978-7-115-45969-5

Ⅰ．①汽…　Ⅱ．①侯…　Ⅲ．①汽车保险－理赔－中国－高等职业教育－教材　Ⅳ．①F842.63

中国版本图书馆CIP数据核字（2017）第130678号

内 容 提 要

本书根据汽车保险营销、事故车辆查勘与定损等岗位工作的实际需求，系统地讲解了保险基础、机动车保险条款、汽车保险费率与投保方式、事故车辆理赔、汽车保险电话营销等方面的知识。

本书可作为中、高等职业技术学院汽车类相关专业的教学用书，也可作为机动车辆保险从业人员的参考、学习、培训用书，还可作为广大车主了解机动车保险和理赔知识的参考书。

◆ 主　　编　侯士元
　　副 主 编　李陶胜　李秀芬
　　责任编辑　王丽美
　　责任印制　焦志炜

◆ 人民邮电出版社出版发行　北京市丰台区成寿寺路11号
　　邮编　100164　电子邮件　315@ptpress.com.cn
　　网址　http://www.ptpress.com.cn
　　固安县铭成印刷有限公司印刷

◆ 开本：787×1092　1/16
　　印张：12.5　　　　　　　　　2017年8月第2版
　　字数：319千字　　　　　　　2025年1月河北第15次印刷

定价：35.00元

读者服务热线：(010)81055256　印装质量热线：(010)81055316
反盗版热线：(010)81055315
广告经营许可证：京东市监广登字20170147号

第 2 版前言

汽车保险与理赔是汽车营销企业、保险公司与车辆定损中心等岗位高技能人才必须掌握的技能,也是高职汽车类专业的一门重要的专业核心课程。

作者编写的《汽车保险与理赔》一书自出版以来,受到了众多高职高专院校的欢迎。为了更好地满足广大高职高专院校的学生对汽车保险与理赔知识学习的需要,作者结合近几年的教学改革实践和广大读者的反馈意见,在保留原书特色的基础上,对本书进行了全面的修订,这次修订的主要内容如下。

本书贯彻党的二十大精神,落实立德树人根本任务。本书通过精心设计,将敬业爱岗、一丝不苟的职业品格和爱国情怀融入专业内容,以二维码的形式插入"课程育人"栏目。

- 对本书第 1 版中部分项目存在的问题进行了校正和修改。
- 修改了汽车保险条款等内容,根据中国保监会和保险行业协会的要求,对中保协机动车辆商业保险示范条款进行了详细阐述。
- 补充完善了汽车保险费率的计算方法,使学生能够准确地为客户计算商业保险保费,并为客户制订合理的汽车保险投保方案。
- 为进一步贴近实际工作的需求,增加了大量有针对性的案例及分析。
- 本书是一本体现"互联网+教育"理念的教材。在书中相应位置以二维码的形式插入"课程育人"、微课等教学辅助资源,通过手机等移动终端设备的"扫一扫"功能,即可实现播放,实现随时随地移动学习。读者还可以扫描封底二维码或者直接登录"微课云课堂"(www.ryweike.com)→用手机号码注册→在用户中心输入本书激活码(c0756f22),将本书包含的微课资源添加到个人账户,永久在线观看本课程微课视频。

在本书的修订过程中,作者始终贯彻以"教、学、做"一体化的教学模式组织课程内容。依据汽车保险与理赔专业的培养目标,根据职业岗位能力,把"汽车保险与理赔"课程分成 5 大学习领域:保险基础、机动车保险条款、汽车保险费率与投保方式、事故车辆理赔、汽车保险电话营销。修订后的教材,内容更具针对性和实用性,叙述更加准确、通俗易懂和简明扼要。通过课程设计、教学方法、实训内容等方面的精心设计,真正成为产教融合、书证融通、课证融通、校企共建教材,使学生所学技能直接与企业岗位能力接轨。

全书参考总学时数为 80 学时,各项目的参考学时参见下表。

章节	课程内容	学时分配
第 1 章	保险基础	12
第 2 章	机动车保险条款	16
第 3 章	汽车保险费率与投保方式	14
第 4 章	事故车辆理赔	26
第 5 章	汽车保险电话营销	12
总计		80

本书由淄博职业学院侯士元任主编，安庆职业技术学院李陶胜和日照职业技术学院李秀芬任副主编。另外，淄博职业学院郭振杰、孙术华等对本书进行了细致的审阅，并提出了宝贵意见，在此表示感谢。

本书在编写过程中，编者参阅了大量国内外专家学者的研究成果及文献资料，再次对相关文献的作者表示衷心的感谢。本书的编撰还得到了中国人民财产保险股份有限公司、天平汽车保险股份有限公司和凯升保险销售股份有限公司的大力支持和指导，在此一并表示感谢。

限于作者的学术水平，书中不妥之处在所难免，敬请广大读者批评指正，来信请至 1071919435@qq.com。

编者

2022 年 11 月

目 录

第1章 保险基础 1
- 1.1 保险基础知识 1
  - 1.1.1 风险概述 1
  - 1.1.2 风险管理 6
  - 1.1.3 保险概述 10
  - 1.1.4 保险市场 15
  - 1.1.5 案例分析 17
- 1.2 汽车保险基础 19
  - 1.2.1 汽车保险概述 20
  - 1.2.2 汽车保险的职能与作用 22
  - 1.2.3 汽车保险的要素 24
  - 1.2.4 案例分析 26
- 1.3 汽车保险合同 28
  - 1.3.1 保险合同概述 28
  - 1.3.2 保险合同的基本内容 30
  - 1.3.3 保险合同的特征 32
  - 1.3.4 保险合同的主体与客体 35
  - 1.3.5 保险合同的订立程序 36
  - 1.3.6 案例分析 38
- 1.4 汽车保险原则 39
  - 1.4.1 保险利益原则 39
  - 1.4.2 最大诚信原则 43
  - 1.4.3 近因原则 52
  - 1.4.4 损失补偿原则 54
  - 1.4.5 保险与防灾减损相结合的原则 56
  - 1.4.6 案例分析 56

第2章 机动车保险条款 59
- 2.1 机动车交通事故责任强制保险 59
  - 2.1.1 机动车交通事故责任强制保险 59
  - 2.1.2 机动车交通事故责任强制保险条款 67
  - 2.1.3 案例分析 70
- 2.2 机动车商业保险 71
  - 2.2.1 机动车商业保险概述 72
  - 2.2.2 机动车商业保险示范条款总则 75
  - 2.2.3 机动车损失保险 76
  - 2.2.4 机动车第三者责任保险 78
  - 2.2.5 机动车车上人员责任保险 80
  - 2.2.6 机动车商业保险通用条款 82
  - 2.2.7 机动车商业保险附加险 83
  - 2.2.8 案例分析 90

第3章 汽车保险费率与投保方式 93
- 3.1 汽车保险费率 93
  - 3.1.1 确定汽车保险费率的原则 93
  - 3.1.2 汽车保险费率的模式 95
  - 3.1.3 各险别保费计算方法 96
  - 3.1.4 费率调整系数 100
  - 3.1.5 案例分析 102
- 3.2 汽车投保与核保 103
  - 3.2.1 汽车投保概述 103
  - 3.2.2 投保单 106
  - 3.2.3 核保 109
  - 3.2.4 保险的续保、批改和退保 111
  - 3.2.5 案例分析 113

第4章 事故车辆理赔 115
- 4.1 事故车辆查勘 115

- 4.1.1 接报案 115
- 4.1.2 调度 118
- 4.1.3 查勘 120
- 4.1.4 立案 125
- 4.1.5 案例分析 129
- 4.2 事故车辆定损 130
  - 4.2.1 定损 131
  - 4.2.2 核损 136
  - 4.2.3 报价 139
  - 4.2.4 医疗跟踪、医疗审核 139
  - 4.2.5 资料收集 145
  - 4.2.6 赔款理算 146
  - 4.2.7 核赔 153
  - 4.2.8 结案 154
  - 4.2.9 案例分析 156
- 4.3 事故车辆典型案件处理 158
  - 4.3.1 简易赔案及简化处理赔案 ... 158
  - 4.3.2 交强险"互碰自赔"案件 ... 160
  - 4.3.3 机动车交强险互碰赔偿处理规则 163
  - 4.3.4 案例分析 169

第5章 汽车保险电话营销 171

- 5.1 汽车保险电话营销简介 171
- 5.2 汽车保险电话营销流程及话术 175
- 5.3 汽车保险电话营销线上人员服务规范 185
- 5.4 汽车保险电话营销特色 186

参考文献 193

第 1 章 保险基础

1.1 保险基础知识

【知识目标】
1. 了解风险的定义、分类及性质
2. 了解风险管理的定义、处理风险的方法
3. 掌握保险的定义、分类及特征
4. 掌握保险市场的定义、类型及功能

【能力目标】
1. 学会识别风险的能力
2. 能够指导风险管理过程及投资风险管理方法
3. 学会保险工作的基本流程
4. 强化在保险工作中的服务意识

【素质目标】
1. 培养严格遵守国家法律法规、行业规则规范、职业道德准则的意识,并能够在具体工作中防范风险、规范行事
2. 培养基于信用的契约行为,养成良好的道德规范

课程育人:关注重大风险 增强忧患意识

1.1.1 风险概述

1. "风险"的由来

关于"风险"一词的由来,最为普遍的一种说法是,在远古时期以打鱼捕捞为生的渔民们,每次出海前都要祈祷,祈求神灵保佑自己能够平安归来,其中主要的祈祷内容就是让神灵保佑自己在出海时能够风平浪静,回家时能够满载而归;他们在长期的捕捞实践中,认识到"风"给他们带来的无法预测、无法确定的危险,他们认识到在出海捕捞打鱼的生活中,"风"即意味着"险",因此有了"风险"一词的出现。

微课 1 风险及其特征

而另一种据说经过多位学者论证的"风险"一词的"源出说"称,风险(RISK)一词是舶来品。有人认为来源于阿拉伯语,有人认为来源于西班牙语或拉丁语,但比较权威的说法是来源于意大利语的"RISQUE"一词。在早期的运用中,"风险"被理解为客观的危险,体现为自然现象或者航海遇到礁石、风暴等事件。大约到了19世纪,在英文的使用中,风险一词常常用法文拼写,主要是用于与保险有关的事情。

现代意义上的"风险"一词,已经大大超越了"遇到危险"的狭义含义,它是指"遇到破坏或损失的机会或危险"。可以说,经过两百多年的演义,风险一词越来越被概念化,并随着人类活动的复杂性和深刻性而逐步深化。它被赋予了哲学、经济学、社会学、统计学甚至文化艺术领域的更广泛更深层次的含义,且与人类的决策和行为后果联系越来越紧密。"风险"一词也成为人们生活中出现频率很高的词汇。

无论如何定义"风险"一词,它都有其基本的核心含义,即"未来结果的不确定性或损失",也有人进一步定义为"个人和群体在未来遇到伤害的可能性以及对这种可能性的判断与认知"。如果采取适当的措施使破坏或损失的概率不会出现,或者说智慧地认知,理性地判断,继而采取及时而有效的防范措施,那么风险可能带来机会,由此进一步延伸的意义,不仅规避了风险,可能还会带来比例不等的收益,有时风险越大,回报越高、机会越大。通俗地讲,风险就是发生不幸事件的概率。换句话说,风险是指一个事件产生人们所不希望的后果的可能性。也就是说风险是某一特定危险情况发生的可能性和后果的组合。

目前,学术界对风险的含义还没有统一的定义,由于对风险的理解和认识程度不同,或对风险的研究角度不同,不同的学者对风险概念有着不同的解释,但可以归纳为以下几种代表性观点。

(1)风险是事件未来可能结果发生的不确定性

美国经济学家A.H.莫布雷(A. H. Mowbray)称风险为不确定性;美国金融学家C.A.威廉姆斯(C. A. Williams)将风险定义为在给定的条件和某一特定的时期,未来结果的变动;沙皮拉(Shapira)认为风险是事物可能结果的不确定性,可由收益分布的方差测度;美国经济学家布莱米雷(Brnmiley)认为风险是公司收入流的不确定性;美国经济学家马科维茨(Markowitz)和英格兰金融家夏普(Sharp)等将证券投资的风险定义为该证券资产的各种可能收益率的变动程度,并用收益率的方差来度量证券投资的风险,通过量化风险的概念改变了投资大众对风险的认识。由于方差计算的方便性,风险的这种定义在实际中得到了广泛的应用。

(2)风险是损失发生的不确定性

美国证券交易专家J. S. 罗森布斯(J. S. Rosenb)将风险定义为损失的不确定性;美国金融家F.G.格瑞(F. G. Crane)认为风险意味着未来损失的不确定性;瑞士金融家鲁埃里(Ruefli)等将风险定义为不利事件或事件集发生的机会。这种观点又分为主观学说和客观学说两类。主观学说认为不确定性是主观的、个人的和心理上的一种观念,是个人对客观事物的主观估计,且不能以客观的尺度予以衡量,不确定性的范围包括发生与否的不确定性、发生时间的不确定性、发生状况的不确定性以及发生结果严重程度的不确定性。客观学说则是以风险客观存在为前提,以风险事故观察为基础,以数学和统计学观点加以定义,认为风险可用客观的尺度来度量。

(3)风险是指可能发生的损失的大小

段开龄认为,风险可以引申定义为预期损失的不利偏差,这里所谓的不利是指对保险公司或对保险企业而言的。例如,若实际损失率大于预期损失率,则此正偏差对保险公司而言即为不利偏差,也就是保险公司所面临的风险。马科维茨(Markowitz)在别人质疑的基础上,排除可能收益率高于期望收益率的情况，提出了"下方风险"的概念，即实现的收益率低于期望收益率的风险，并用半方差来计量下方风险。

（4）风险是指损失的大小和发生的可能性

朱淑珍在总结各种风险描述的基础上，把风险定义为在一定条件下和一定时期内，由于各种结果发生的不确定性而导致行为主体遭受损失的大小以及这种损失发生的可能性的大小，风险是一个二位概念，风险以损失发生的大小与损失发生的概率两个指标进行衡量。王明涛在总结各种风险描述的基础上，把风险定义为在决策过程中，由于各种不确定性因素的作用，决策方案在一定时间内出现不利结果的可能性以及可能损失的程度。它包括损失的概率、可能损失的数量以及损失的易变性3方面内容，其中可能损失的数量处于最重要的位置。

（5）风险是由风险构成要素相互作用的结果

风险因素、风险事件和风险结果是风险的基本构成要素，风险因素是风险形成的必要条件，是风险产生和存在的前提。风险事件是外界环境变量发生预料未及的变动从而导致风险结果的事件，它是风险存在的充分条件，在整个风险中占据核心地位。风险事件是连接风险因素与风险结果的桥梁，是风险由可能性转化为现实性的媒介。根据风险的形成机理，郭晓亭、蒲勇健等将风险定义为在一定时间内，以相应的风险因素为必要条件，以相应的风险事件为充分条件，有关行为主体承受相应的风险结果的可能性。叶青、易丹辉认为，风险的内涵在于它是在一定时间内，由风险因素、风险事故和风险结果递进联系而呈现的可能性。

（6）利用对波动的标准统计方法定义风险

1993年发表的30国集团的《衍生证券的实践与原则》报告中，对已知的市场风险定义为经过某一时间间隔，具有一定置信（又称估计区间）区间的最大可能损失，并将这种方法命名为"Value at Risk"，简称VaR法。1996年国际清算银行在《巴塞尔协议修正案》中也允许各国银行使用自己内部的风险估值模型去设立对付市场风险的资本金；1997年美国金融家P.乔利奥（P. Jorion）在研究金融风险时，利用"在正常的市场环境下，给定一定的时间区间和置信度水平，预期最大损失（或最坏情况下的损失）"的测度方法来定义和度量金融风险，也将这种方法简称为VaR法（P. Jorion，1997）。

（7）利用不确定性的随机性特征来定义风险

风险的不确定性包括模糊性与随机性两类。模糊性的不确定性，主要取决于风险本身所固有的模糊属性，要采用模糊数学的方法来刻画与研究；而随机性的不确定性，主要是由于风险外部的多因性（即各种随机因素的影响）造成的必然反映，要采用概率论与数理统计的方法来刻画与研究。根据不确定性的随机性特征，为了衡量某一风险单位的相对风险程度，胡宜达、沈厚才等提出了"风险度"的概念，即在特定的客观条件下、特定的时间内，实际损失与预测损失之间的均方误差与预测损失的数学期望之比。它表示风险损失的相对变异程度（即不可预测程度）的一个无量纲（或以百分比表示）的量。

2. 风险的性质

（1）风险的性质

① 风险的客观性。风险是一种不以人的意志为转移，独立于人的意识之外的客观存在。因为无论是自然界的物质运动，还是社会发展的规律，都由事物的内部因素所决定，由超过人们主观意识所存在的客观规律所决定。

② 风险的不确定性。风险的不确定性是指发生时间的不确定性。从总体上看，有些风险

是必然要发生的,但何时发生却是不确定的。例如,生命风险中,死亡是必然发生的,这是人生的必然现象,但是具体到某一个人何时死亡,在其健康时却是不可能确定的。

③ 风险的偶然性。由于信息的不对称,未来风险事件发生与否难以预测。

④ 风险的相对性。风险性质会因时空等各种因素的变化而有所变化。

⑤ 风险的社会性。风险的后果与人类社会的相关性决定了风险的社会性,风险具有很大的社会影响。

(2) 风险频率与风险程度

风险频率又称损失频率,是指一定数量的标的,在确定的时间内发生事故的次数。

风险程度又称损失程度,是指每发生一次事故导致标的的毁损状况,即毁损价值占被毁损标的的全部价值的百分比。

现实生活中二者的关系一般是反比关系,即风险频率很高,但风险程度不大;风险频率不高,但风险程度很大。

(3) 风险成本

风险成本指由于风险的存在和在风险事故发生后人们所必须支出的费用和造成预期经济利益的减少,又称风险的代价。它包括风险损失的实际成本,风险损失的无形成本,预防和控制风险损失的成本。

3. 风险的构成要素

(1) 风险因素

它是风险事故发生的潜在原因,是造成损失的内在或间接原因。根据性质不同,风险因素可分为物质风险因素、道德风险因素(故意)和心理风险因素(过失、疏忽、无意)3种类型。

(2) 风险事故

风险事故是造成损失的直接的或外在的原因,是损失的媒介物,即风险只有通过风险事故的发生才能导致损失。

就某一事件来说,如果它是造成损失的直接原因,那么它就是风险事故;而在其他条件下,如果它是造成损失的间接原因,它便成为风险因素。

举例:①冰雹直接击伤行人;②下冰雹路滑发生车祸,造成人员伤亡。

(3) 损失

在风险管理中,损失是指非故意的、非预期的、非计划的经济价值的减少。

通常将损失分为两种形态,即直接损失和间接损失。直接损失是指风险事故导致的财产本身的损失和人身伤害,这类损失又称为实质损失;间接损失则是指由直接损失引起的其他损失,包括额外费用损失、收入损失和责任损失。在风险管理中,通常将损失分为4类:实质损失、额外费用损失、收入损失和责任损失。

(4) 构成要素间的关系

风险因素、风险事故、损失三者关系:风险是由风险因素、风险事故和损失三者构成的统一体,风险因素引起或增加风险事故;风险事故的发生可能造成损失。

(5) 危险单位(Risk Unit)

危险单位是指发生一次风险事故可能造成标的物的最大损失范围。它是保险公司确定其能够承担的最高保险责任的计算基础。

《中华人民共和国保险法》(以下简称《保险法》)第一百条明确规定:保险公司对每一危险

单位，即对一次保险事故可能造成的最大损失范围所承担的责任，不得超过其实有资本金加公积金总和的10%；超过的部分应办理再保险。

4. 风险分类

关于风险的分类，学术界尚无统一的说法。风险分类有多种方法，常用的有以下几种。

（1）按照风险的性质划分

① 纯粹风险。纯粹风险是指只有损失机会而没有获利可能的风险。

② 投机风险。投机风险是指既有损失机会也有获利可能的风险。

（2）按照产生风险的环境划分

① 静态风险。静态风险是指自然力的不规则变动或人们的过失行为导致的风险。

② 动态风险。动态风险是指社会、经济、科技或政治变动产生的风险。

（3）按照风险发生的原因划分

① 自然风险。自然风险是指自然因素和物力现象所造成的风险。

② 社会风险。社会风险是指个人或团体在社会上的行为导致的风险。

③ 经济风险。经济风险是指经济活动过程中，因市场因素影响或者管理经营不善导致经济损失的风险。

（4）按照风险致损的对象划分

① 财产风险。财产风险是指各种财产损毁、灭失或者贬值的风险。

② 人身风险。人身风险是指个人的疾病、意外伤害等造成残疾、死亡的风险。

③ 责任风险。责任风险是指法律或者有关合同规定，因行为人的行为或不作为导致他人财产损失或人身伤亡，行为人所负经济赔偿责任的风险。

（5）按风险涉及范围划分

① 特定风险。特定风险是指与特定的人有因果关系的风险，即由特定的人所引起的，而且损失仅涉及特定个人的风险。

② 基本风险。基本风险是指其损害波及社会的风险。基本风险的起因及影响都不与特定的人有关，至少是个人所不能阻止的风险。与社会或政治有关的风险，与自然灾害有关的风险都属于基本风险。

（6）金融界依据新巴塞尔资本协议的保险分类

金融界依据新巴塞尔资本协议常把风险分为市场风险、信用风险、操作风险3类。

① 市场风险。市场风险是指因股市价格、利率、汇率等的变动而导致价值未预料到的潜在损失的风险。

② 信用风险。信用风险是指借款人、证券发行人或交易对方因种种原因，不愿或无力履行合同条件而构成违约，致使银行、投资者或交易对方遭受损失的可能性。

③ 操作风险。操作风险是指由于不完善或有问题的内部操作过程、人员、系统或外部事件而导致的直接或间接损失的风险。

国有资产监督管理委员会在《中央企业全面风险管理指引》中把风险分为战略风险、市场风险、运营风险、财务风险、法律风险。

（7）国外比较常用的是安达信的风险分类

① 市场风险。市场风险是指市价波动对于企业营运或投资可能产生亏损的风险，如利率、汇率、股价等变动对相关部位损益的影响。

② 信用风险。信用风险是指交易对手无力偿付货款或恶意倒闭致求偿无门的风险。
③ 流动性风险。流动性风险是指影响企业资金调度能力的风险,如负债管理、资产变现性、紧急流动应变能力等带来的风险。
④ 作业风险。作业风险是指作业制度不良与操作疏失对企业造成的风险,如流程设计不良或矛盾,作业执行发生疏漏,内部控制未落实等。
⑤ 法律风险。法律风险是指契约之完备与有效与否对企业可能产生的风险,如承作业务的适法性、外文契约及外国法令之认知等。
⑥ 会计风险。会计风险是指会计处理与税务对企业盈亏可能产生的风险,如账务处理的妥适性、合法性,税务咨询及处理是否完备等。
⑦ 资讯风险。资讯风险是指资讯系统的安控、运作、备援失当导致企业的风险,如系统障碍、死机、资料丢失,安全防护或电脑病毒预防与处理等。
⑧ 策略风险。策略风险是指于竞争环境中,企业选择市场利基或核心产品失当的风险。

1.1.2 风险管理

1. 风险管理的起源和定义

风险管理(Risk Management)的定义:通过对风险的认识、衡量和分析,选择最有效的方式,主动地、有目的地、有计划地处理风险,以最小成本获得最大安全保证的管理方法。当企业面临市场开放、法规解禁、产品创新,均使变化波动程度提高,连带增加经营的风险性。良好的风险管理有助于降低决策错误之概率,避免损失之可能,相对提高企业本身之附加价值。

风险管理作为企业的一种管理活动,起源于20世纪50年代的美国。当时美国一些大公司发生的重大损失使公司高层决策者开始认识到风险管理的重要性。其中一次是1953年8月12日通用汽车公司在密歇根州的一个汽车变速箱厂因火灾损失了5000万美元,这是美国历史上损失最为严重的15起重大火灾之一。这场大火与20世纪50年代其他一些偶发事件一起,推动了美国风险管理活动的兴起。后来,随着经济、社会和技术的迅速发展,人类开始面临越来越多、越来越严重的风险。科学技术的进步在给人类带来巨大利益的同时,也给社会带来了前所未有的风险。在美国的商学院里首先出现了一门涉及如何对企业的人员、财产、责任、财务资源等进行保护的新型管理学科,这就是风险管理。目前,风险管理已经发展成企业管理中一个具有相对独立职能的管理领域,在围绕企业的经营和发展目标方面,风险管理同企业的经营管理、战略管理一样具有十分重要的意义。

风险管理的目标由两个部分组成:损失发生前的风险管理目标和损失发生后的风险管理目标,前者是避免或减少风险事故形成的机会,包括节约经营成本、减少忧虑心理;后者是努力使损失的标的恢复到损失前的状态,包括维持企业的继续生存、生产服务的持续、稳定的收入、生产的持续增长、社会责任。二者有效结合,构成完整而系统的风险管理目标。风险管理目标是指风险管理所要达到的客观效果,即运用风险处理的各种方法,做到在损失发生前预防,损失发生后进行有效控制,以尽量增大社会效益。

2. 风险管理的基本程序及框架

(1)风险管理的基本程序

它包括风险识别、风险估测、风险管理方法和风险管理效果评价等环节。

① 风险识别。风险的识别是经济单位和个人对所面临的以及对潜在风险加以判断、归类整理，并对风险的性质进行鉴定的过程。

② 风险估测。风险的估测是指在风险识别的基础上，通过对所收集的大量的详细损失资料加以分析，运用概率论和数理统计，估计和预测风险发生的概率和损失程度。风险估测的内容主要包括损失频率和损失程度两个方面。

③ 风险管理方法。风险管理方法分为控制法和财务法两大类，前者的目的是降低损失频率和损失程度，重点在于改变引起风险事故和扩大损失的各种条件；后者是事先做好吸纳风险成本的财务安排。

④ 风险管理效果评价。风险管理效果评价是分析、比较已实施的风险管理方法的结果与预期目标的契合程度，以此来评判管理方案的科学性、适应性和收益性。

（2）风险管理的基本框架

美国COSO（反欺诈交易委员会）委托普华永道开发的《COSO风险管理整合框架》中指出，企业风险管理基本框架包括8个方面内容。

① 内部环境。内部环境包含组织的基调，它为主体内的人员如何认识和对待风险设定了基础，包括风险管理理念和风险容量、诚信和道德价值观，以及他们所处的经营环境。

② 目标设定。必须先有目标，管理部门才能识别影响目标实现的潜在事项。企业风险管理确保管理部门采取适当的程序设定目标，确保所选定的目标支持和切合该主体的使命，并且与它的风险容量相符。

③ 事项识别。必须识别影响主体目标实现的内部和外部事项，区分风险和机会。机会被反馈到管理部门的战略或目标制订过程中。

④ 风险评估。通过考虑风险的可能性和影响来对其加以分析，并以此作为决定如何进行管理的依据。风险评估应立足于固有风险和剩余风险。

⑤ 风险应对。管理部门选择风险应对——回避、承受、降低或者分担风险——采取一系列行动以便把风险控制在主体的风险容限（Risk Tolerance）和风险容量以内。

⑥ 控制活动。制定和执行政策与程序以帮助确保风险应对得以有效实施。

⑦ 信息与沟通。相关的信息以确保员工对履行其职责的方式和时机予以识别、获取和沟通。有效沟通的含义比较广泛，包括信息在主体中的向下、平行和向上流动。

⑧ 监控。对企业风险管理进行全面监控，必要时加以修正。监控可以通过持续的管理活动、个别评价或者两者结合来完成。

企业风险管理并不是一个严格的顺次过程，一个构成要素并不是仅仅影响接下来的那个构成要素。它是一个多方向的、反复的过程，在这个过程中几乎每一个构成要素都能够，也的确会影响到其他构成要素。

3. 处理风险的方法

随着社会的发展和科技的进步，现实生活中的风险因素越来越多，无论是企业还是家庭，都日益认识到进行风险管理的必要性和迫切性。人们想出种种办法来对付风险，但无论采用何种方法，风险管理的一条基本原则：以最小的成本获得最大的保障。对风险的处理有回避风险、预防风险、自留风险和转移风险4种方法。

（1）回避风险

回避风险是指主动避开损失发生的可能性。如考虑到游泳有溺水的危险，就不去游泳。虽然回避风险能从根本上消除隐患，但这种方法明显具有很大的局限性，因为并不是所有的风险都可以回避或应该进行回避。如人身意外伤害，无论如何小心翼翼，这类风险总是无法彻底消除。再如，因害怕出车祸就拒绝乘车，车祸这类风险虽可由此而完全避免，但将给日常生活带来极大的不便，实际上是不可行的。

（2）预防风险

预防风险是指采取预防措施，以减小损失发生的可能性及损失程度。兴修水利、建造防护林就是典型的例子。预防风险涉及一个现时成本与潜在损失比较的问题：若潜在损失远大于采取预防措施所支出的成本，就应采用预防风险手段。以兴修堤坝为例，虽然施工成本很高，但与洪水泛滥造成的巨大灾害相比，就显得微不足道。

（3）自留风险

自留风险是指自己非理性或理性地主动承担风险。"非理性"自留风险是指对损失发生存在侥幸心理或对潜在的损失程度估计不足从而暴露于风险之中；"理性"自留风险是指经正确分析，认为潜在损失在承受范围之内，而且自己承担全部或部分风险比购买保险要经济合算。自留风险一般适用于对付发生概率小，且损失程度低的风险。

（4）转移风险

转移风险是指通过某种安排，把自己面临的风险全部或部分转移给另一方。通过转移风险而得到保障，是应用范围最广、最有效的风险管理手段，保险就是其中之一。

4. 风险识别、分析、计划、跟踪及应对

（1）风险识别

风险识别过程的活动是将不确定性转变为明确的风险陈述，包括下面4项，它们在执行时可能是重复的，也可能是同时进行的。

① 进行风险评估。在项目的初期以及主要的转折点或重要的项目变更发生时进行，这些变更通常指成本、进度、范围或人员等方面的变更。

② 系统地识别风险。采用3种简单的方法识别风险：风险检查表、定期会议（周例会上）、日常输入（每天晨会上）。

③ 将已知风险编写为文档。通过编写风险陈述和详细说明相关的风险背景来记录已知风险，相应的风险背景包括风险问题的何事、何时、何地、如何及原因。

④ 交流已知风险。同时以口头和书面方式交流已知风险。在大家都参加的会议上交流已知风险，同时将识别出来的风险详细记录到文档中，以便他人查阅。

（2）风险分析

风险分析的过程是将风险陈述转变为按优先顺序排列的风险列表，包括以下活动。

① 确定风险的驱动因素。为了很好地消除软件风险，项目管理者需要标识影响软件风险因素的风险驱动因子，这些因素包括性能、成本、支持和进度。

② 分析风险来源。风险来源是引起风险的根本原因。

③ 预测风险影响。如果风险发生，就采用可能性和后果来评估风险影响。可能性被定义为大于0而小于100，分为5个等级（1、2、3、4、5）；将后果分为4个等级（低、中等、高、关键的）。采用风险可能性和后果对风险进行分组。具体组别如表1-1所示。

表 1-1　　　　　　　　　　　风险影响等级

后果＼可能性	1	2	3	4	5
关键的	11	7	8	5	1
高	15	12	13	9	3
中等	18	16	17	14	6
低	20	19	3	4	10

④ 对风险按照风险影响进行优先排序，优先级别最高的风险，其风险严重程度等于 1，优先级别最低的风险，其风险严重程度等于 20。对级别高的风险优先处理。

（3）风险计划

风险计划是将按优先级排列的风险列表转变为风险应对计划，其包括以下内容。

① 制定风险应对策略。风险应对策略有接受、避免、保护、减少、研究、储备和转移 7 种方式。

② 制定风险行动步骤。风险行动步骤详细说明了所选择的风险应对途径，它将详细描述处理风险的步骤。

（4）风险跟踪

风险跟踪包括监视风险状态以及发出通知启动风险应对行动，其包括以下内容。

① 比较阈值和状态。通过项目控制面板来获取，如果指标的值在可接受标准之外，则表明出现了不可接受的情况。

② 对启动风险进行及时通告。对要启动的风险，在每天的晨会上通报给全组人员，并安排负责人进行处理。

③ 定期通报风险的情况。在定期的会议上通告相关人员目前的主要风险以及他们的状态。

（5）风险应对

风险应对过程的活动是执行风险行动计划，以求将风险降至可接受程度，其包括以下内容。

① 对触发事件的通知作出反应。得到授权的个人必须对触发事件作出反应，适当的反应包括回顾当前现实以及更新行动时间框架，并分派风险行动计划。

② 执行风险行动计划。应对风险应该按照书面的风险行动计划进行。

③ 对照计划，报告进展。确定和交流对照原计划所取得的进展。定期报告风险状态，加强小组内部交流。小组必须定期回顾风险状态。

④ 校正偏离计划的情况。当结果不令人满意时，就必须换用其他途径。将校正的相关内容记录下来。

5. 投资风险管理

（1）单向投资风险管理

如果成本和收益都是事先确定的，那么对于单阶段项目，可以用期望收益 $E(X)$ 作为衡量投资优劣的指标；对于多阶段项目，两个常采用的评价方法是内部收益率 IRR 或净现值 NPV。假设某项目的初始投入为 C，未来某一阶段的净现金流量为 X_t，贴现率为 i，则这个有阶段的项目的净现值为

$$NPV = \sum_{t=1}^{n} \frac{X_t}{(1+i)^t}$$

而 IRR 就是使 NPV=C 的那个贴现率。需要指出的是，这里的贴现率表现的是收益的时间价值（机会成本），而不包含风险的因素。

如果决策面临着风险，那么每一阶段的收益就不是一个确定的收益，而是一个概率分布，从而整个项目的净现值也呈现为一个有着均值和方差的概率分布。此时，对多阶段投资项目应进行考察、评价和选择。

（2）投资组合风险决策

组合收益的均值是各单项投资收益均值在投资比重基础上的加权平均数，即

$$E(R_p) = E(\sum_{j=1}^{n} x_j R_j) = \sum_{j=1}^{n} x_j E(R_j)$$

投资组合的风险不仅取决于各单项投资的风险和各单项投资在组合中的比重，而且与单项投资之间预期收益的相关程度有很大关系。

1.1.3 保险概述

1. 保险的定义及起源

（1）定义

保险是指以集中起来的保险费建立保险基金，用于补偿被保险人因自然灾害或意外事故所造成的损失，或对个人因死亡、伤残、疾病或者达到合同约定的年龄期限时，承担给付保险金责任的商业行为。

保险的内容可从两个视角来揭示：从经济的角度上看，保险是分摊意外事故损失的一种财务安排，少数不幸成员的损失由包括受损者在内的所有成员分担；从法律角度来看，保险是保险人和投保人双方的合同安排，保险人同意赔偿损失或付保险金给被保险人或收益人，投保人通过购买保险单位把风险转移给保险人。

我国从 1999 年 11 月 1 日开始征收利息税，利息收入的 20%要作为税收被征收。而购买保险，保险受益人在获得保险金的时候是不用纳税的。因此，有保险公司推出了类似于银行存款的储蓄型保险产品，这种产品确实可以避开银行存款的利息税。

购买保险公司的储蓄型保险产品，在为人身安全提供保险的同时，也是一种投资方式。作为一种投资方式，保险可以免去银行必征的个人利息所得税，具有较大的优点。另外，除了长期寿险产品，其他保险的理赔金也是不收税的。而中国保险业一直有个预定利率的问题。所谓预定利率，是指保险公司在产品定价时，根据公司对未来资金运用收益率的预测而为保单假设的每年收益率。通俗地说，保险公司提供给消费者的回报率，主要是参照银行存款利率和预期投资收益率来设置的。目前，国内的寿险预定利率上限为 2.5%，是 1999 年 6 月制定的。这个预定利率将在返还保金时一并支付给投保者，国内保险的预定利率与银行利率非常接近。

如今我国还没有开始征收遗产税，但这是一个发展趋势。如果开始征收遗产税，购买保险也是个避开遗产税的方式。在西方发达国家，一般都要征收遗产税。因此很多人为了避税采取了许多方式，比如以信托方式、购买高额寿险的方式。其中很多人选择购买保险，将受益人确定为其遗产继承人。

从社会保障的角度来看，国内医疗保险制度将面临重大改革，保险的避税功能会被越来越多

的人接受。目前，保险公司推出的带有避税性质的保险产品合理利用了国家政策，并不违法。

（2）保险的起源

人类社会从一开始就面临着自然灾害和意外事故的侵扰，在与大自然抗争的过程中，古代的人们就萌生了对付灾害事故的保险思想和原始形态的保险方法。我国历代王朝都非常重视积谷备荒。春秋时期孔子的"拼三余一"的思想是颇有代表性的见解。孔子认为，每年如能将所收获粮食的三分之一积储起来，这样连续积储3年，便可存足一年的粮食，即"余一"。如果不断地积储粮食，经过27年可积存9年的粮食，就可达到太平盛世。

在国外，保险思想和原始的保险雏形在古代已经产生。据史料记载，公元前2000年，在西亚两河（底格里斯河和幼发拉底河）流域的古巴比伦王国，国王曾下令僧侣、法官及村长等对他们所辖境内的居民收取赋金，用以救济遭受火灾及其他天灾的人们。在古埃及石匠中曾有一种互助基金组织，该组织向每一成员收取会费以支付个别成员死亡后的丧葬费。古罗马军队中的士兵组织，以收取的会费作为士兵阵亡后对其遗属的抚恤费用。

据传说，5000多年前的一天正午，一支横越埃及沙漠的骆驼商队正艰难地在沙丘间跋涉。酷热的太阳烘烤着毫无遮掩的沙漠，仿佛要把一切生命烤干，一只粗糙的水壶在商人间传递。突然，天空一下子变暗，乌云像横泻的浊浪在天空中翻滚，一场大风暴要降临了。商人们顾不得骆驼，拼命地往沙丘高处爬去。风暴过后，原来他们丢弃骆驼和货物的地方已经堆起了几座新沙丘，30只骆驼只有8只跑得快的幸免于难，其余的无影无踪了。

要是在以前，损失货物、骆驼的商人就要面临着破产了。但这次的情况有些不同，因为在商队出发前，精明的商队领队就将商人们召集到一块，通过了一个共同承担风险的互助共济办法。这个办法规定，如果旅途中有商人的货物或骆驼遇到不测而损失或死亡，由未受损的商人从其获利中拿出一部分来分摊救济受难者；如果大家都平安，则从每个人的获利中提取一部分留存，作为下次运输补充损失的资金。由于有了这个约定，这次损失事故没有在商队中造成太大的波动，因为全商队还有8只骆驼和它们所载的货物，贸易所得的利润分摊下来，至少可以使商人们购置新的骆驼，以求东山再起。

无独有偶，3000多年前，中国的长江一带也有商人运用了这种互助共济的方法。长江是一条横贯中国东西的河流，在其上游地区，山高路险，交通不便，因此长江就成了主要的交通要道。大批的货物源源不断地从四川、云南、贵州等地运往下游。由于当时造船技术有限，加上长江水急浪高，经常发生船只倾覆、货物损失的事故，商人们都在思考着用什么办法来避免这种损失。有一个名叫刘牧的年轻四川商人，提出了一个办法，改变了过去那种把货物集中装载在一条船上的做法，把货物分装在不同的船上。开始时很多商人都反对这种做法，因为如果采取这种做法，就要与别的商人打交道，还增加了货物装卸工作量。但经过努力地说服，刘牧成功了。采取这种办法后的第一次航行，果然发生了事故，船队中有一艘船沉没了。但由于采取了分装法，将损失分摊到每个商人头上后，损失就变小了，这样大家都避过了灭顶之灾。这种分散风险的方法在长江运输货物的商人中被广泛地接受，进而得到了发展。其分散危险或由整个船队分担损失的做法，其实就是现代海上保险的原理与基础。

2. 保险的分类

（1）根据保险标的的不同分类

根据保险标的的不同，保险可分为财产保险、人身保险和责任保险。

在每一个大类下，又可以细分为若干小类。例如，在财产保险中，有海上险、火灾险、运输险、工程险等；在人身保险中，有人寿险、健康险、意外伤害险等；在责任保险中，有雇主责任险、职业责任险、产品责任险等。

① 财产保险是以物或其他财产利益为标的的保险。广义的财产险包括有形财产险和无形财产险。

② 人身保险是以人的生命、身体或健康作为保险标的的保险。

③ 责任保险是以被保险人的民事损害赔偿责任为保险标的的保险。

（2）根据被保险人的不同分类

根据被保险人的不同，保险可分为个人保险和商务保险。

① 个人保险是以个人或家庭作为被保险人的保险。

② 商务保险是以工厂、商店等经营单位作为被保险人的保险。

（3）根据实施形式的不同分类

根据实施形式的不同，保险可分为强制保险和自愿保险。

① 强制保险又称法定保险，它是由国家颁布法令强制被保险人参加的保险。

② 自愿保险是在自愿协商的基础上，由当事人订立保险合同而实现的保险。

（4）根据业务承保方式的不同分类

根据业务承保方式的不同，保险可分为原保险和再保险。

① 原保险是指保险人对被保险人因保险事故所致的损失承担直接的、原始的赔偿责任的保险。

② 再保险是原保险人以其所承保的风险，再向其他保险人进行投保，与之共担风险的保险。

（5）根据是否以盈利为目的分类

根据是否以盈利为目的，保险可分为商业保险和社会保险。

① 商业保险是以盈利为目的的保险。

② 社会保险是不以盈利为目的的保险。

3. 保险的特征及作用

（1）保险的特征

① 保险是集合多数单位或个人的行为。保险是具有社会经济互助性质的活动，体现"人人为我，我为人人"的精神。有相同危险的千家万户的投保人缴纳保险费，集中起来，分担某一户的经济损失。

② 保险对约定的灾害事故和约定的事件负责。保险可以承担各种自然灾害和意外事故所致的损失，但保险所保的不是世界上的一切危险，而是有一定的范围，即保险公司所列明的保险责任，或者合同双方当事人特别约定的危险或者约定的事件。约定的危险范围包括自然灾害、意外事故和人身的意外事件；约定的事件，主要是对人身保险而言，是指人的生、老、病、死、残等事件。

③ 使用科学的计算方法。通过大数法则就可以比较精确地预测危险，制定出合理的费率。保险费率的高低与危险发生频率、损毁程度相适应。这样就做到公平合理，符合商品经济经营保险业务的基本要求。

④ 建立专用基金。聚集被保险人缴纳的保险费（或储金）构成的专用基金即保险基金，是保险人得以履行赔偿和给付（或返还）义务的基础。

⑤ 保险组织经济补偿或给付。保险的目的是为了减少不确定性，保障经济生活的安定，保险人是经济补偿和保险金给付的承担者和组织者。

⑥ 保险是一种经济形式。保险是国民经济中不可缺少的组成部分，体现国民收入分配中一种特殊的分配再分配关系，通过货币（保险基金）的运行来实现其经济补偿和给付的职能。

（2）保险的作用

① 转移风险。买保险就是把自己的风险转移出去，而接受风险的机构就是保险公司。保险公司接受风险转移是因为可保风险还是有规律可循的。保险公司通过研究风险的偶然性云寻找其必然性，掌握风险发生、发展的规律，为众多有危险顾虑的人提供保险保障。

② 均摊损失。转移风险并非灾害事故真正离开了投保人，而是保险人借助众人的财力，给遭灾受损的投保人补偿经济损失，为其排忧解难。保险人以收取保险费用和支付赔款的形式，将少数人的巨额损失分散给众多的被保险人，从而使个人难以承担的损失，变成多数人可以承担的损失，这实际上是把损失均摊给有相同风险的投保人。所以，保险只有均摊损失的功能，而没有减少损失的功能。

③ 实施补偿。分摊损失是实施补偿的前提和手段，实施补偿是分摊损失的目的。其补偿的范围主要有以下几个方面。

- 投保人因灾害事故所遭受的财产损失。
- 投保人因灾害事故使自己身体遭受的伤亡或保险期满应结付的保险金。
- 投保人因灾害事故依法对他人应付的经济赔偿。
- 投保人因另一方当事人不履行合同所蒙受的经济损失。
- 灾害事故发生后，投保人因施救保险标的所发生的一切费用。

④ 抵押贷款和投资收益。《保险法》中明确规定："现金价值不丧失条款"，客户虽然与保险公司签订合同，但客户有权中止这个合同，并得到退保金额。保险合同中也规定客户资金紧缺时可申请退保金的90%作为贷款。如果您急需资金，又一时筹措不到，便可以将保险单抵押在保险公司，从保险公司取得相应数额的贷款。

同时，一些人寿保险产品不仅具有保险功能，而且具有一定的投资价值，就是说如果在保险期间没有发生保险事故，那么在到达给付期时，投保人所得到的保险金不仅会超过其过去所交的保险费，而且还有本金以外的其他收益。由此可以看出，保险既是一种保障，又兼有投资收益。

4. 保险的流程及须知

（1）保险的流程

① 确定保险险种。根据不同的需求确定投保险种能更好地转嫁风险。

② 选择保险公司。不同的保险公司有着不同的公司实力，不同的保险产品，不同的业务重点，不同的经营网点以及不同的售后服务。总之，应选择实力强、信誉高、价格合理、售后服务有保证的保险公司。

③ 商议保险金额。保险金额一般都有最高限额，各个保险公司均有不同的规定。根据自身的经济实力和实际需要，确定合理的保险金额，是未来获得理想的损失补偿或经济给付的重要保证。

④ 填写投保单。

⑤ 缴纳保险费。

（2）保险须知

① 确定保险人合法身份。当有人叩门拜访或推销保险时，被访人有权要求其出示印有保险公司标志的有关证件或保险代理人持证上岗证件。

② 熟知保险责任。目前，保险市场上的险种层出不穷，对寻常百姓来讲，面对林林总总的保险品种犹如雾里看花，甚至有些人就是反复读过几遍保险条款也不知所云。因此，投保人在投保前一定要请业务员认真、详细地讲解保险条款的特点及保险责任，并做到对保险条款中列明的保险责任特别是免除规定完全了解。

每个险种的适应对象以及保险责任和保障水平都是有区别的，每个险种的保额限定和险种保费水平以及给付金额水平也不尽相同。因此，当投保人想投保时，务必弄清楚，再选择最为适宜的险种进行投保，以免投保后又觉得不"合身"，再找业务员办理退保，从而带来不必要的麻烦和苦恼。与此同时，投保人还要对所购买的险种的除外责任，以及出险后如何索赔等事项一一了解清楚，避免某些素质不高的营销员在介绍条款规定时避重就轻，有意渲染对投保人有利的保险责任规定，而对于投保人需注意的有关特殊约定轻描淡写或干脆不说。一旦发生不测，索赔时或与投保时想象的不一样，或属除外责任遭拒赔，从而产生误解甚至造成不必要的保险纠纷。

③ 履行如实告知义务。保险合同要以当事人双方诚实信用为基础，投保人或被保险人对投保单的有关事项应当如实填写，对保险公司的询问应如实告知。

5. 保险与储蓄

保险已被越来越多的人所认识和接受，然而由于许多人缺乏相关的保险与银行储蓄方面的知识，而误将人寿保险作为"第二储蓄"进行投资，这其实是十分不理智、不可取的，甚至会适得其反。有人常会问这样的问题，买保险与银行储蓄，究竟谁划算呢？这并不好比，应该说两者的功能不同。

① 从预防风险上看，保险和银行储蓄都可以为将来的风险作准备，但它们之间有很大的区别。用银行储蓄来应付未来的风险，是一种自助的行为，没有把风险转移出去；而保险则能把风险转移给保险公司，实际上是一种互助合作的行为。

② 从存取方式上看，在银行储蓄是存取自由的；而保险则带有强制储蓄的意味，其能够帮助投保人较迅速地积攒一笔资金，但是只有在保险期满或保险事故发生时才能拿到。

③ 从预期收益上看，在银行储蓄中，金额包括本金和利息，它是确定的；而在保险中，投保人能得到的钱大多是不确定的，它取决于保险事故是否发生，而且金额可能远远高于投保人所缴纳的保险费；少数的一些险种除外，如定期养老险等，投保人能得到的钱也是确定的。

④ 从所有权上看，储户在银行存的钱还是储户的，只是暂时让银行使用；而投保人买保险花的钱就不再属于投保人了，而归保险公司所有，保险公司按保险合同的规定履行其义务。保险期内投保人就是不出险，保险公司也不会再还给他。

总之，最重要的是必须要明确：保险的主要作用是保障，而银行储蓄的主要作用是资金的安全及一定的受益。买保险与银行储蓄，究竟哪个更划算，只有由每个人从自家的经济状况、身体条件、风险防范等方面的实际出发，自己考虑并进行抉择。

6. 保险业大事记

① 公元前4500年，古埃及出现应付风险的丧葬互助协会，被认为是保险的雏形。

② 公元前916年，罗地安海商法正式规定"共同海损"原则。"共同海损"原则成为损失补

偿原则的早期雏形。

③ 公元 1347 年 10 月 23 日，意大利签发了最古老的一张船舶航程保单。

④ 公元 1666 年，伦敦发生特大火灾。公元 1667 年，英国人尼古拉斯彼得（Nicholas Barbor）开设第一家火灾保险商行，开创了现代保险业务的经营模式。

⑤ 公元 1762 年，英国创建公平人保险公司，标志近代人身保险制度形成。

⑥ 公元 1805 年，中国出现第一家保险公司——广东保险会社。

⑦ 公元 1858 年，英国出现锅炉保险，揭开工程保险序幕。

⑧ 公元 1880 年，现代责任保险开始形成。

⑨ 公元 1888 年，美国签发了第一张汽车保险单。

⑩ 公元 1949 年 10 月，中国人民保险公司成立。

⑪ 公元 1959 年，中国人民保险公司国内业务全面停办。

⑫ 公元 1980 年，中国恢复保险业务。

⑬ 公元 1995 年 10 月 1 日，《保险法》正式实施。

⑭ 公元 1996 年，中国人民保险集团公司成立，下设 3 个子公司。

⑮ 公元 1997 年，因存在严重违法、违规等问题，中国人民银行总行决定依据《保险法》对永安保险公司进行接管，堪称中国保险业首例。

1.1.4 保险市场

1. 保险市场定义及要素

（1）定义

保险市场是市场的一种形式，是保险商品交换关系的总和或是保险商品供给与需求关系的总和。它既可以指固定的交易场所如保险交易所，也可以是所有实现保险商品让渡的交换关系的总和。在保险市场上，交易的对象是保险人为消费者所面临的风险提供的各种保险保障。

（2）保险市场的要素

① 保险市场的主体。保险市场的主体是指保险市场交易活动的参与者，包括保险市场的供给方和需求方以及充当供需双方媒介的中介方。保险市场就是这些参与者缔结的各种交换关系的总和。

• 保险市场的供给方。保险市场的供给方是指在保险市场上，提供各类保险商品，承担、分散和转移他人风险的各类保险人，如国有保险人、私营保险人、合营保险人、合作保险人、个人保险人。通常他们必须是经过国家有关部门审查认可并获准专门经营保险业务的法人组织。

• 保险市场的需求方。保险市场的需求方是指保险市场上所有现实的和潜在的保险商品的购买者，即各类投保人。根据保险消费者不同的需求特征，可以把保险市场的需求方划分为个人投保人、团体投保人，农村的投保人、城市投保人等。根据保险需求的层次还可以把保险市场的需求方划分为当前的投保人与未来的投保人等。

• 保险市场的中介方。保险市场的中介方既包括活动于保险人与投保人之间，充当保险供需双方的媒介，还包括独立于保险人与投保人之外，以第三者身份处理保险合同当事人委托办理的有关保险业务的公证、鉴定、理算、精算等事项的人。具体有保险代理人（或公司）、保险经纪人（或公司）、保险公估人（行）、保险律师、保险理算师、保险精算师、保险验船师等。

② 保险市场的客体。保险市场的客体是指保险市场上供求双方具体交易的对象，这个交易对象就是各类保险商品。这是一种特殊形态的商品。

- 保险商品是一种无形商品。
- 保险商品是一种"非渴求商品"。

保险商品形式是保险合同，保险合同实际是保险商品的载体；其内容是保险事故发生时提供经济保障的承诺。保险费率是保险商品的价格，它是被保险人为取得保险保障而由投保人向保险人支付的价金。

2. 保险市场的类型

（1）按保险业务承保的程序不同分类

按保险业务承保的程序不同，可分为原保险市场和再保险市场。

① 原保险市场也称直接业务市场，是保险人与投保人之间通过订立保险合同而直接建立保险关系的市场。

② 再保险市场也称分保市场，是原保险人将已经承保的直接业务通过再保险合同转分给再保险人的方式形成保险关系的市场。

（2）按照保险业务性质不同分类

按照保险业务性质不同，保险市场可分为人身保险市场和财产保险市场。

① 人身保险市场是专门为社会公民提供各种人身保险商品的市场。

② 财产保险市场是从事各种财产保险商品交易的市场。

（3）按保险业务活动的空间不同分类

按保险业务活动的空间不同，保险市场可分为国内保险市场和国际保险市场。

① 国内保险市场是专门为本国境内提供各种保险商品的市场，按经营区域范围又可分为全国性保险市场和区域性保险市场。

② 国际保险市场是国内保险人经营国外保险业务的保险市场。

（4）按保险市场的竞争程度不同分类

按保险市场的竞争程度不同，保险市场可分为自由竞争型保险市场、垄断型保险市场、垄断竞争型保险市场。

① 自由竞争型保险市场是保险市场上存在数量众多的保险人，保险商品交易完全自由，价值规律和市场供求规律充分发挥作用的保险市场。

② 垄断型保险市场是由一家或几家保险人独占市场份额的保险市场，包括完全垄断型保险市场和寡头垄断型保险市场。

③ 垄断竞争型保险市场是大小保险公司在自由竞争中并存，少数大公司在保险市场中分别具有某种业务的局部垄断地位的保险市场。

3. 保险市场的功能

（1）合理安排风险，维护社会稳定

保险市场通过保险商品交易合理分散风险，提供经济补偿，在维护社会稳定方面发挥着积极的作用。

(2) 聚集、调节资金，优化资源配置

保险资金收入和支出之间有一个时间差，保险市场通过保险交易对资金进行再分配，从而充分发挥资金的时间价值，为国民经济的发展提供动力。

(3) 实现均衡消费，提高人民生活水平

保险市场为减轻居民消费的后顾之忧提供了便利，使之能够妥善安排生命期间的消费，提升人民生活的整体水平。

(4) 促进科技进步，推动社会发展

保险市场运用科学的风险管理技术，为社会的高新技术风险提供保障，由此促进新技术的推广应用，加快科技现代化的发展进程。

1.1.5 案例分析

案例一　法国兴业银行巨亏

【案情】2008年1月18日，法国兴业银行收到了一封来自另一家大银行的电子邮件，要求确认此前约定的一笔交易，但法国兴业银行和这家银行根本没有交易往来。因此，兴业银行进行了一次内部查清，结果发现，这是一笔虚假交易。

伪造邮件的是兴业银行交易员凯维埃尔。更深入地调查显示，法国兴业银行因凯维埃尔的行为损失了49亿欧元，约合71亿美元。

凯维埃尔从事欧洲股指期货交易业务，早在2005年6月，他利用自己高超的计算机技术，绕过兴业银行的五道安全限制，开始违规欧洲股指期货交易；2007年，凯维埃尔打赌市场下跌，因此大量做空，到2007年12月31日，他的账面盈余达到了14亿欧元；从2008年开始，凯维埃尔认为欧洲股指上涨，于是开始买涨。然后，欧洲乃至全球股市都在暴跌，凯维埃尔的巨额盈利变成了巨大损失。

【原因】

(1) 风险巨大，破坏性强。由于衍生金融工具牵涉的金额巨大，一旦出现亏损就将引起较大的震动。法国兴业银行事件中，损失达到71亿美元，成为历史上最大规模的金融案件，震惊了世界。

(2) 暴发突然，难以预料。因违规进行衍生金融工具交易而受损、倒闭的投资机构，其资产似乎在一夜间就化为乌有，暴发的突然性往往出乎人们的预料。

(3) 原因复杂，不易监管。衍生金融工具风险的产生既有金融自由化、金融市场全球化等宏观因素，也有管理层疏于监督、金融企业内部控制不充分等微观因素，形成原因比较复杂，即使是非常严格的监管制度，也不能完全避免风险。这警示我们，对银行系统的风险控制，绝不可掉以轻心，特别是市场繁荣之际，应警惕因盈利而放松正常监管。

【启示】衍生金融工具的风险很大程度上表现为交易人员的道德风险，但归根结底，风险主要来源于金融企业内部控制制度的缺乏和失灵。在国家从宏观层面完善企业会计准则和增强金融企业实力的同时，企业内部也应完善财务控制制度，消除企业内部的个别风险。

(1) 健全内部控制机制。在一定程度上，防范操作风险最有效的办法就是制定尽可能详尽的业务规章制度和操作流程，使内控制度建设与业务发展同步，并提高制度执行力。

(2) 完善金融企业的法人治理结构。金融交易人员的行为风险可以通过内部控制制度防范，但再严格的内控对于企业高层管理人员也可能无能为力,管理层凌驾于内控之上的现象是造成金融企业风险的深层原因。我国国有商业银行所有者虚位的现象严重,对管理层的监督和约束机制还相对较弱。对于金融企业主要领导者的监督应借助于完善的法人治理结构。

案例二 "中航油"事件

【案情】2003年下半年,中国航油(新加坡)股份有限公司(以下简称"中航油")开始交易石油期权。最初涉及200万桶石油,中航油在交易中获利。2004年一季度,油价攀升导致公司潜亏580万美元,公司决定延期交割合同,期望油价能回跌;交易量也随之增加。2004年二季度,随着油价持续升高,公司的账面亏损额增加到3000万美元左右。公司因而决定再延后到2005年和2006年才交割;交易量再次增加。2004年10月,油价再创新高,公司此时的交易盘口达5200万桶石油,账面亏损再度大增。10月10日,面对严重资金周转问题的中航油,首次向母公司呈报交易和账面亏损。为了补加交易商追加的保证金,公司已耗尽近2600万美元的营运资本、1.2亿美元银团贷款和6800万元应收账款资金。账面亏损高达1.8亿美元,另外已支付8000万美元的额外保证金。10月20日,母公司提前配售15%的股票,将所得的1.08亿美元资金贷款给中航油。10月26日和28日,公司因无法补加一些合同的保证金而遭逼仓,蒙受1.32亿美元实际亏损。11月8日到25日,公司的衍生商品合同继续遭逼仓,截至25日的实际亏损达3.81亿美元。12月1日,在亏损5.5亿美元后,中航油宣布向法庭申请破产保护令。

【原因】

(1)中航油的交易一开始就存在巨大隐患,因为其从事的期权交易所面临的风险敞口是巨大的。

(2)管理层风险意识淡薄。企业没有建立起防火墙机制,在遇到巨大的金融投资风险时,没有及时采取措施,进行对冲交易来规避风险,使风险无限量扩大直至被逼仓。

(3)企业内部治理结构存在不合理现象。作为中航油总裁的陈久霖,手中权力过大,绕过交易员私自操盘,发生损失也不向上级报告,长期投机违规操作酿成苦果。这反映了公司内部监管存在大缺陷。

(4)监管机构监管不力。中国航油集团公司归国资委管理,中航油造成的损失为5.3亿~5.5亿美元,其开展的石油指数期货业务属违规越权炒作行为。该业务严重违反决策执行程序,导致监管漏洞产生。

【启示】企业没有建立起防火墙机制,即在遇到巨大的金融投资风险时,没有及时采取措施,进行对冲交易来规避风险。

(1)企业内部治理结构风险管理系统应该加强优化设计。中航油总裁手中权力过大,绕过交易员私自操盘,发生损失也不向上级报告,长期投机违规操作酿成苦果。"一人集权"的表象反映了公司内部监管存在重大缺陷。公司风险管理体系的虚设导致对个人权利缺乏有效的制约机制。

(2)外部监管有待加强。上市公司的信息披露义务,在此次事件中使得外部监管层面的风险控制体系也成为一种摆设。中国证监会作为金融期货业的业务监管部门对国企的境外期货交易负有监管责任,那么,在内控制度缺失的情况下,作为最后一道防线,外部监管的重要性是不言而喻的,但中航油连续数月进行的投机业务竟然没有任何监管和警示,也暴露出当时国内金融衍生工具交易监管的空白。

案例三 美国通用汽车公司申请破产保护

【案情】2008 年金融危机之后，美国通用汽车公司迫于近年连续亏损、市场需求萎缩、债务负担沉重等多方压力，于 2009 年 6 月 1 日，正式按照《美国破产法》第 11 章的有关规定向美国曼哈顿破产法院申请破产保护。在 GM 破产保护阶段，将成立一家新 GM，这家新公司将会继承旧 GM 的一些主要品牌（凯迪拉克、别克、雪佛兰），而其余的工厂都卖掉用来还债务。

【原因】

（1）福利成本。昂贵的养老金和医疗保健成本，高出对手 70%的劳务成本以及庞大的退休员工包袱日益不堪重负，让其财务丧失灵活性。

（2）次贷冲击。次贷危机冲击了美国的汽车销量市场，给美国汽车工业带来了沉重的打击，汽车行业成为次贷风暴的重灾区。

（3）战略失误。2005 年开始美国通用公司处在连续亏损状态。通用汽车公司除了对其他汽车生产厂家的一系列并购和重组并不成功外，以及在小型车研发方面落后于亚洲、欧洲同行外，其麾下的通用汽车金融公司在其中也扮演了重要角色。为了刺激汽车消费，争抢潜在客户，美国通用公司通过开设汽车金融公司来给购车者提供贷款支持。只要有固定职业和居所，汽车金融公司甚至不用担保也可以向汽车金融公司申请贷款购车。这种做法虽然满足了一部分原本没有购车能力的消费者的购车欲望，在短期内增加了汽车销量，收取的高额贷款利息还增加了汽车公司的利润，但也产生了巨大的金融隐患。一旦购车者收入状况出现问题（如失业），汽车消费贷款就可能成为呆账或坏账。金融危机的爆发不仅使汽车信贷体系遭受重创，很多原本信用状况不佳只能从汽车金融公司贷款的购车者也因收入减少、失业、破产等原因无力支付贷款利息和本金，导致通用汽车出现巨额亏损。

（4）油价上涨。新能源、新技术的开发费用庞大，却没有形成产品竞争力；通用旗下各种品牌的汽车尽管车型常出常新，却多数是油耗高、动力强的传统美式车，通用汽车依赖运动型多用途车、卡车和其他高耗油车辆的时间太长，错失或无视燃油经济型车辆发展机遇。

【启示】（1）专业化发展，拒绝盲目扩张。自 1990 年到 2002 年，通用汽车在全球进行了多个项目的扩张，但吞并萨博、携手菲亚特耗费的上百亿美元投资，并未让通用收回任何财务上的收益。当在最鼎盛时期，通用旗下有别克、凯迪拉克、雪佛兰、GMC、霍顿、悍马、奥兹莫尔比、欧宝、庞蒂亚克、SAAB（萨博）、土星和沃克斯豪尔 12 个品牌。但几乎找不出一年通用旗下的所有品牌都是赢利的，所以通用的办法只能是"拆东墙、补西墙"。

（2）注重汽车消费趋势和消费者需求的研究。市场环境中，消费者的消费能力、消费层次和消费品位是多元化的，不同的车都会寻找到不同的消费者。

（3）提早关注成本优势。汽车产业的劳动力成本，中国汽车厂家的管理成本、采购成本及因效率不高带来的"损耗成本"应该依托高效的现代公司管理制度而降低。

1.2 汽车保险基础

【知识目标】

1. 汽车（机动车辆）保险定义与基本特征
2. 汽车保险的职能与作用

课程育人：工匠精神的内涵

3. 汽车保险的要素

【能力目标】
1. 在汽车保险营销工作过程中，把握好工作职能
2. 学会在汽车保险与理赔实务中培养高质量的服务意识

【素质目标】
1. 培养以最高的诚信标准和行为准则要求自己，制订职业规划
2. 培养良好服务能力和水平，提升消费者满意度

1.2.1 汽车保险概述

1. 汽车（机动车辆）保险定义及起源

微课 3 汽车保险概述

（1）定义

汽车（机动车辆）保险是以机动车辆本身及其第三者责任等为保险标的的一种运输工具保险。其保险客户，主要是拥有各种机动交通工具的法人团体和个人；其保险标的主要是各种类型的汽车，但也包括电车、电瓶车、摩托车、拖拉机、各种专用机械车、特种车等。

（2）汽车保险的起源

国外汽车保险起源于 19 世纪中后期。当时，随着汽车在欧洲一些国家的出现与发展，因交通事故而导致的意外伤害和财产损失随之增加。尽管各国都采取了一些管制办法和措施，汽车的使用仍对人们的生命和财产安全构成了严重威胁。因此引起了一些精明的保险人对汽车保险的关注。

1896 年 11 月，由英国的苏格兰雇主保险公司发行的一份保险情报单中，刊载了为庆祝"1896 年公路机动车辆法令"的顺利通过，而于 11 月 14 日举办伦敦至布赖顿的大规模汽车赛的消息。在这份保险情报中，还刊登了"汽车保险费年率"。

最早开发汽车保险业务的是英国的"法律意外保险有限公司"，1898 年该公司率先推出了汽车第三者责任保险，并可附加汽车火险。

到 1901 年，保险公司提供的汽车保险单，已初步具备了现代综合责任险的条件，保险责任也扩大到了汽车的失窃。

① 汽车保险在国外的发展。20 世纪初期，汽车保险业在欧美得到了迅速发展。1903 年，英国创立了"汽车通用保险公司"，并逐步发展成为一家大型的专业化汽车保险公司。

1906 年，成立于 1901 年的汽车联盟也建立了自己的"汽车联盟保险公司"。到 1913 年，汽车保险已扩大到了 20 多个国家，汽车保险费率和承保办法也基本实现了标准化。

1927 年是汽车保险发展史上的一个重要里程碑。美国马萨诸塞州制定的举世闻名的强制汽车（责任）保险法的颁布与实施，表明了汽车第三者责任保险开始由自愿保险方式向法定强制保险方式转变。此后，汽车第三者责任法定保险很快普及到世界各地。第三者责任法定保险的广泛实施，极大地推动了汽车保险的普及和发展。车损险、盗窃险、货运险等业务也随之发展起来。

自 20 世纪 50 年代以来，随着欧洲、美国、日本等地区和国家汽车制造业的迅速扩张，机动

车辆保险也得到了广泛的发展,并成为各国财产保险中最重要的业务险种。到 20 世纪 70 年代末,汽车保险已占整个财产险的 50%以上。

② 我国汽车保险的发展进程。

• 萌芽时期。我国的汽车保险业务的发展经历了一个曲折的历程。汽车保险进入我国是在鸦片战争以后,但由于我国保险市场处于外国保险公司的垄断与控制之下,加之当时中国的工业不发达,我国的汽车保险实质上处于萌芽状态,其作用与地位十分有限。

• 试办时期。1950 年,创建不久的中国人民保险公司就开办了汽车保险。但是因宣传不够和认识的偏颇,不久就出现对此项保险的争议,有人认为汽车保险以及第三者责任保险对于肇事者予以经济补偿,会导致交通事故的增加,对社会产生负面影响。于是,中国人民保险公司于 1955 年停止了汽车保险业务。直到 20 世纪 70 年代中期为了满足各国驻华使领馆等外国人拥有的汽车保险的需要,开始办理以涉外业务为主的汽车保险业务。

• 发展时期。我国保险业恢复之初的 1980 年,中国人民保险公司逐步全面恢复中断了近 25 年之久的汽车保险业务,以适应国内企业和单位对于汽车保险的需要,适应公路交通运输业迅速发展、事故日益频繁的客观需要。但当时汽车保险仅占财产保险市场份额的 2%。

随着改革开放形势的发展,社会经济和人民生活也发生了巨大的变化,机动车辆迅速普及和发展,机动车辆保险业务也随之得到了迅速发展。1983 年将汽车保险改为机动车辆保险使其具有更广泛的适应性,在此后的近 20 年过程中,机动车辆保险在我国保险市场,尤其在财产保险市场中始终发挥着重要的作用。到 1988 年,汽车保险的保费收入超过了 20 亿元,占财产保险份额的 37.6%,第一次超过了企业财产险(35.99%)。从此以后,汽车保险一直是财产保险的第一大险种,并保持高增长率,我国的汽车保险业务进入了高速发展的时期。

与此同时,机动车辆保险条款、费率以及管理也日趋完善,尤其是中国保监会的成立,进一步完善了机动车辆保险的条款,加大了对于费率、保险单证以及保险人经营活动的监管力度,加速建设并完善了机动车辆保险中介市场,对全面规范市场,促进机动车辆保险业务的发展起到了积极的作用。

2. 汽车保险的基本特征

(1) 保险标的出险率较高

汽车是陆地的主要交通工具。由于其经常处于运动状态,总是载着人或货物不断地从一个地方开往另一个地方,很容易发生碰撞及意外事故,造成人身伤亡或财产损失。由于车辆数量的迅速增加,一些国家交通设施及管理水平跟不上车辆的发展速度,再加上驾驶人的疏忽、过失等人为原因,交通事故发生频繁,汽车出险率较高。

(2) 业务量大,投保率高

由于汽车出险率较高,汽车的所有者需要以保险方式转嫁风险。各国政府在不断改善交通设施,严格制定交通规章的同时,为了保障受害人的利益,对第三者责任保险实施强制保险。

保险人为适应投保人转嫁风险的不同需要,为被保险人提供了更全面的保障,在开展车辆损失险和第三者责任险的基础上,推出了一系列附加险,使汽车保险成为财产保险中业务量较大,投保率较高的一个险种。

(3) 扩大保险利益

汽车保险中,针对汽车所有者与使用者不同的特点,汽车保险条款一般规定:不仅被保险人本人使用车辆时发生保险事故保险人要承担赔偿责任，而且凡是被保险人允许的驾驶人使用车辆时，也视为其对保险标的具有保险利益。如果发生保险单上约定的事故，保险人同样要承担事故造成的损失，保险人须说明汽车保险的规定以"从车"为主，凡经被保险人允许的驾驶人驾驶被保险人的汽车造成保险事故的损失，保险人须对被保险人负赔偿责任。

此规定是为了对被保险人提供更充分的保障，并非违背保险利益原则。但如果在保险合同有效期内，被保险人将保险车辆转卖、转让、赠送他人，被保险人应当书面通知保险人并申请办理批改。否则，保险事故发生时，保险人对被保险人不承担赔偿责任。

（4）被保险人自负责任与无赔款优待

为了促使被保险人注意维护、养护车辆，使其保持安全行驶技术状态，并督促驾驶人注意安全行车，以减少交通事故，保险合同上一般规定：驾驶人在交通事故中所负责任，车辆损失险和第三者责任险在符合赔偿规定的金额内实行绝对免赔率；保险车辆在保险期限内无赔款，续保时可以按保险费的一定比例享受无赔款优待。以上两项规定，虽然分别是对被保险人的惩罚和优待，但要达到的目的是一致的。

（5）注重维护公众利益

机动车辆第三者责任保险，作为一种与机动车辆密不可分的责任保险业务，在绝大多数国家均采用强制原则实施，从而是一种法定保险业务。各国之所以对这种业务特殊对待，其出发点都是为了维护公众利益，即确保在道路交通事故中受害的一方能够得到有效的经济补偿。

1.2.2 汽车保险的职能与作用

1. 汽车保险的职能

职能是某种客观事物或现象所具有的内在功能，是由事物的本质和内容决定的。汽车保险的职能，就是指汽车保险固有的一种功能，它不会因为时间的变化和社会形态的不同而不同。它是由汽车保险的本质和内容决定的，是汽车保险本质的体现。但随着汽车保险的发展，会派生出新的职能。因此，汽车保险的职能包括基本职能和派生职能。

（1）汽车保险的基本职能

汽车保险的基本职能主要是补偿损失的职能，即汽车保险通过组织分散的保险费，建立保险基金，用来对因自然灾害和意外事故造成车辆的损毁给予经济上的补偿，以保障社会生产的持续进行，安定人民生活，提高人民的物质福利。这种赔付原则使已经存在的社会财富即车辆因灾害事故所导致的实际损失，在价位上得到了补偿，在使用价值上得以恢复，从而使集体或个人的再生产得以持续进行，稳定了人民的生活，提高了人民的物质福利。汽车保险的这种补偿职能，只是对社会已有的财富进行了再分配，而不能增加社会财富。

汽车保险是现代社会处理风险的一种非常重要的手段，是风险转嫁中一种最重要、最有效的技术，是不可缺少的经济补偿制度。

汽车保险的基本职能，是汽车保险得以产生和迅速发展的内在根源。补偿损失是建立保险基金的根本目的，也是汽车保险形式产生和发展的原因。汽车保险的这种基本职能大体内容可以概括为以下几点。

① 补偿用于自然灾害和意外事故所致保险车辆的经济损失。

② 对被保险人在保险期内发生与车祸相关的人身伤亡事故给予经济赔偿。
③ 承担被保险人因车辆事故对受害人所负的经济赔偿的民事责任。
④ 保险人和被保险人之间的履约责任。

（2）汽车保险的派生职能

汽车保险的派生职能是在不同经济形态下，从基本职能派生出来的。在社会主义市场经济条件下，汽车保险的派生职能是由保险企业经营管理的特点决定的。汽车保险的派生职能主要有以下3方面。

① 财政性分配职能。汽车保险与其他保险一样，具有财政性。它是指保险企业参与对一部分社会总产品分配的职能，并能为国家在建设方面集资。保险的经营活动主要指筹集和使用保险基金。通过向投保人收取保险费而筹集起来的保险基金，实际上是以货币形态表现的一定量的社会总产品，是社会后备基金体系的重要组成部分。它同中央财政的后备基金和分散自保的后备基金相互配合，履行对出险单位或个人的损失补偿的责任。但是，向保险公司交纳保险费是全体投保人的义务。而从保险公司获取损失补偿的只是少数出险车辆或人身受到伤害的被保险人与第三者。这样，一部分社会总产品就以保险公司为媒介，在被保险人之间进行分配。即当保险标的发生灾害事故，被保险人原来占有的一部分社会总产品的价值转移到保险标的发生灾害事故的被保险人手里，保险便实现了对一部分社会总产品价值的分配。

② 金融性融资的职能。汽车保险也有融资的功能，即将保险组织的可运作资金，重新投入到社会再生产过程中，以便实现保险资金的保值和增值。由于保险人经营的连续性和保险事件的随机性，在保险人的业务经营中会有一部分资金处于暂时的闲置状态，这种闲置的资金构成了保险人的可运用资金。保险公司作为金融机构的组成部分，其融通资金的方式主要有两种：一种是将保险基金存入银行，通过银行以信贷方式融通资金；另一种是保险公司运用保险基金进行直接投资或放款，使沉淀在企业、集体或个人的那部分保险资金投入生产或建设领域。

③ 风险性防灾防损职能。汽车保险中保险人和被保险人通过共同的经济利益，即减少灾害、事故的发生，尽量避免保险车辆损失和人员伤亡。保险人为了减少赔款、提高经济效益，从大量的日常业务中掌握保险车辆的位置和分布，分析各种灾害事故造成损失的资料、对灾害原因有较为确切的分析和结论，适时运用保险财力和专业人员的技术力量，提出防灾防损方案。通过这种风险管理职能，即保险企业参与社会、企业、家庭、个人的风险管理，提供防灾、防损、咨询和技术服务的职能，从而减少车辆的损伤和社会成员的人身伤害，为保险企业自身效益和社会效益的提高创造有利条件。

2. 汽车保险的作用

我国自1980年国内保险业务恢复以来，汽车保险业务已经取得了长足的进步，尤其是伴随着汽车进入百姓的日常生活，汽车保险正逐步成为与人们生活密切相关的经济活动，其重要性和社会性也正逐步突现，作用越加明显。

（1）促进汽车工业的发展，扩大了汽车需求

从目前经济发展发展情况看，汽车工业已成为我国经济健康、稳定发展的重要动力之一。汽车产业政策在国家产业政策中的地位越来越重要，汽车产业政策要产生社会效益和经济效益，要成为中国经济发展的原动力，离不开汽车保险与之配套服务。汽车保险业务自身的发展对于汽车工业的发展起到了有力的推动作用。汽车保险的出现，解除了企业与个人对使用

汽车过程中可能出现的风险的担心，一定程度上提高了消费者购买汽车的欲望，从而扩大了对汽车的需求。

（2）稳定了社会公共秩序

随着我国经济的发展和人民生活水平的提高，汽车作为重要的生产运输和代步的工具，成为社会经济及人民生活中不可缺少的一部分，其作用显得越来越重要。汽车作为一种保险标的，虽然单位保险金不是很高，但数量多而且分散，车辆所有者既有党政部门，也有工商企业和个人。车辆所有者为了转嫁使用汽车带来的风险，愿意支付一定的保险费投保。在汽车出险后，从保险公司获得经济补偿。由此可以看出，开展汽车保险既有利于社会稳定，又有利于保障保险合同当事人的合法权益。

（3）促进了汽车安全性能的提高

在汽车保险业务中，经营管理与汽车维修行业及其价格水平密切相关。原因是在汽车保险的经营成本中，事故车辆的维修费用是其中重要的组成部分，同时车辆的维修质量在一定程度上体现了汽车保险产品的质量。保险公司出于有效控制经营成本和风险的需要，除了加强自身的经营业务管理外，必然会加大事故车辆修复工作的管理，这在一定程度上提高了汽车维修质量管理的水平。同时，汽车保险的保险人从自身和社会效益的角度出发，联合汽车生产厂家、汽车维修企业开展汽车事故原因的统计分析，研究汽车安全设计新技术，并为此投入大量的人力和财力，从而促进了汽车安全性能方面的提高。

（4）汽车保险业务在财产保险中占有重要的地位

目前，大多数发达国家的汽车保险业务在整个财产保险业务中占十分重要的地位。美国汽车保险保费收入，占财产保险总保费的45%左右，占全部保费的20%左右。亚洲地区的日本汽车保险的保费占整个财产保险总保费的比例更是高达58%左右。

从我国的情况来看，随着积极的财政政策的实施，道路交通建设的投入越来越多，汽车保有量逐年递增。在过去的20年，汽车保险业务保费收入每年都以较快的速度增长。在国内各保险公司中，汽车保险业务保费收入占其财产保险业务总保费收入的50%以上，部分公司的汽车保险业务保费收入占其财产保险业务总保费收入的60%以上。汽车保险业务已经成为财产保险公司的"吃饭险种"，其经营的盈亏，直接关系到整个财产保险行业的经济效益。可以说，汽车保险业务的效益已成为财产保险公司效益的"晴雨表"。

1.2.3 汽车保险的要素

汽车保险的要素也称"保险的要件"，指保险得以成立的基本条件。在这一问题上，国内外均有不同的见解。本书认为，保险的要素有3个，即前提要素、基础要素和功能要素。

1. 危险存在是保险成立的前提

保险与危险同在，无危险则无保险可言。因此，特定的危险事故是保险成立的前提，是首要要素。

人类社会可能遭遇的危险很多，大体上可以归纳为三大类，即人身危险、财产危险和法律责任的危险。所谓危险事故，是指上述人类三大危险中可能引起损失的偶然事件，它包含3层意思。第一，事件发生与否很难确定。即事件可能发生，也可能不发生，两种可能同时存在，缺一不可。

如果约定的某一事件根本不可能发生,是不会有人愿意花钱去买这种毫无意义的保险的。反之,如果能确定某一事件一定会发生,承保则意味着必然赔偿,无法集合危险,分散损失,也不会有哪家保险公司愿意承担这种无法承担的责任。第二,事件何时发生很难确定。即一些偶然事件虽然可以判断,但究竟何时发生,很难预料。例如,人的生老病死,这是自然规律,但人何时生病、何时死亡,谁都无法预知。所以,人们死亡、伤残和疾病均属可保事件。发生时间不可预知的事件,当然是将来有可能发生的事件。过去或现在已发生的事件,不属于偶然事件。第三,事件发生的原因与结果很难确定。即事件的发生是意外的,排除当事人的故意行为及保险标的的必然现象。事件发生若系当事人或其利害关系人的故意行为所致,如谋杀被保险人或被保险人的自杀、纵火等,或保险标的的自然灭失、消耗等,都不属于偶然事件。由于偶然事件是"将来的事件",因而发生与否无法预料,一旦发生将造成多大损失也很难预知。如房屋等财产都有遭受火灾等灾害破坏的可能,但这种潜在性的灾害发生时将造成多大的损失,灾前是任何人都无法准确知道的。倘若事前能准确地知道某一事件发生时所造成的损失额,保险人就很难维持其保险业务了。

2. 众人协力是保险成立的基础

前文提到保险是建立在"我为人人,人人为我"这一社会互助基础之上的,其基本原理是集合危险,分散损失。这就要求参加保险者不只是几个人、几个单位,也不只是社会中的少部分人和少部分单位,而是要动员全社会力量,使众多的社会成员参加保险。只有众多的社会成员参加保险,其所缴纳的保险费,才能积聚成为巨额的保险基金,从而确保少数人的意外损失获得足额且及时的补偿。因此,保险不仅与危险同在,也与众人协力同在。没有众人协力,就不可能有保险。众人协力即经济上的互助共济关系。这种经济上的互助共济关系,其组织形式有两种,一是直接关系,二是间接关系。相互保险组织中的众人协力所体现的互助共济关系,就是一种直接的互助共济关系。因为这种保险组织的成员,都是由有同一危险的多数人所组成的。他们中的每一成员,即是被保险者。

保险的众人协力,其人数虽然不可能具体地划定为几百人或几千人,但为了达到将巨大的损失尽量分散,变成微小的损失,就需要参加保险的人越多越好。无论是相互保险还是保险公司经营的保险都是如此。因为参加保险的人数越多,则损失分得越散,每个成员的负担也就越轻;投保者越多,交的保险费就越多,所能积聚起来的保险基金数额就越大,因而对被保险人就越有保障。

保险需要众人协力,而且投保者越多越好。但是,在结成互助共济关系的每一成员中,特别是间接互助共济关系的成员中,他们所面临的风险是不同的。风险不同,损失的分担即应缴的保险费就应该不同。如果风险不同而损失分担无异,必然会引发这样的后果。一部分风险较小的成员因感到吃亏而退出保险,剩下的那些风险较大的少数投保者也因无法负担巨额的保险费而支持不下去,原来所形成的互助共济关系就会受到破坏。此外,作为"出卖"保险的保险人,同样是有风险的,这种风险就是保险事故发生时所必须承担的赔偿责任。倘若保险人的风险大而赔付能力小,保险就难以为继。因此,保险要得以正常维持,一要使投保人有负担保险费的能力并乐于缴付保险费,以维持必要的互助关系;二要保证保险人的保险费收入与损失赔付总额大体相当,以保证保险人的赔付能力。这一目的的实现,就必须使保险的众人协力建立在科学方法的基础之上,即必须根据概率论的科学方法,合理地计算出各种保险的保险费率。合理的保险费率,使每个参加投保者的负担相对公平合理。合理的保险费率是维系保险的众人协力得以长久的关键。

3. 损失赔付是保险成立的功能

保险的功能并非消灭危险，危险是客观存在的，从严格意义上说，保险本身也不可能消灭危险。虽然，在实际生活中，人们往往习惯将投保行为称为"买保险"，将投保人缴纳保险费与保险人确立保险合同关系称为"付出一笔代价买进一个安全"。但谁都明白，投保人向保险公司缴了保险费，并非真正买到了一个安全；签订了保险合同，也不意味着此生保险公司就能保证被保险人不出事故。"买保险""花钱买安全"一类说法，其确切的含义应该是：第一，投了保，由于双方当事人采取了切实有效的安全措施，加强了防灾能力，因而被保险人的安全会更有保障；第二，投了保，缴纳了保险费，在保险有效期间内，即使发生了意外事故，按照约定也会得到相应的损失补偿，从而迅速恢复原有的经济状况。事实上，投保人支付一笔代价（保险费）后，他所买到的只是一个机会，即将来发生保险事故时可能获得补偿的机会，而不是真正意义上的安全。由此可见，保险的直接功能就是补偿被保险人因意外所受的经济损失，如果投保人在投保后仅仅买到一个观念上的安全，危险事故发生时得不到相应的补偿，那么是不会有人愿意花钱去买一个毫无实际意义的观念上的安全的。

当然，人们花钱买保险，并不希望危险事故在其身上发生。对每个投保人来说，宁可经常接受微小数目的损失，却不愿意在较长时间内遭受一次巨大的损失。所谓"经常微小数额"的损失，也即投保人在保险期间安然无恙，他所缴纳的保险费无疑是一种代价。从这一意义上说，投保人这一期间的安全是花钱"买"来的。

应该注意的是，在损失赔付功能上，人身保险与财产保险并不完全一致。其原因就在于：财产保险与人身保险的保险标的不同。财产保险的标的是财产或与财产有关的利益，是能够用货币来准确衡量其价值的，当危险事故发生时也能够用货币来准确衡量其损失额。

保险的直接功能是经济补偿。因此，财产保险除定值保险等个别例外，其损失赔偿均应遵循补偿原则，即当保险事故发生时，保险人给予被保险人的经济赔偿恰好填补被保险人因遭受保险事故所造成的经济损失。赔偿金额不应少于或多于实际损失。少于实际损失，说明被保险人的损失没有得到完全的填补；多于实际损失，则会造成被保险人的不当得利，这是有悖于保险制度本身的。

人身保险的标的是人的身体、健康和生命。人的身体、健康和生命是无法用货币来衡量的。当发生保险事故时，究竟给被保险人造成多少损失，也难以用货币来准确衡量。因此，人身保险一般采用定额方式，一旦发生保险事故，则按合同约定的金额给付。人身保险的给付不适用保险法上的补偿原则。人身保险不适用补偿原则，并不意味着其给付不具有补偿性。人的死亡和伤残固然无法用金钱补回来，但人的死亡和伤残，其后果不仅是一个生命的结束或健康受到伤害，而且由此还必然给其亲人或本人带来直接的经济损失。换言之，危险事件在人身上可能造成的损害是两层意义上的损害，即人身损害和经济损害。人身保险的给付虽然不能填补前者却可以填补后者。因此，人身保险仍然具有补偿的性质。否认这种补偿性进而否认人身保险的经济功能是不对的。

1.2.4 案例分析

案例一　被保险人违反及时报案的保险义务应承担什么责任？

【案情】柳某所拥有的东风牌货运车，自 2014 年 9 月 10 日，向某保险公司投保了第三者责任综合险，保险期限为 1 年。在 2015 年 5 月 12 日柳某出车时发生交通事故，一辆小轿车的前机盖被该车挂车的尖角剐蹭。但柳某一直未察觉交通事故的发生，并随即将车开走。2015 年 5 月 18 日，柳某收到交警大队的通知，让他来处理交通事故。随后交警部门作出《交通事故认定书》，柳某负次要责任。柳某和对方车主在交警大队的调解下，同意支付车辆损失的赔偿费 5600 元。2015 年 5 月 22 日，柳某要求保险公司给予赔偿。

【歧义】保险公司以此交通事故已经发生 1 个月，被保险人没有及时向保险公司报案，已超过索赔时效为由，作拒赔处理。被保险人不服，遂诉于某市人民法院。

【法院判决】原告没有及时履行告知义务，其行为虽然违反保险合同的条款规定，但是他根据交警部门作出的交通事故认定和调解结论索赔并没有违反保险法和保险合同的有关规定，而且保险法上对被保险人的索赔时限并没有作出规定。

双方虽然在合同中有所约定，但是违反该项约定并不构成拒赔理由，为此给保险公司造成的工作上的不便，可通过减少赔偿额处理，不宜完全拒赔，判决保险公司因被保险人的违约行为扣除应赔款项的 30%。

【法官分析】我国《保险法》中并没有将发生交通事故后需及时通知保险人作为被保险人的一项法定义务。第二十三条规定："保险交通事故发生后，依照保险合同请求保险人赔偿或者给付保险金时，投保人、被保险人或者受益人应当向保险人提供其所能提供的与确认保险交通事故的性质、原因、损失程度等有关的证明和资料。"

而本案柳某并未因没有及时报案而丧失这些证明和资料，而是有交警部门出具的《交通事故认定书》和《调解协议》，完全可以作为申请理赔的根据。而且保险合同中也没有将未及时报案作为拒赔的根据，柳某未及时报案的行为也没有造成损失无法确定或扩大，所以保险公司完全拒绝赔偿显然不当。保险公司应根据被保险人的违约情况作不同处理，不应一律拒赔。

案例二　车辆被保险人的"二次碾压"行为应该怎么赔偿？

【案情】张某连续驾驶别克轿车 10 个小时以上，当其行至一段窄路时，张某隐约看见一位骑自行车的人在车右前方行驶。当车行至一个拐弯附近时，自行车突然向路中心移动，而张某的车则右打方向盘准备拐弯，由于过度疲劳，注意力不集中，待发现情况时已晚，小汽车将自行车刮倒，骑车人倒在了汽车下。张某赶紧下车查看，见自行车骑车人浑身是血、气息微弱。张某考虑到如果将伤者送至医院治疗，巨额的医疗费用是自己无法负担的，不如干脆将他碾死，即使被发现，赔偿也有限。于是张某重新上车，发动车辆残忍地从受害人身上碾过，然后驾车逃跑。

张某的行为被安装在路旁的录像检测设备记录了下来，交警部门很快将张某追捕归案。

【歧义】由于该车投保了第三者责任险，张某向保险公司提出了理赔的请求。保险公司答复不予赔偿，理由是交通事故发生后，肇事司机故意碾死受害人，该交通事故已演变为刑事案件，不是保险交通事故，保险公司不应承担第三者责任险的赔偿责任。张某将保险公司告上法庭，请求法院判决赔偿。

【法院判决】法院经审理认为，本案张某疲劳驾驶，突发情况处理不及时造成了交通事故的发生，张某对当事人受伤的事实主观上属于过失，符合第三者责任险所承保的意外事件。但是张某不仅未对伤者及时抢救治疗，挽回和减少交通事故损失，反而将伤者碾死，其行为已被认定为交通肇事罪，在保险法上，属于故意扩大损失，对于损失扩大的部分，保险公司不负责赔偿。

根据法医鉴定结论，死者生前因该交通事故所受伤害情况若经医疗应支付的费用等由第三者责任险负责赔偿。

【法官分析】按照我国目前的人身损害赔偿标准，交通事故受害人死亡造成的损失，如死者的丧葬费、死亡补偿费、死者生前扶养的人的生活费等可能还小于受害人因治疗而产生的医疗费和伤残后的后续费用等，这是司机在交通事故发生后不及时救助受害人，甚至有意地致受害人死亡的原因所在。

本案中保险公司的损害赔偿额应当由医疗机构按照法医鉴定结论，确定伤者在被碾死前的受伤情况，计算出死者如果获得及时治疗可能产生的医疗费用和其他费用的大致数额，此笔费用由保险公司在赔偿限额内赔付。

被保险人未及时采取合理的保护、施救措施防止或者减少损失，所导致的因延误时间致使保险责任和交通事故损失无法核定或损失扩大的部分，保险人不承担赔偿责任。

|1.3　汽车保险合同|

【知识目标】
1. 保险合同的定义与分类
2. 保险合同的内容及形式
3. 保险合同的特征
4. 保险合同的主体与客体
5. 保险合同的订立程序

【能力目标】
1. 学会与客户签订汽车保险合同的能力
2. 熟练掌握在保险合同实务中应具备的专业素养

【素质目标】
1. 培养工作经验，增强独立自主的能力
2. 培养严格遵守合同约定的意识，提倡契约精神

课程育人：工匠精神的本质：道技合一，追求卓越

1.3.1　保险合同概述

微课4　汽车保险合同

1. 保险合同的定义

保险合同是保险人与投保人双方经过要约和承诺程序，在自愿的基础上订立的一种在法律上具有约束力的协议，即根据当事人双方约定，投保人向保险人缴纳保险费，保险人在保险标的遭受约定的事故时，承担经济补偿或给付保险金的一种经济行为。

保险合同按保险人承担的责任，可将其分为财产保险合同和人身保险合同。财产保险合同是以财产及其有关利益为保险标的的保险合同。人身保险合同是以人的寿命和身体为保险标的的保

险合同。财产保险合同与人身保险合同的最大区别在于各自的保险标的不同。

依照保险合同，投保人承担向保险人交纳保险费的义务，保险人对保险标的可能遭受的危险承担提供保障的义务。在保险事故发生后，保险人根据合同约定的范围向被保险人或受益人给付保险金；或者在合同约定期限届满时向投保人或受益人给付保险金。

保险合同一般包括投保单和保险单，二者构成要约和承诺，投保单、保险单和保险条款共同构成保险合同。有时候保险单会用其简化方式"保险凭证"替换。在特殊情形下，如无标准化条款时，保险合同可以是当事双方签订的书面协议；无法当时出具保险单时，保险合同可以是暂保单。

通常，标准化的保险条款中会规定，保险合同由投保单、保险单、保险条款、批注、附贴批单、其他相关的投保文件、双方的声明、其他书面协议共同构成。

汽车保险合同是财产保险合同的一种，是指以汽车及其有关利益作为保险标的的保险合同。

由于汽车保险业务在财产保险公司的所有业务中占据绝对地位，因而汽车保险合同是财产保险公司经营过程中的重要合同。

2. 保险合同的分类

保险合同按照不同的标准分成不同的种类，主要有以下几种。

（1）按保险合同的标的分类

按保险合同的标的划分，保险合同可以分为财产保险合同和人身保险合同。这是我国保险法对保险合同的分类，也是基本的、常见的分类方法。

财产保险合同的保险标的是财产及其有关利益，是补偿合同；人身保险合同的保险标的是人的寿命和身体，是给付性合同。保险标的的不同是两类合同的主要区别。

（2）按保险合同所负责任的顺序分类

按保险合同所负责任的顺序划分，保险合同分为原保险合同和再保险合同。

原保险合同是指保险人对被保险人因保险事故所遭受的损失给予原始赔偿的合同。再保险合同是指保险人以其承保的危险责任，再向其他保险人投保而签订的保险合同。原保险又称为第一次保险，一般的保险都是原保险合同。再保险又称为第二次保险，再保险不利于提高保监人的承保能力和赔偿能力。

（3）按每份合同的被保险人数分类

人身保险合同，依据每份合同承保的被保险人人数的不同，可以分为个人保险合同和团体保险合同两大类。财产保险合同不以人为保险标的，所以不存在个人保险合同和团体保险合同的分类。

人身保险合同，如果一份合同只承保一名被保险人，应属于个人保险合同。对于个人保险合同，保险人要对被保险人进行风险选择，根据被保险人的年龄、职业、健康状况、经济状况、社会关系等决定是否承保，考虑保险金额是否适当，是否存在应当增加保险费的因素等，必要时还要进行身体检查。

如果一份人身保险合同承保一个机关、企业、事业单位的大多数成员，就属于团体保险合同。一份团体保险合同中被保险人所在的单位，必须是在订立合同时即已存在的组织，而不是为投保人身保险而成立的组织。一个单位的成员投保同一种人身保险的人数必须占大多数，而且绝对数要达到一定人数。

对于团体保险合同，保险人不对被保险人一一进行风险选择，而是对被保险人所在单位从总体上进行风险选择。根据该单位所属的行业、工业性质、被保险人的年龄结构等决定是否承保以及适用何种保险费，一般不对被保险人进行身体检查。

（4）按保险合同标的的保险分类

按保险合同标的的保险划分，保险合同分为定值保险合同和不定值保险合同。

定值保险是指保险人和被保险人在保险合同中确定保险价值，依照保险价值确定保险金额，保险人以此收取保险费和计算赔偿金额。不定值保险是指保险人与被保险人在保险合同中不确定保险标的的价值，而将保险金额作为损失赔偿的最高金额，这种划分只适宜财产保险合同，人身保险合同的标的是无价的。

1.3.2 保险合同的基本内容

1. 保险合同的内容

汽车保险合同的内容主要用来规定保险关系双方当事人所享有的权利和承担的义务，它通过保险条款使这种权利义务具体化。由于保险合同一般都是依照保险人预先拟定保险条款订立的，因而保险合同成立后，双方的权利义务主要体现在这些条款之中，保险合同的条款可分为法定条款和约定条款两种类型，法定条款是指法律规定保险必须具备的条款，《保险法》第十八条规定保险合同的必备条款有11项。

① 保险人名称和住所。
② 投保人、被保险人名称和住所以及人身保险的受益人的名称和住所。
③ 保险标的。
④ 保险责任和责任免除。
⑤ 保险期间和保险责任开始时间。
⑥ 保险价值（用于财产险）。
⑦ 保险金额。
⑧ 保险费以及支付办法。
⑨ 保险金赔偿或者给付办法。
⑩ 违约责任和争议处理。
⑪ 订立合同的年、月、日。

约定条款是指投保人和保险人在保险合同的法定条款之外，就保险有关的其他事项作出约定的条款，约定条款是由保险合同的性质和特点决定并由投保人和保险人商定的条款。

2. 保险合同的形式

《保险法》规定：投保人提出投保要求，经保险人同意承保，并就合同的条款达成协议，保险合同成立。保险人应当及时向投保人签发保险单或其他保险凭证，并在保险单或者其他保险凭证中载明当事人双方约定的合同内容。经投保人和保险人协商同意，也可以采取其他协议形式订立保险合同。由此可见，在汽车保险的具体实务工作中，我国保险合同的形式为书面形式，汽车保险合同主要有以下几种形式。

（1）投保单

汽车保险投保单又称为"要保单"或者称为"投保申请书"，是投保人申请保险的一种书面形式。通常，投保单由保险人事先设计并印就，上面列明了保险合同的具体内容，投保人只需在投保单上按列明的项目逐项填写即可。投保人填写好投保单后,保险人审核同意签章承保,这意味着保险人接受了投保人的书面要约,说明汽车保险合同已告成立。

汽车投保单的主要内容包括:被保险人、投保人的名称;保险车辆的名称;投保的险别;保险金额;保险期限等内容。上述投保单的内容经保险人签章后,保险合同即告成立,保险人按照约定的时间开始承担保险责任。在保险双方当事人约定的时间后,保险人仍未签发保险单的,投保单仍具法律效力。

(2) 暂保单

暂保单又称临时保单,它是保险人或其代理人在正式保险单签发之前出具给被保险人的临时保险凭证。它表明保险人或其代理人已接受了保险,等待出立正式保险单。

暂保单的内容比较简单,只载明被保险人的姓名、承保危险的种类,保险标的等重要事项,凡未列明的,均以正式保险单的内容为准。

暂保单的法律效力与正式保险单相同,但有效期较短,一般为30天。正式保险单发出后,暂保单失效。暂保单也可在保险单发出之前中止效力。但保险人必须提前通知投保人。

(3) 保险单

保险单简称"保单",是保险人和投保人之间订立保险合同的正式书面凭证。它根据汽车投保人申请,在保险合同成立之后,由保险人向投保人签发。保险单上列明了保险合同的所有内容,它是保险双方当事人确定权利、义务和在发生保险事故遭受经济损失后,被保险人向保险人索赔的重要依据。

(4) 保险凭证

保险凭证也称小保单,它是保险人出具给被保险人以证明保险合同已有效成立的文件,它也是一种简化的保险单,与保险单有相同的效力。保险凭证上未列明的内容均以正式保单为准。

保险凭证通常在以下几种情况下使用。

① 保险人承揽团体保险业务时,一般对团体中的每个成员签发保险凭证,作为参加保险的证明。

② 在货物运输保险中,保险人与投保人订立保险合同明确该保险的责任范围的时间,事后再对每笔运输货物单独出具保险凭证。

③ 在机动车辆及第三者责任保险中,为便于被保险人随身携带,保险人通常出具保险凭证。

(5) 批单

批单是更改保险合同某些内容的更改说明书。在汽车保险业务的过程中,往往涉及车辆过户、转让、出售等变更车辆所有权的行为,因而也带来汽车保险单中的某些要素,如被保险人发生变更;或者保险金额、保险期限等内容变更,这些变更内容需要用某种形式将其记载下来,或者重新出具保险单。

但是在实际业务中,这样的变更行为是非常频繁的,因而重新出具保险单往往成了一种繁琐的工作,批单的出现及广泛使用便成为顺理成章的事情。投保人或被保险人在保险有效期内如果需要对保单内容作部分更改,需向保险人提出申请,保险人如同意更改则批改的内容在保单或保险凭证上批注或附贴便条。凡经批改过的内容均以批单为准,批单是保险单中的一个重要组成部分。

(6) 书面协议

保险人经与投保人协商同意,可将双方约定的承保内容及彼此的权利义务关系以书面协议形式明确下来。这种书面协议也是保险合同的一种形式。同正式保单相比,书面协议的内容不事先

拟就，而是根据保险关系双方当事人协商一致的结果来签订，具有较大的灵活性和针对性，是一种不固定格式的保险单，因而它与保险单具有同等法律效力。

1.3.3 保险合同的特征

保险合同所保障的标的是风险，所以它与一般的经济合同相比，其特征主要表现在以下5个方面。

1. 投保人必须对保险标的具有保险利益

在保险合同中，投保人、被保险人如果没有保险利益，保险合同将是非法的，保险合同无效。保险利益必须是受到法律保护的，同时保险利益是可以用货币计算与估价的。

在财产保险合同中，保险利益应该符合以下几个特点。

① 合法利益，即这种利益对于投保人来说，不是违背法律或社会善良风俗而取得的，如以盗窃所得赃物投保是无效的。

② 财产保险的主要目的是赔偿损失，如果损失不能以金钱计量，就无法赔偿，所以如收藏物、家养的花草等，虽然对被保险人来说具有相当的利益，但难以用金钱计算，因而不能成为财产保险的标的。

③ 确定的利益，无论是现有利益或预期利益，在保险事故发生前或发生时必须能够确定，否则保险人难以确定是否赔偿，或赔偿多少。

在人身保险合同中，根据法律和保险业的惯例，投保人与被保险人只有存在如下关系时，才具有保险利益。

① 婚姻关系。如丈夫可为妻子投保。

② 血缘关系。如子女可为父母投保，父母也可为子女投保，但除此之外，对于家庭其他成员或近亲属，投保人则必须与之有抚养、赡养和扶养的关系，才具有保险利益。

③ 抚养、赡养和扶养关系。

④ 债权债务关系。债务人若在偿债期间死亡，债权人将面临难以收回债权的危险，故此债权人对债务人具有保险利益。

⑤ 劳动关系或某种合作关系。如用人单位或雇主，对于职工或雇员的生老病死负有法定的经济责任，自然就具有保险利益；合伙企业的合伙人之间，一旦某一合伙人死亡，可能导致合伙事业难以为继，当然具有保险利益。

⑥ 本人。投保人对于自身的生老病死具有切身经济利益，投保人可以为自己投保，成为被保险人。

2. 订立合同必须先履行告知义务

告知是保险人确定是否承保、怎样确定保险费率以及投保人是否投保、投保金额大小的重要依据。投保人在订立保险合同时，通常应告知下列重要事实。

① 投保人保险史，如果投保人曾经被另外一个保险人就同一险种拒绝承保，无论是什么理由都是重要事实。

② 投保人的品行，特别是关于欺诈方面的犯罪，都是必须告知的重要事实。

我国保险法还规定，投保人故意不履行如实告知义务的，保险人不承担赔偿或给付保险金的责任，并不退还保险费。但因过失而未履行义务，保险人员不承担赔偿或给付保险金的责任，但可以退还保险费。显而易见，如实告知义务对保险合同双方当事人来说都是十分重要的。

3. 保险合同是一种保障性合同

与一般的经济合同不一样，保险合同中投保人的债务是确定的，保险费一定要支付，而保险人承担的债务（指保险金的赔偿或给付）是不确定的，它取决于偶然事件的发生与否。实际上保险人的义务应该说是对投保人提供经济上的保障，这种经济上的保障，对投保人来说是一种期待的利益。

4. 保险合同是一种对人的合同

在汽车保险中，保险车辆的过户、转让或者出售，必须事先通知保险人，经保险人同意并将保险单或保证凭证批改后方可有效，否则从保险车辆过户、转让、出售时起，保险责任即行终止。保险车辆的过户、转让、出售行为是其所有权的转移，必然带来被保险人的变更。而过户、转让或者出售汽车的原被保险人在其投保前已经履行了告知义务，承担了支付保险费等义务，保险人对其资信情况也有一定了解，如果被保险人的汽车发生所有权转移，势必导致保险人对新的车辆所有者的资信情况一无所知。众所周知，在汽车保险中保险事故的发生，除了客观自然因素外，还与投保人、被保险人的责任心及道德品质有关，倘若新的车辆所有者妄想以保险图谋索赔，那么汽车保险事故就成为一种必然危险。因此，保险车辆的所有权转移行为必须通知保险人，否则保险人有据此解除保险合同关系的权利。

5. 保险合同是一种射幸合同

射幸合同是指合同当事人一方支付的代价所获得的只是一个机会，对投保人而言，他有可能获得远远大于所支付的保险费的效益，但也可能没有利益可获；对保险人而言，他所赔付的保险金可能远远大于其所收取的保险费，但也可能只收取保险费而不承担支付保险金的责任。保险合同的这种射幸性质是由保险事故的发生具有偶然性的特点决定的，即保险人承保的危险或者保险合同约定的给付保险金的条件的发生与否，均为不确定。在法律史上，早在罗马法时期法律就有对射幸合同调整的记录，而且在现代各国民法中，也多有对射幸合同进行明文规定的。

民事合同是法律地位平等的当事人意思表示一致的表达。射幸合同是民事合同中的一种，它属于双务合同的范畴，也即缔约双方负有相互给付的义务。当然，与一般双务合同相比，这种相互给付有其特殊性：一方的给付并非等价物而是寄于未来的不确定的偶然性，可能获得巨额利益也可能一无所获，但这并不影响射幸合同为双务合同的性质。因为，当事人订立双务合同时，他们正在进行允诺的交换，允诺的给付是约定的交换对象，这并不意味着各合同当事人把两个允诺的给付看成具有完全相同的市场价，或者看作同等地有利于自己。订立合同的主要诱因是这样的事实：各当事人对向他允诺的给付，比他同意在交换中付出的给付，有更强烈的欲望，即所谓经济学上的边际效用更大。

射幸合同的构成要件包含以下几项。
① 射幸合同当事人。
② 合同标的。
③ 双方就成立射幸合同的真实意思表示。

一旦满足这些条件，射幸合同即成立。而射幸合同的生效要件则是合同当事人之间约定的条件实现。

《中华人民共和国民法通则》第七条规定"民事活动应当尊重社会公德，不得损害社会公共利益，破坏国家经济计划，扰乱社会经济秩序"，第五十八条规定"违反法律或者社会公共利益的民事法律行为无效"。这就是所谓的民法的公序良俗原则。尊重公序良俗是人们行为的道德标准，由于其能弥补法律的局限性和符合法律正义规范价值目标，因而常在各国的民法中得到确立而具有法律规范意义。因此，任何民事法律行为都不能有违公序良俗，否则法律将作出否定性评价。当然，在我国对射幸合同无明文规定的情况下，只要射幸合同不违背公序良俗，就能获得法律上的正当性。

射幸合同的特点如下。

（1）射幸合同的交易对象是"幸运"或者说是"希望"

交易的标的物在合同缔结时尚不实际存在，所存在的只是获得该标的物的或然性，或者说取得该标的物的希望。因此，罗马法学家把与射幸合同有关的买卖活动正确地称为"买希望"。即一方当事人支付一定的代价所得到的只是一个机会或一个希望。例如，在有奖销售中，买受人花钱买得一件商品的同时也买回一个获奖的机会，是否中奖则取决于奖票的号码。

（2）射幸合同成立的特殊性

与附条件的各类合同不同，射幸合同成立即生效。与附条件的诸如雇佣合同、承揽合同、买卖合同等需条件成就与否才决定合同的效力不同，射幸合同当事人不得因交易标的物的未出现或者灭失而提出反悔或者撤销合同的要求。这也是罗马法中的"买希望"与"买希望之物"之间的区别所在。

这里还需指出的是，附条件的合同尽管所附条件的成就具有不确定性，且立约人也可能从不实际承担作出所允诺给付的义务，但并不能说这些合同具有射幸性，为射幸合同。因为射幸合同是其标的具有不确定性而附条件的，合同标的是确定的，只是以不确定的条件来制约其效力。射幸合同既然是一种民事法律行为，其本身也是可附条件的。另外，用英美法的观点看：一个合同，只有在当事人考虑到即使他们中的一个不履行另一个仍可能必须履行的情况下，并且只有在这些允诺表明了这样的意思，即一方当事人在一定情形之下，即使他方当事人不履行，仍履行其允诺的情况下，才能是射幸合同。这样的法律后果是：合同若为射幸合同，一方当事人可能承担作出即行履行的法律义务，而他方当事人则不承担并且绝不会承担这样的义务。

（3）射幸合同双方承受的风险不平衡

比如与射幸合同有关的买卖活动，如"买希望"，显然是一种卜测不定的买卖（典型的情况是预购某一天或某一段渔网的捕捞结果）。它要求买者支付价款，即便任何期望均未出现。有论者认为射幸合同的风险还可能表现为交易人对遭受到的追夺不享有请求救济权，例如，所获得物品因权利瑕疵而受到追夺，在正常的买卖中，买者在遭受追夺后可以向卖者提起诉讼，要求卖者给予赔偿，而在"买希望"中买者面对追夺则不享有该权利。

（4）射幸合同的严格的适法性和最大诚信性

正因为射幸合同具有机会性和偶然性的特征，才使射幸合同当事人之间容易作出有违公序良俗的相互协议，所以任何承认射幸合同的国家都对它进行较为严格的监督。从这个意义上讲，射幸合同比其他合同具有更为严格的适法性，必须严格依法订立和履行；同时为防止当事人存侥幸心理作出背信弃义的不诚实行为，对当事人双方诚信程度的要求远远高于其他民事活动。例如，最典型的射幸合同保险合同，就要求当事人要最大诚信地恪守合同。这也是出于稳定社会秩序、取法公平的需要。

（5）射幸合同等价有偿的相对性

民事合同一般贯彻等价有偿的民法基本原则，普通的交换合同也是如此。交换合同为一方给予对方的报偿，且都假定具有相等的价值。而射幸合同在这一点上表面上看起来似乎与等价有偿原则背道而驰，因为一方当事人支付代价最终或者"一本万利"，或者毫无所得。其实射幸合同就单个而言往往如此，就全体而言则依然超脱不了报偿与付出对等的"藩篱"。就拿彩票来说，发售单位发售彩票所得款项与购买者中彩时必须支付的奖金在大体上相差无几，凡是合法发售彩票的单位都不会也不允许从中谋取暴利，而只能从中扣取佣金或服务费，否则将为法律所禁止。至于某些社会福利性奖券，如体育彩票等在所筹款项与中奖支付额之间差额较大，或者说中奖率低返还率低，则是出于公众福利或慈善事业的特定目的，不在此论。这种等价有偿的相对性在保险合同中体现得更为清晰。

1.3.4 保险合同的主体与客体

1. 保险合同的主体

所谓汽车保险合同的主体是指具有权利能力和行为能力的保险关系双方，包括当事人、关系人和社会中介组织3方面内容。与汽车保险合同订立直接发生关系的是保险合同的当事人，包括保险人和投保人；与汽车保险合同间接发生关系的是合同的关系人，它仅指被保险人。由于在保险业务中涉及的面较广，通常存在社会中介组织，如保险代理人、经纪人、公估人等。

（1）汽车保险合同的当事人

汽车保险合同的当事人包括保险人和投保人。所谓保险人是指与投保人订立汽车保险合同，对于合同约定的可能发生的事故因其发生造成汽车本身损失及其他损失承担赔偿责任的财产保险公司。投保人是指与保险人（即保险公司）订立保险合同，并按照保险合同负有支付保险费义务的人。作为汽车保险合同当事人之一的保险人有权决定是否承保，有权要求投保人履行如实告知义务，有权代位追偿、处理赔偿后损余物资。同时也有按规定及时赔偿的义务。

投保人必须对汽车具有可保利益，也就是说，汽车的损毁或失窃，都将影响投保人的利益。换句话讲，可保利益是指投保人对保险标的具有法律上承认的利益。同时，投保人要向保险人申请订立保险合同，并负有缴纳保险费义务。投保汽车保险应具备下列3个条件。

① 投保人是具有权利能力和行为能力的自然人或法人，反之，不能作为投保人。
② 投保人对汽车具有利害关系，存在可保利益。
③ 投保人负有缴纳保险费的义务。

（2）汽车保险合同的关系人

在财产保险合同中，合同的关系人仅仅指被保险人，而人身保险合同中的关系人除了被保险人外，还有受益人。通常被保险人是一个，而受益人可以为多个。汽车保险合同是财产保险合同的一种，应当具有财产保险合同的一般特征，因而汽车保险合同的关系人是被保险人。所谓被保险人是指其财产或者人身受保险合同保障，享有保险金请求权的人。

被保险人的特征如下。

① 被保险人是因保险事故发生而遭受损失的人。在汽车保险合同中，被保险人是保险标的即保险车辆的所有人或具有利益的人。

② 投保人与被保险人的不相等关系。投保人以他人的汽车投保，保险合同一经成立，投保人与被保险人分属两者。在这种情况下，要求投保人对于被保险人的财产损失具有直接的或间接的利益关系。

（3）中介组织

由于汽车保险在承保与理赔中涉及的面广，中间环节较多，因而在汽车保险合同成立及其理赔过程中存在众多的社会中介组织，如保险代理人、保险经纪人、保险公估行等。

2. 汽车保险合同的客体

保险标的是指作为保险对象的财产及其有关利益或者人的寿命和身体，它是保险合同双方当事人权利与义务所指的对象。在财产保险合同中，保险标的是指财产本身或与财产相关的利益与责任；人身保险合同的保险标的是指人的生命或身体。汽车保险合同的保险标的是指汽车及其相关利益。

投保人与保险人订立汽车保险合同的主要目的不是保障保险标的不发生损失，而是保障汽车发生损失后的补偿。因此保险人保障的是被保险人对保险标的所具有的利益，即保险利益。保险利益是汽车保险合同的客体。汽车保险利益是指投保人对汽车所产生的实际或法律上的利益，如果这种利益丧失将使之蒙受经济损失。

（1）汽车保险利益的特点

① 这种利益是投保人对汽车具有经济上的价值。

② 这种利益得到法律上所允许或承认。

③ 这种利益是能够用货币进行估价或约定。

（2）汽车保险利益的表现形式

汽车保险利益具体表现在财产利益、收益利益、责任利益与费用利益4个方面。

① 财产利益包括汽车的所有利益、占有利益、抵押利益、留置利益、担保利益及债权利益。

② 收益利益包括对汽车的期待利益、营运收入利益、租金利益等。

③ 责任利益包括汽车的民事损害赔偿责任利益。

④ 费用利益是指施救费用利益及救助费用利益等内容。

1.3.5 保险合同的订立程序

1. 合同的订立

合同的订立，必须经过要约和承诺两个阶段，保险合同的订立也是如此。通常由投保人向保险人提出保险申请，经与保险人协商，保险人同意承保而成立保险合同。在一般情况下，投保人就是要约人，保险人即是承诺人。

（1）填写投保单

保险人为了业务上的需要，印好各种单证备用。投保人提出保险要求，向保险人索取单证并如实、完整地填写其想得到相应保险险种的投保单。

(2) 将投保单交付投保人

投保人在认可保险人设计的保险费率和保险条款的前提下,将保险单交付给保险人,便构成了要约。

(3) 保险人承诺后合同成立

保险人经过对投保人填写的投保单进行必要的审核,没有其他疑问的,通常表示接受并在投保单上签章,构成承诺,合同成立。保险人应当及时向投保人签发保险单或者其他保险凭证,并在保险单或者其他保险凭证中载明当事人双方约定的合同内容。

2. 保险合同的解除

投保人与保险人订立保险合同或在保险合同执行过程中,如果出现了某些特定情况,保险人、投保人或被保险人有权解除保险合同关系。这些特定情况包含以下几方面内容。

① 投保人故意隐瞒事实,不履行如实告知义务的,或者因过失未履行如实告知义务,足以影响保险人决定是否同意承保或者提高保险费率的,保险人有权解除保险合同。投保人故意隐瞒事实,不履行如实告知义务,保险人不仅不承担保险合同解除之前的保险事故赔偿与给付责任,而且也不退还所交保险费。因过失造成未向保险人如实告知的,保险人同样不承担在保险合同解除前发生保险事故的赔偿与给付责任,但可以退还所交保险费。因为故意隐瞒与过失行为对投保人而言,其主观意愿有显著区别。

② 投保人或被保险人未按照合同约定履行其对保险标的的安全应尽的责任,保险人有权解除保险合同。

③ 合同执行过程中,由于保险标的危险程度增加,被保险人应当及时通知保险人。否则,保险人有权解除保险合同。

④ 保险责任开始前,也就是说保险合同成立前,投保人可以要求解除合同。但是投保人应当向保险人支付手续费,保险人应当退还保险费。保险责任开始后,投保人也可以要求解除保险合同。不过,投保人应当支付自保险责任开始之日起至合同解除之日止期间的保险费,保险人退还投保人剩余保险费。除了上述几种情形外,保险人在保险合同成立后,不能解除保险合同;投保人可以解除保险合同。但是在货物运输保险合同和运输工具航程保险合同中,保险责任开始后,保险人、被保险人均不能解除保险合同。

3. 保险合同的复效

保险合同的复效主要是就人身保险而言,投保人与保险人对恢复保险合同进行协商并且达成一致协议,保险合同的效力以投保人补交保险费后恢复。但保险合同恢复的时间不是无限期的,只能是在保险合同中止之日起两年内恢复,如果投保人与保险人没有达成恢复协议的,保险人享有解除保险合同的权利。

保险人解除保险合同并不表明它不承担任何义务,投保人已经交足两年以上保险费的,保险人有义务按照合同的约定退还保险单的现金价值;投保人没有交足两年保险费的,保险人应当在扣除手续费后,将保险费退还给投保人。

4.《保险法》对汽车保险合同与保险业务的规定

汽车保险合同是保险合同的一种,《保险法》关于保险合同的一般规定,包括合同订立、变更、解除以及保险合同双方当事人的权利义务关系等基本内容对汽车保险合同的订立、变更等行为同样是适用的，这一点是毫无疑问的。不过，汽车保险业务活动毕竟与其他的具体险种合同行为存在差别，知道并掌握这些差别，对于正确投保汽车保险具有十分重要的意义。

① 汽车的保险价值，可以由投保人和保险人约定并在保险合同中载明，也可以按照保险事故发生时，汽车的实际价值确定。投保汽车保险时，车辆损失险的保险金额不能超过保险价值，超过保险价值的，超过部分无效；保险金额低于保险价值，保险人按照保险金额与保险价值的比例承担赔偿责任。这就是说，汽车保险金额定得太高，超出了保险价值，多投保的那一部分，投保人也不能多得；如果保险金额定得太低，投保人的损失将得不到足额补偿。

② 如果汽车的损毁因第三者造成的保险事故引起，保险人自向被保险人赔偿保险赔款之日起，在赔款金额范围内代位行使被保险人对第三者请求赔偿的权利。如果被保险人已经从第三者取得损害赔偿的，保险人在赔偿保险赔款时，可以相应扣减被保险人从第三者已取得的赔款金额。汽车的损毁是因第三者造成的事故引起，被保险人不能放弃对第三者的请求赔偿权利。如果放弃了这种请求赔偿权利，这种行为不仅无效，而且保险人不承担赔偿保险金责任，或者保险人可以相应扣减保险赔偿金。在汽车保险实际业务中，被保险人碍于情面，或者认为反正有保险公司的赔偿，轻率地放弃对事故责任方的索赔权，而导致保险人拒赔或引发保险纠纷的事例，不胜枚举。因此，被保险人对《保险法》的内容不可等闲视之。

1.3.6 案例分析

案例　出借车辆发生交通事故车主是否应该承担责任？

【案情】2013 年 6 月 8 日上午，王某借用杨某所有的×××号轿车沿公路由南向北行驶至事故地段，与樊某驾驶电动车由南向北行驶向西横穿马路时发生碰撞，造成原告樊某受伤。公安机关认定被告王某负事故主要责任，樊某负事故次要责任。事故发生后，王某预付给樊某赔偿款 9500 元。

王某驾驶的轿车已向投保交强险，保险限额为 122000 元。

【歧义】原告樊某诉称，请求判令王某、杨某及 A 保险公司三被告赔偿因交通事故造成的医疗费计人民币 95428.13 元，其余损失另行起诉。

被告杨某辩称，其将汽车借给被告王某，不应当承担责任。被告王某辩称，其不应当负事故主要责任。被告 A 保险公司同意在交强险责任限额内承担责任。

【法院判决】原告根据事故责任，要求被告王某、杨某承担超出交强险赔偿限额损失的 80%的赔偿责任诉请并无不当，法院予以支持。

在本起交通事故中，被告王某承担事故的主要责任，法院确定由其承担交强险赔偿限额外 60%的赔偿责任；被告杨某未尽到出借车辆应尽的审慎义务，对事故的发生也有一定的过错，本院确定被告杨某承担交强险赔偿限额外 20%的赔偿责任。判决 A 保险公司赔偿原告樊某医疗费损失人民币 10000 元。被告王某赔偿原告樊某医疗费损失人民币 57915.98 元，扣减其已先行支付的赔偿款 9500 元，实际尚需赔偿人民币 48415.98 元。被告杨某赔偿原告樊某医疗费损失人民币 19305.33 元。

【法官分析】民法中归责原则包括过错责任、过错推定责任、无过错责任和公平责任。对于出借人应当承担过错责任。

投保交强险的车辆发生交通事故造成人身伤亡、财产损失的，由保险公司在交强险责任限额范围内予以赔偿。超过责任限额部分，非机动车方与机动车方发生道路交通事故，非机动车驾驶人没有过错的,应由机动车方承担赔偿责任;非机动车方有过错的,可根据非机动车方的过错程度,适当减轻机动车方的责任。

1.4 汽车保险原则

【知识目标】
1. 汽车保险原则的定义及形式
2. 汽车保险原则的作用
3. 汽车保险原则的意义
4. 汽车保险原则的运用

【能力目标】
1. 学会在汽车保险与理赔实务中应具备的各项原则
2. 熟练掌握汽车保险原则在实际工作中的应用

【素质目标】
1. 培养遵纪守法、诚实守信、维护公德、关心集体的良好行为习惯
2. 培养诚实守信、讲信誉、守承诺、忠于事业的职业品质

课程育人:"诚实守信"是建立市场经济秩序的基石

1.4.1 保险利益原则

1. 保险利益原则的定义

保险利益原则是保险行业中的一个基本原则,又称"可保利益"或"可保权益"原则。保险利益是指投保人或被保险人对其所保标的具有法律所承认的权益或利害关系,即在保险事故发生时,可能遭受的损失或失去的利益。《保险法》第十二条规定:"保险利益是指投保人对保险标的具有法律上承认的利益。"

微课 5 汽车保险原则

英国早在 1745 年的《海商法》中就规定:"没有可保利益的,或除保险单以外没有其他合法利益的证明的,或通过赌博方式订立的海上保险合同无效"。1774 年的《人寿保险法》也确立了保险利益原则,该法规定:"人寿保险的投保人与被保险人之间必须具有保险利益,否则合同无效。1906 年的《海上保险法》将没有保险利益的保险合同视为赌博合同而无效。我国的《保险法》第十二条也规定:投保人对保险标的应当具有保险利益。投保人对保险标的不具有保险利益的,保险合同无效。

2. 保险利益原则的重要性

保险利益是保险法的又一项重要原则。正如一位英国学者所说:保险利益是产生于被保险人与保险标的物之间的经济联系,并为法律所承认,它是可以投保的一种法定权利。

(1) 投保人对保险标的必须具有可保利益

将与自己无关的项目投保,企图在事故发生后获得赔偿,是违背保险损失补偿原则的,对此

法律不予保护。许多国家的法律都明文规定，无保险利益的保险合同不发生法律效力。各国法律把保险利益作为保险合同生效的重要条件，主要有以下两层含义。

① 对保险标的有保险利益的人才具有保险人的资格。

② 保险利益是保险合同生效的依据。

（2）签订保险合同时投保人需有保险利益

履行合同时，如果被保险人丧失保险利益，保险合同一般也随即失效。保险利益原则作为《保险法》的一项基本原则，有其重要作用。

① 可以减少道德风险的发生。保险利益原则要求投保人或被保险人对保险标的具有保险利益，保险人的赔付以被保险人遭受损失为前提，这就可以防止投保人或被保险人放任或促使其不具有保险利益的保险标的发生保险事故，以谋取保险赔偿。

② 可使危险因素相对稳定。危险因素的变化会直接影响保险关系，而保险利益的变动正是导致危险因素发生变化的一个重要原因。

③ 限制赔偿程度。保险利益是保险人所补偿损失的最高限额，被保险人所主张的赔偿金额不得超过其保险利益的金额或价值。如果不坚持这个原则，投保人或被保险人可能会获得与所受损失不相称的高额赔偿，从而损害保险人的利益。

④ 有消除赌博的可能性。保险与赌博的区别就在于保险中存在保险利益，赌博中不存在，如果投保人对于保险标的不具有保险利益，就意味着投保人可以不受损失而得到赔偿。

3. 保险利益构成的要件

保险利益是构成保险法律关系的一个要件。保险利益是保险合同有效成立的要件，保险合同有效必须建立在投保人对保险标的具有保险利益的基础上，具体构成需满足3个要件。

（1）可保利益必须是合法利益

在英国一般称为"被保险人与保险标的物之间的关系是法律所承认的"。保险利益作为投保人或被保险人享有的利益，必须是符合法律法规，符合社会公共利益，为法律认可并受到法律保护的利益。对不法利益，如以违反善良风俗所生的利益而为的保险，不问投保人是善意还是恶意，任何人对贪污、盗窃、诈骗等非法手段取得的财产，均无可保利益。因为这些利益是违反法律和公共利益的，虽然签订了合同，但合同一律无效。

（2）可保利益必须是有经济价值的利益

可保利益必须是有经济价值的利益，这样才能使计算做到基本合理。如果损失不是经济上的利益，便无法计算。如所有权、债权、担保物权等，还有精神创伤、政治打击等，难以用货币衡量，因而不构成保险利益。

（3）可保利益必须是可以确定的和能够实现的利益

"确定利益"指被保险人对保险标的的现有利益或因现有利益而产生之期待利益已经确定。所谓"能够实现"是指它是事实上的经济利益或客观的利益。保险利益可以是现有利益和直接利益，也可以是预期利益和间接利益，现有利益较容易确定，期待利益则往往引起争议。

4. 财产保险的保险利益

财产保险的保险利益，是指投保人（被保险人）对保险标的因保险事故的发生以致保险标的的不完全而受到损害或者因保险事故的不发生而免受损害所具有的利害关系。财产保险利益应当为合法利益。

(1) 财产保险利益的种类

在实务上，学者一般将财产上的保险利益抽象概括为财产权利、合同权利和法律责任 3 类。

财产权利包括基于财产权利而享有的财产利益，包括所有权利益、占有利益、股权利益、担保利益等；合同权利为依照合同产生的债权请求权；法律责任是因为侵权行为、合同或者法律规定而发生的责任。

也有学者依照保险利益的直观形式，将财产保险利益归结为所有利益、支付利益、使用利益、受益利益、责任利益、费用利益、抵押利益 7 类。

本书将财产保险的保险利益分为投保人（被保险人）对保险标的具有的现有利益，因保险利益的现有利益而产生的期待利益和责任利益。

① 现有利益，指投保人（被保险人）对保险标的所享有的保险利益，包括但不限于投保人（被保险人）对保险标的的所有权利益、占有利益、用意物权利益以及担保物权利益等。

② 期待利益，指投保人（被保险人）在订立保险合同时对保险标的利益尚未存在，但基于其现有权利而未来可获得的利益。期待利益因现有利益而产生，没有现有利益，也不可能存在期待利益，如农民因耕种田地而可能获得的收获物。期待利益一般因为具有法律上的权利或者利益而发生，受法律保护，属于财产利益的一种。由于合同而产生的利益，为期待利益的一种。

③ 责任利益，指投保人（被保险人）对于保险标的所承担的合同上的责任、侵权损害赔偿责任以及其他依法应当承担的责任。依通常的见解，民事赔偿责任产生于侵权行为和违反合同的行为，也可因法律规定而发生。总之，投保人（被保险人）有承担民事责任的可能时，对其可能承担的责任，具有保险利益。

下列人员在法律上享有财产保险利益。

① 所有权人对其所有的财产。

② 没有财产所有权，但有合法的占有、使用、收益、处分权中的一项或几项权利的人。

③ 他物权人对依法享有他物权的财产，如承租人对承租的房屋等。

④ 公民法人对其因侵权行为或合同而可能承担的民事赔偿责任。

⑤ 保险人对保险标的的保险责任。

⑥ 债权人对现有的或期待的债权等。

(2) 财产保险利益的存在时间

财产保险的保险利益在保险合同订立时可以不存在，但事故发生时，则必须存在。英国 1906 年《海上保险法》第六条规定："在保险合同订立时，被保险人对于标的物无发生利益关系之必要，但在标的物发生灭失时，被保险人必须享有保险利益。"这样规定的理由如下。

首先，便利保险合同的订立，有助于保险业务的开展。

其次，只有保险事故发生时有保险利益存在，投保人或被保险人才有实际损失发生，保险人才可确定补偿的程度。如果保险利益在订立合同时存在但事故发生时就不存在了，则投保人和被保险人对于保险标的已无利害关系，就没有补偿可言，所以保险合同就失效了。

5. 人身保险的保险利益

人身保险的保险利益，指投保人对于被保险人的生命或身体所具有的利害关系，也就是投保人将因保险事故的发生而遭受损失，因保险事故的不发生而维持原有的利益。

人身保险利益，并不直接体现为投保人对保险标的的利害关系，而体现为投保人和被保险人之间的人身依附关系或者依赖关系。人身保险的保险利益，总体上可以划分为利益原则、同意原则、利益和同意兼顾原则。我国采用最后一种原则。

（1）人身保险合同保险利益的特征

① 合法性，人身保险合同的保险利益必须是合法利益，包括依法律的直接规定所产生的利益和依当事人的约定所产生的合法利益。

② 确定性，人身保险合同的保险利益必须是确定的现有利益。

③ 人身保险合同的保险利益不能用金钱来衡量，不存在代位追偿问题。

④ 人身保险的保险利益必须在合同成立时存在，如果在订立合同时保险利益不存在，则订立的合同无效。

（2）人身保险的保险利益形式

① 本人，本人是指投保人自己，任何人对于自己的身体或者寿命，有无限的利益。投保人以其本人的寿命或者身体为保险标的，在法律允许的限度内，可以任意为本人的利益或者他人的利益订立保险合同，并可以任意约定保险金额。

② 配偶、子女、父母，依照一般原则，家庭成员相互间具有保险利益。家庭成员相互间有亲属血缘以及经济上的利害关系，投保人以其家庭成员的身体或者寿命为保险标的订立保险合同，应当具有保险利益。

③ 其他家庭成员、近亲属，投保人的其他家庭成员、近亲属主要有投保人的祖父母、外祖父母、孙子女以及外孙子女等直系血亲，投保人的亲兄弟姐妹、养兄弟姐妹、有抚养关系的继兄弟姐妹等旁系血亲。投保人对其他家庭成员、近亲属有保险利益，必须以他们之间存在抚养赡养或扶养关系为前提。

④ 同意他人投保的被保险人，投保人以他人的寿命或身体投保人身保险，不论投保人和被保险人相互之间有无其他利害关系，经被保险人书面同意，订立人身保险合同，视为投保人对被保险人有保险利益。

⑤ 有其他利害关系的人，投保人对他人具有人身信赖或者法律上的积极利益或者权利，由于该人的死亡或者残疾以致影响投保人的利益的，投保人对该人有保险利益，对投保人有其他利害关系的人，主要限于投保人的债务人，投保人的财产或者事务的管理人，投保人的雇员等。

（3）人身保险利益的存在时间

人身保险利益的存在时间，在合同订立时必须存在，至于在保险事故发生时是否存在保险利益，则无关紧要。

人身保险利益的存在时间之所以不同于财产保险，原因有以下两个。

① 避免在合同订立时，投保人对于被保险人无密切的利益关系，而引起道德危险的发生，危及被保险人的生命安全。

② 在保险利益消失后即认为保险责任终止，对保单持有人有失公平。

6. 人身保险利益与财产保险利益比较

（1）保险利益的价值估计标准不同

财产保险的保险利益必须是可以用金钱计算的利益，存在代位求偿问题；人身保险的保险利益非金钱可以计算，因为人身保险的目的并不在于赔偿被保险人的损失，故不存在代位求偿问题。

（2）要求保险利益发生的时间不同

按国际惯例，财产保险的保险利益要求投保人在投保时就具有保险利益，否则保险合同无效，但海上保险合同例外。人身保险的保险利益则必须于合同成立时就存在，否则合同无效。但合同成立后，投保人是否失去保险利益对其在合同上的权利无影响。

（3）两者在是否需要征得被保险人同意方面有所不同

在财产保险中，只要投保人对保险标的有保险利益存在，就可投保，无须征得被保险人同意。许多国家法律规定，凡就第三人的生命投保人寿保险或意外伤害保险的，投保人不仅须对该第三人有保险利益，而且还需获得第三人的同意。

7. 保险利益的灭失

保险利益的灭失，是指投保人或被保险人失去保险利益，即在保险合同成立后，因为发生某种法律事实而引起投保人或被保险人丧失对保险标的所具有的利害关系。

有的学者认为保险人或被保险人失去保险利益可分为保险利益的转移和保险利益的灭失两种形式。保险利益的转移是指在保险合同有效期内，投保人将保险利益转让给受让人；保险利益的灭失，是财产标的的灭失或人身保险的投保人与被保险人之间的构成保险利益的各种利害关系的丧失。保险利益转移的结果是投保人或被保险人失去保险利益，而保险利益的消灭也是失去保险利益，所以可统称为"保险利益的灭失"。

保险利益的消灭对于财产保险有相当的影响，而对人身保险则没有研究和分析的实际意义。只有在人身保险的投保人与被保险人非同一的场合，会发生人身保险的保险利益消灭的问题，即投保人对保险标的所具有的利益，因为投保人的死亡、破产或者投保人的法律行为，有可能转移由第三人继承。

财产保险的被保险人死亡的除保险合同另有约定外，保险利益原则上因为继承而转移给继承人，保险合同应当为继承人的利益而继续存在。财产保险的被保险人将保险标的转让给第三人的，保险利益是否因之而转移，各国立法上并不完全相同。我国《保险法》第三十三条规定：保险标的的转让应当通知保险人，经保险人同意继续承保后，依法变更合同。

但是，货物运输保险合同和另有约定的合同除外。依上述规定，只有货物运输保险以及合同另有约定的保险，保险利益随保险标的的转让而自动转移，而其他财产保险的标的的转让，保险利益并不随之转移。保险标的非因保险事故灭失，保险利益归于消灭，保险合同也随之消灭。

1.4.2 最大诚信原则

1. 最大诚信原则的含义

最大诚信的含义是指当事人真诚地向对方充分而准确地告知有关保险的所有重要事实，不允许存在任何虚伪、欺瞒、隐瞒行为。而且不仅在保险合同订立时要遵守此项原则，在整个合同有效期内和履行合同过程中也都要求当事人之间具有"最大诚信"。

最大诚信原则的含义可表述为：保险合同当事人订立合同及合同有效期内，应依法向对方提供足以影响对方作出订约与履约决定的全部实质性重要事实，同时绝对信守合同订立的约定与承诺。否则，受到损害的一方，按民事立法规定可以此为由宣布合同无效，或解除合同，或不履行合同约定的义务或责任，甚至对因此受到的损害还可以要求对方予以赔偿。

2. 最大诚信原则的基本功能

就本质而言，最大诚信原则是民商法诚实信用原则在保险法中的具体运用和发展。我国学者对诚实信用原则的功能进行了深入的研究。王利明教授认为，诚实信用原则功能有以下3点。

① 确定诚实守信，依善意方式行使权利和履行义务等行为规则。
② 平衡当事人之间的各种利益冲突和矛盾。
③ 解释法律和合同的作用。

诚信原则是以维持法律关系当事人的利益关系合理公道为宗旨的，其独特功能表现在能够协调法律规定的有限性与社会关系无限性的矛盾，法律的相对稳定性与社会生活变动不居性的矛盾，法律的正义性与法律的具体规定在某些情况下适用的非正义性矛盾。具体到最大诚信原则在保险合同中的功能，可以演绎为以下几个方面。

- 保险当事人应以善意、诚实、守信的态度行使权利、履行义务。具体内容包括3个方面。

其一，善意真诚的主观心理。这是指当事人在订立保险合同时主观上不能有损人利己的心理，并且要以应有的注意程度设身处地为他人的利益着想，防止损害他人利益。它要求保险合同当事人怀有善良的合同动机，互利合作的合同目的，忠实的合同心态，不存恶意，没有欺骗的企图，排除追求不正当好处的目的。对于超额保险，如被保险人不存在恶意，保险人应按照保险标的的实际价值，根据损失程度予以补偿，不得随意主张合同无效，对投保人多交的保险费应予以退还。同理，如果保险期内未发生保险事故，投保人对约定的保险费也必须如数支付。

其二，诚实守信的客观行为。这是指忠于事实真相，遵守公平交易的商业准则，践行诺言、一诺千金，以实现相对人的利益。它要求保险合同当事人在进行保险活动时实事求是，对他人以诚相待，不得以邻为壑、不得有欺诈行为。具体包括这样一些行为。缔约过程中诚实不欺的言行。投保人必须如实告知保险标的的危险状况，保险人应对保险条款的内容据实说明，以免投保人误解，更不得为投保人设立陷阱。履约过程中信守约定，严格履行以及相互协力的行为。投保人应按照约定履行缴纳保险费的义务、危险增加的通知义务、施救义务等，保险人对被保险人的损失应当及时理赔。合同变更和解除时依据善意的合作行为。合同关系终止时，遵守必要的附随义务的行为。保险人接受投保人的申请是完全信赖投保人能自觉履行合同义务或法定义务，投保人也信赖保险人在危险发生时能够信守合同。缘于信任而使双方得以建立起保险关系。

其三，公平合理的利益结果。这是指合同当事人通过一切合同行为所追求和达到的互利公道状况，当事人不得通过欺诈手段获取利益。如对于重复保险不得取得双重补偿，对于超额保险应按照实际价值予以补偿。

- 平衡保险当事人间的各种利益冲突。因为保险合同双方当事人不同的交易动机、交易基础和交易目标，加之保险活动的复杂性、专业性的特性以及保险活动主体判断能力、预见能力的局限性，当事人在交易中往往不能详尽、周全地约定各自的权利义务，纠纷的发生也就不可避免。如保险合同专业术语的理解、条款的适用、合同违约、合同履约、合同责任等种种冲突与纠纷，若不及时化解，将直接影响到双方当事人的财产、权利享有及对整个市场的信赖感与安全感，进而影响到某个地区甚至整个国家的保险业发展。每逢法律真空地带出现，保险法的最大诚信原则就能起到平息争议、补充漏洞的作用。例如，某市1996年发生了一个案例，投保人投保人寿保险，缴纳了首期保险费之后，还没有来得及体检，被保险人就死于车祸。对于这类案例的处理，现行保险法上尚无明确的规定，也无保险监管机关的相应规则可循。于此，探析当事人订立合同的真意，并运用诚实信用原则实事求是地处理就成为唯一选择。

• 授予法官自由裁量权，使法官可以根据公平正义的要求进行创造性的司法活动，以弥补保险立法的缺陷与不足。所谓法官的自由裁量，是指法官在诚实信用原则的指引下，遵守立法者本意进行的价值判断和利益衡量。一方面，在法律规定不明或者没有规定时，阐明法律意旨，对法律进行漏洞补充；另一方面，在法律规定不符合法律目的，其适用有违正义时，避免机械地适用法律，而追求实现个案正义。通过授予法官自由裁量权，使法官获得一纸"委任状"，诚实信用原则成为克服成文法局限的重要工具。

3. 最大诚信原则的应用

最大诚信原则贯穿于保险法的全部内容，统帅着保险立法，指导着保险司法，是保险合同当事人和关系人必须遵守的基本行为准则。它适用于保险活动的订立、履行、解除、理赔、条款解释、争议处理等各个环节，限于篇幅，本书仅从保险合同当事人权利义务方面予以略论。

（1）投保人对最大诚信原则的遵守

① 如实告知义务。如实告知义务要求投保人及被保险人就保险标的的危险状况向保险人予以公正、全面、实事求是的说明。保险合同为转移风险的合同，风险的大小和性质是决定保险人是否承保、保险费率高低、保险期限长短、保险责任范围的唯一因素。而保险标的种类繁多、情况复杂，其危险状况保险人无法了解，若对保险人课以信息搜集、核实的义务，不仅费时、费力，增加交易成本，且难保准确。而投保人和被保险人作为保险标的的所有人或管理人或经营人或利害关系人，则常常知晓其全貌，为使保险人能准确估量危险，了解危险及合理控制危险。保险法从效率角度出发，课以投保人如实告知义务，以求保险合同的实质平等与自由。

如实告知义务就其本质而言就是向保险人提供准确的危险判断依据。故告知的范围应当是保险标的的重要危险情况。所谓重要危险情况，是指足以影响保险人决定是否同意承保或者提高保险费率的情况。保险合同内容不同，重要情况判断标准有别，法律条文难以一一列述。是否为重要事项，可从以下几个方面综合考虑。

• 保险标的的质量状况。如机动车辆保险中车辆的状况，人身保险中被保险人身体的状况。质量越高，抵御风险的能力越强，损失概率越小，则保险人所承担的损失越少。

• 保险利益情况。保险利益是指被保险人对保险标的所具有的经济利益。它反映了被保险人对保险标的的利害关系，利益薄则爱心薄，继而保险人所承担的风险大；利益厚则爱心厚，继而保险人所负担的风险小。如人身保险中，亲生子女与非亲生子女在危险判断上有天壤之别。

• 保险标的物环境方面的情况。环境是影响危险的一个重要因素，如船舶航线对保险费的影响甚大。

投保人未尽如实告知义务的情况分为三种：告知不实，谓之误告，如真实年龄与实际年龄不符；不予告知，谓之隐瞒，如患有重病而谎称体壮如牛；应告知而未告知，谓之遗漏，如对被保险人的既往病史应说明而疏漏的。投保人违反告知义务，保险人有权解除合同。然而，判断投保人是否善尽如实告知义务尚须考虑的几个因素：一是投保人的认识能力与知识结构，例如，对身体状况的判断，医生与农夫有霄壤之别；二是保险人是否已知或应知，倘若保险人已知或者为公众所周知的事实，投保人虽未告知，仍不能构成隐瞒。如著名运动员在购买保险时，未能告知其职业，日后保险公司不能以隐瞒重要事实而拒绝赔偿；三是是否为保险人弃权的事实，若属弃权事项则日后不得再行主张，如未体检而出具保险单的。

② 履行保证义务。保证是投保人或被保险人向保险人所作出的承诺。依英国1906年《海上保险法》的解释，即保证作为或不作为某些特定事项，或保证履行某项条件，或肯定或否定某些事实特定状况的存在，一旦违反，保险人可以据以解除合同。简而言之，保证是被保险人订立合同所需履行的某种义务。如无此保证，则保险人可以不订立合同或改变合同的内容。保证重在恪守合同承诺，其目的在于控制危险，确保保险标的处于稳定的、安全的状态之中。保证必须严格遵守。如果被保险人不遵守保证，除保险单另有约定外，保险人可以从被保险人违反保证之时起解除自己的责任。所以，保证对于被保险人的要求极为严格，特别是在海上保险中，依照惯例，无论违反保证的事实对危险的发生是否重要，保险人均可宣告保险单无效。

早期的保险法理论和实践认为，对于保证的事项均假定其为重要的，故在涉讼时，保险人只要证明保证已被破坏，无论被保险人是故意还是过失，对合同的影响毫无二致。换而言之，无意的破坏并不构成被保险人抗辩的理由。甚至认为，实际的事项即使较保证的事项更有利于被保险人，保险人仍能以破坏保证为理由，诉请法院判决契约失效。因为依照保险惯例，法庭往往要求被保险人严格遵守契约规定的保证事项，而不衡量保证事项对于危险的重要性。此种严格的规定，导源于18世纪的海上保险，对被保险人甚为不利。时至今日，为保障被保险人利益，各国立法在以下几个方面对被保险人利益加以补救。

- 强调保证内容的重要性，以使其真正具有保证的性质，否则，被保险人即使有所违背，也不一定使保险合同失效。
- 强调对保证采用功能的及公平的解释，对保证事项均采用宽松的解释，尤其当依文字解释仅能表示其为表面上的破坏，而对危险的影响仅属暂时的或轻微的时候，即须采用功能的或公平的解释。例如，某人在购买火灾保险单时，保证不在屋内放置危险品，后为庆贺新年，购置大量鞭炮，此为保单规定之危险品。假设该房屋失火燃烧，并引起鞭炮爆炸，保险公司是否可以被保险人破坏保证为理由，拒绝赔偿呢？如按照文字解释，自为保证之破坏，但此种表面上的破坏，对危险并无重大或永久的影响，尤其当失火原因并非燃放鞭炮的情况下，法庭依公平的解释，判决保险人仍须赔偿被保险人的损失。例如，美国若干州法规定：除非破坏保证增加了损失的危险，或是对保险人承担的危险发生重大影响，保险人不得据以主张合同失效。

保证可以分为两种：明示保证和默示保证。明示保证是以文字规定于保险单之内或附属文件中。默示保证在保险单内虽无文字规定，但习惯上认为被保险人应保证某一事项的作为或不作为。海上保险的默示保证有3个：有适航能力，即被保船舶在构造、性能、人员、装备、供给等方面，均应具备适合预定航行的能力；不改变航道，即被保险船只不应驶离两个港口之间的通用航道，除非为了躲避危险或履行人道主义义务；具有合法性，即被保险人不得从事非法运输，如进行走私，载运违禁品等。

保证与告知两者之分水岭在于：告知立足于现在，保证放眼于未来。告知是对过去或现在事实的客观说明。告知虽非合同的一部分，但可以诱使合同的签订，违反告知义务并构成欺诈，合同则自始无效。而保证是对未来而言，并构成合同履行的一部分。违反保证，保险人有权解除合同，但对于解除前所产生的保险费及发生的保险事故对双方均有约束力。所谓意见或期望的告知，因为它是着眼于将来，并不属于告知的性质。

多数保险合同均有保证内容。例如，财产险一般要求被保险人保证"不堆放危险品和特别危险品"；机动车辆保险的被保险人必须保证保险车辆"保持安全行驶技术状态"；货物运输保险的被保险人必须保证"货物包装符合政府有关部门规定的标准"。然而,我国保险法缺乏对保证的相应规定,理论研究有待加强。

③ 防灾及施救义务。人们投保后往往以为进了保险箱,而不再去防范风险。例如,有了盗窃保险就会放松警惕,掉以轻心,或者在保险事故发生时会熟视无睹、袖手旁观,这无异于开门揖盗、引狼入室,不仅增大了危险发生的可能性,也加重了保险人的补偿责任。其结果是,保险制度不但未达防御灾害、增进人类福祉的目的,反而成为灾难发生的罪魁祸首。故保险法对被保险人课以维护保险标的安全和施救的义务,以求保险人和被保险人双方平衡利益。

众所周知,保险事故发生的概率,既取决于保险标的的固有风险,也取决于人为风险。防灾防损、未雨绸缪、防患于未然,对保险人、被保险人和整个社会具有积极的意义。保险事故发生后,对保险人而言,意味着要给付补偿金,对被保险人而言,因为有免赔率及间接损失的约定,已未必能得到十足的补偿。另外,保险事故发生后还有可能给第三人的人身或财产造成损害。实践证明,对风险进行有效预防是可以避免或减少的。为加强被保险人的责任心和防范意识,从社会整体利益出发,《保险法》第三十六条第三款规定,"投保人、被保险人未按照约定履行其对保险标的安全应尽的责任的,保险人有权要求增加保险费或者解除合同。"

保险事故的发生,既是个人财产的损失,也是社会财富的浪费。投保人参加保险后,风险转嫁给保险人,而被保险人往往实际控制着保险标的,其对危险的防范及施救更为有效。因此,各国保险法均规定,当保险事故发生后,被保险人负有施救义务,以防止损失的扩大和蔓延,但被保险人为防止或者减少保险标的的损失所支付的必要的、合理的费用,保险人应当承担。

(2) 保险人对最大诚信原则的遵守

① 保险条款的说明义务。说明义务是指保险人应当就保险合同利害关系条款特别是免责条款向被保险人明确说明。我国保险法规定,订立保险合同,保险人应当向投保人说明保险合同的条款内容,保险合同中规定保险人责任免除条款的,保险人未明确说明的,该条款不产生效力。保险条款的说明义务是由保险合同的性质决定的。保险合同为附和合同,其内容由保险人单方拟订,投保人或被保险人几乎无参与之机会,只能对保险条款表示同意与不同意,无修改的权利。而保险条款融专业性、技术性及科学性为一体,没有经过专业的学习,很难深入理解。合同既然是双方当事人意思表示一致的结果,如果一方不明白合同内容就作出承诺,应视为合同当事人意思未达成一致,未达成合意的条款不能产生法律效力,如果构成重大误解或显失公平,当事人可以请求撤销合同。

说明的效果在于向投保人提示保险合同的内容,说明的范围应当包括保险合同的主要内容,特别是不保标的、除外责任、免赔额以及专业术语的内涵,以免投保人发生误解。说明形式是以书面为之还是以口头为之,保险法并无明确规定。采用书面形式履行说明义务,既可以避免当事人之间举证的困难,也有利于规范保险人的说明范围,应予提倡。

② 赔偿或给付保险金的义务。危险事故发生时,被保险人能尽快领得保险人给付之补偿金,是保险的重要宗旨。保险合同不同于其他合同,危险发生后对是否属于保险事故以及具体损失额的确定,往往需要经过复杂的调查与估算程序。如果保险人已尽力调查与估算,则通常能够及时赔偿,但若保险人故意拖延调查,或因危险事故及损失的确定较为复杂,补偿金额悬而未定时,被保险人的利益保护难以兑现。为了防止保险人久拖不赔,各国对保险人的理赔期限均有明确要求。依《保险法》规定:保险人收到被保险人或者受益人的赔偿或支付保险金的请求后,应及时作出核定;对属于保险责任的,在与被保险人或者受益人达成有关赔偿或者给付保险金额的协议

后10日内，履行赔偿或者给付保险金义务。保险合同对保险金额及赔偿或者给付期限有约定的，保险人应当依照保险合同的约定，履行赔偿或给付保险金的义务。保险人自收到赔偿或者给付保险金的请求和有关证明、资料之日起60日内，对其赔偿或者给付保险金的数额不能确定的，应当根据已有证明和资料可以确定的最低数额先予支付。

③ 保险合同解除权的行使及其限制。按照保险惯例，保险合同成立后，保险人不得随意解除保险合同，只有依法律规定，投保人或被保险人违反法定或约定的义务，保险人才有权解除合同。但若保险人不及时行使，则视为放弃权利，日后不得再主张此种权利。此即所谓弃权与禁止反言。例如，投保人违反告知义务或未按期交纳保险费，保险人有权解除合同，但未能及时行使，在保险事故发生时再行主张则不应予以支持。其目的在于督促保险人尽快行使权利，如果允许保险人拖延时间，将使保险合同的效力处于一种不稳定的状态，而且保险人可能会选择对自己最有利的时机来决定行使或不行使该解除权，从而损害被保险人的利益。当保险事故发生时主张合同解除权，若保险事故不发生则主张合同继续有效，进而要求支付保险费，这显然有悖于最大诚实信用原则。

4. 最大诚信原则运用中存在的问题与原因分析

最大诚信原则产生初期主要是约束投保人的工具，保险人往往以投保人破坏此原则而拒绝履行赔偿义务。为了平等地保护投保人的利益，现代立法已予修订，即最大诚信原则同时适用投保人和保险人。新修改的《保险法》增加第五条规定："保险活动当事人行使权利、履行义务应当遵循诚实信用原则"。所以，保险诚信原则运用的主体应当同时是保险活动当事人即保险公司和投保人，同时涉及保险合同的关系人（保险代理人、被保险人、受益人）。目前，虽然《保险法》对当事人双方的诚信行为提出了法律要求，但保险理论的阐述对投保人的诚信要求较为全面，对保险公司和保险关系人的要求则不够，而在现实中保险公司存在的诚信问题较多，它产生的负面影响辐射较广。

一般理论认为，最大诚信原则由3条重要的法理组成，一是告知，二是保证，三是弃权与禁止反言。最大诚信原则主要针对投保人或被保人而言，为了保持合同的公平原则，后来才产生了对保险人具有约束力的自动弃权和禁止反言原则。这一内容明显与社会现状相违背。诚信原则对投保人的投保行为规范是保险活动的开始。新《保险法》对投保人这一主体在该环节的诚信要求具体表现在3个方面。首先，投保人在保险合同订立之前，必须履行如实告知的义务。保险合同是典型的诚信合同，最大诚信就是告知。实践证明，保险人危险负担的有无或大小，很大程度上取决于投保人能否恪守诚信原则。因此，为避免保险人的合法权益受到损害，这就首先要求投保人在合同订立之前，如实、准确、无保留地向保险人告知其投保标的的一切重要情况。其次，投保人必须履行通知的义务。《保险法》第二十二条规定："投保人、被保险人或者受益人知道保险事故发生后，应当及时通知保险人。"另外《保险法》有关投保人应按合同的约定交付保险费，遵守法律、法规和社会公德的规定也体现出法律对投保人的诚信要求。

诚信原则对保险人也有明确规范要求。《保险法》第一百零六条、第一百三十一条规定：保险公司及工作人员、保险代理人、保险经纪人在办理保险业务活动中应自觉遵守诚信原则，不得"欺骗保险人、投保人、被保险人或者受益人"；不得"对投保人隐瞒与保险合同有关的重要情况"；不得"阻碍投保人履行如实告知义务，或者诱导其不履行本法规定的如实告知义务"；不得向投保人、被保险人或者受益人承诺"给予保险合同规定以外的其他利益"。归纳起来，《保险法》对保险人的诚信要求主要包括两个方面：一是对客户如实告知义务，二是对保险合同内容如实说明、解释的义务。

(1) 诚信原则的运用过程中存在的问题

① 对保险人这一主体而言。一是造假问题屡禁不止。假数据、假账本、假报表、假保单、假收据现象在保险经营过程中屡见不鲜。保监会自成立以来，始终将打假作为一项重要工作，2002年甚至开展专项打假活动。尽管如此，造假问题并未得到根本性解决。二是惜赔现象时有发生。一些保险公司理赔手续繁琐，服务不到位，个别案件拒赔不合理，客观上表现出惜赔现象，在客户中造成不良影响，在社会中形成投保易、索赔难、收款快、赔款慢的恶劣印象。三是误导问题并未根治。由于营销机制的不完善，营销员误导问题只能在某种程度上有所减轻，实质上并未得到解决。尤其在一些中小城市，在一些风险意识、保险意识、投资意识较差的客户中，误导、欺瞒现象并不罕见。

② 对投保人、被保险人这一主体而言。道德风险防范困难。近年来，我国保险知识的普及程度有所提高，但有的人在了解保险后竟打起了骗保骗赔的主意，投保时不履行如实告知义务的现象屡见不鲜，骗赔手段更是五花八门。

(2) 不诚信行为的原因分析

① 社会信用基础薄弱影响了保险业诚信体系建设。我国社会信用体系建设处在刚刚起步阶段，信息数据采集困难，数据开放没有明确规定，信息资料数据库建立滞后，信用法规缺乏，失信行为得不到有效惩治。薄弱的社会信用基础势必影响保险业诚信体系建设。

② 保险信用法规建设滞后阻碍了保险业诚信体系建设。尽管我国保险信用法制建设有所进展，但与现实的保险经营活动相比仍显滞后及不完善。高速发展的保险业带来许许多多新现象、新问题，有些问题是直指诚信的，比如回佣，为了争夺客户资源造成遵纪守法遭受损失，违规失信却增加了收益的局面。这些问题如果得不到及时有效的解决，势必助长失信毁约的歪风蔓延。

③ 保险诚信管理制度缺失制约了保险业诚信体系建设。制度缺失一方面表现为刚性管理制度缺失；另一方面则表现为必要信息采集制度缺失。刚性管理制度缺失削弱了诚信的制约机制。人性弱点是天然存在的，商务领域仅仅靠道德良心是不够的。如果没有刚性的信用管理机制，管理者就不得不为人的素质及品质伤脑筋，如营销员挪用保费问题，如果没有制度能保证营销员不接触现金，那么这个问题将永远存在。信息不对称则客观上为失信行为提供了条件，对于保险人来说，投保人的每次投保资料都是新的，其真实准确与否无从评估。对于投保人来说，由于信息披露不充分，投保人无法掌握保险公司的真实经营状况，无法比较选择适合自己的保险产品，只能道听途说地片面了解保险。

④ 保险公司经营管理体制陈旧落后不利于保险业诚信体系建设。目前国内一些保险公司的经营思想仍停留在盲目扩大保费规模上，上级公司对下级的考核体系突出强调保费收入、完成保费收入指标。为达目的，在竞争中任意抬高手续费、降低费率，弱化对营销员的诚信教育等，无暇顾及公司的社会形象、整体利益和长远发展。

⑤ 保险营销机制不完善困扰着保险业诚信体系建设。我国保险营销员的数量占从业人员总数的绝大多数，这支销售大军对我国保险业的发展尤其是寿险业的发展具有推动作用。然而，现行的营销机制随着市场的扩大，其弊端也日益暴露，主要表现为缺乏对营销员的保障制度，缺乏长效激励制度，对营销员的考核以业绩为主，佣金提取不合理等等。这些问题诱发营销员产生背信弃义、误导欺瞒客户的行为。

5. 贯彻最大诚信原则

保险业的顺利发展，需要加强保险活动当事人的诚信教育与体系建设。现实中，人们感到社会缺少诚信，并不是诚信内容和法律规定不存在，而是缺少对诚信行为的激励和保护。尽管国家在加强法制保障、加大诚信宣传、加大失信惩戒、考核保险诚信建设等方面做了大量的工作，但并没有对诚信行为起到有效的保护和推动作用。为此，必须加强诚信体系建设。

（1）把握社会信用体系建设契机，为保险业诚信体系建设奠定基础

保险业的发展离不开经济的发展，更离不开社会的进步。建设保险业诚信体系，必须结合现代化社会信用意识，改善社会信用环境。我国信用体系建设已经展开。十六届三中全会提出："建立健全社会信用体系""建成以道德为支撑、产权为基础、法律为保障的社会信用制度"。国家六部委曾于2003年9月联合出台了《关于开展社会诚信宣传教育的工作意见》。党的十六届六中全会又提出构建社会主义和谐社会。因此，保险业诚信体系建设恰逢其时，应把握契机，一方面不断完善自身的诚信体系建设，一方面为全社会的信用建设做贡献。

（2）加强保险诚信法制建设，为保险业诚信体系建设提供法律保障

我国保险法律法规建设在诚信方面已经加强，对失信惩戒的力度也在加大，已经出台《保险营销员管理办法》，行业自律对保险公司的约束力度也在加大。但在如何维护行业的整体诚信形象方面，政府机关职能部门如何配合保险监管部门加大惩戒方面的具体措施尚未出台，应尽快完善法律法规建设并加大惩戒尺度。

（3）建立保险诚信管理制度，为保险业诚信体系建设创造条件

一是要建立刚性的诚信管理制度。对经营管理过程的各个环节都要有制约制衡机制，用制度保证诚信得以实现。二是要建立信息采集及披露制度。由于目前我国尚未建立个人诚信数据的管理制度，信息不对称而带来的道德风险无法规避。目前，对保险人的信息披露已取得初步成效，尤其是营销员持证上岗规定的出台，建立保险营销员专用网络，强化了营销员的诚信行为，但各保险公司之间还应建立与社会公众沟通交流平台，如公众网站，现场常设咨询台等。

（4）改革保险公司营销体制，为保险业诚信体系的建设注入活力

目前，各保险竞争主体的营销体制普遍采用保险代理人制。保险营销员处于"城市边缘人"的尴尬地位，无法在社会中树立诚信形象。同时由于首期高佣回报的利益冲击，使一些营销员没有将诚信植根于保险职业的生命之中，见利忘义。如果采取职员制营销，改变营销员身份，将会大大提高诚信水平。

（5）加强对保险公司的诚信考评工作

目前保监部门还没有建立一套完整的针对保险公司的诚信行为考评体系，也没有建立一套科学的与之相对应的考评指标，更没有形成一套常规的考评考核工作程序。保险监管部门和保险行业协会应建立一系列严格的考评体系与科学的考评指标。在这方面，广西保险行业协会进行了两年的诚信考评工作，考评体系按3大类36项量化成100分制的考评指标，以80分以上作为合格标准，对达不到合格要求的保险公司将上报中国保险监督管理委员会和相应的总公司，这已经取得了非常可喜的成效。

6. 最大诚信原则的作用

（1）从保险关系的成立基础考察

众所周知，保险是人类抗御自然灾害和意外事故的共同行为，体现的是"人人为我，我为人

人"的互助协作精神。每一个参加者都由衷地希望和要求其他当事人真诚参与,只有和衷共济、众志成城,才能抗御灾害,化险为夷。所以,当事人之间的精诚合作是保险关系成立的前提,如果一方缺乏诚意,或故意促使保险事故的发生,或于保险事故发生后拒不履行补偿或给付保险金的义务,则无异于诈欺,与保险宗旨背道而驰。当然,任何合同的签订,都须以合同当事人的诚实信用为基础。如果一方以诈欺手段诱骗他方签订合同,受欺诈的一方非但可据以解除合同,如有损害,还可要求对方予以赔偿。《中华人民共和国合同法》第五十四条第二款明确规定:"一方以欺诈、胁迫的手段或者乘人之危,使对方在违背真实意思的情况下订立的合同,受损害方有权请求人民法院或者仲裁机构变更或撤销。"

然而,就一般合同而言,其所应用的诚信原则是有限的。因为在一般合同中,当事人之间的关系从本质上说是一种利益分配关系。因此,合同当事人往往通过提高自己、贬损对方来达到自己的目的。所以,一般合同的签订、履行以"交易者自行当心"为第一要义。依照法律的规定,只有显失公平或者存在欺诈时,法律才赋予救济权利,对于一般的不诚实行为法律总是鞭长莫及、无能为力。例如,买卖合同中对于标的物的明显瑕疵并不要求卖方主动告知,而通常将检视货物视为买方的义务。但在保险关系中,保险人与被保险人休戚相关,双方必须善尽诚实信用,只有少发生保险事故,保险公司的偿付能力才有保障,被保险人的损失方能得到充分补偿。所以保险人与被保险人之间是利害相通,唇齿相依的关系,容不得尔虞我诈、坑蒙拐骗,两者之间更崇尚公平交易,强调"最大"诚实信用。

(2) 从保险产品的功能进行考察

被保险人参加保险基本上出于3个方面的价值追求。一是安全保障。保险是一种精神产品,能给消费者以安全感。从买卖的角度看,对被保险人来说,投保是支付保险费以换取安全保障。投保人通过与保险人签订保险合同,消除了一旦发生危险造成财产损失或人身伤亡而影响生产或生活稳定性的后顾之忧,这使被保险人在心理上得到满足。二是经济补偿。保险商品的使用价值表现为向被保险人及时提供经济补偿,以求生活的安定。可以说补偿是保险的固有职能和基本职能。三是获得收益。在人寿保险合同中,之所以特许保险利益消失后,保险合同继续有效,是因为人寿保险有投资的意义,合同到期时所领取的保险金,皆为自己所交付保险费的积累或增值。正是基于上述功能,保险已成为经济生活中重要的一环。

每一投保人通过与其信赖的保险公司签订合同,希望将其在生产生活中可能面临的风险转嫁出去,从而避免或减少因危险发生而可能造成的损失。而保险人作为产品的销售者,要想让自己的保险产品在保险市场上具有竞争力,就必须以诚信为本,塑造良好的形象,树立全心全意为投保人服务的意识,做到价格公道、服务周到、善尽承诺、及时理赔。事实证明,在竞争如火如荼的保险市场,经营者的产品再优、技术再精、硬件再好、热情再高、干劲再大,若诚信不足,则一切都是子虚乌有。所以,维持保险业的良好信誉,遵循最大诚信是保险活动的基本准则。

(3) 从保险合同的特征来考察

保险是转嫁风险的行业,保险事故是否发生、发生的时间及损失的大小在合同订立之际是不能预见的,故称保险合同为射幸合同。这与强调等价有偿的一般民事合同大相径庭。保险合同成立后,被保险人能否获得保险补偿还应视条款而定。在保险合同有效期内,若不发生保险事故,保险人只收取保险费,而无需承担补偿或给付义务;若发生保险事故,则保险人所支付的保险补偿将远远大于其所收取的保险费。发生保险事故后,从被保险人的角度看,因其已获得了经济补偿,则实际毫厘未损;从保险人的角度看,则因履行合同义务而成为损失的实际承受者。基于保险合同这种特殊性质,一方面,保险人希望收取高额保险费而不承担或少承担补偿义务。当保事故发生后，保险人会千方百计利用法律和合同条款来推卸或减轻其补偿责任。另一方面，投保人则希望以最少的保险费获得最多的补偿。当保险事故发生后，被保险人往往夸大损失，以图非分利益。可见，依诚实信用行使权利、履行义务是保险市场的基本要求。

（4）从保险的行业特性来考察

如今，保险在国民经济中占有举足轻重的地位，被誉为社会的稳定器。保险经营的特征表现为3个方面。其一，保险费收取的分散性。保险运作的原理就是各个投保人以交纳保险费的方式来分担受害的被保险人的损失。投保人越多，收取的保险费越多；保险基金越雄厚，保险经营越安全；保险分摊越合理，保险人赢利的可能性就越大。但若保险人缺乏信用，投保人就会敬而远之，保险公司则门可罗雀，难以维持下去。其二，保险经营的安全性。投保人来自五湖四海，为了一个共同的目标——保险保障。试想，如果保险公司经营不善或破产，其自身难保，何以保人，可能产生的负面的社会影响将不言而喻。故保险人的责任重于泰山，其成长的好坏，不仅与被保险人利害相关，而且与社会安定息息相关。其三，保险资金的负债性。保险资金属于保险人对被保险人的负债。特别是投资性质的保险，到期必须按固定金额偿付。保险人不得将保险资金作为盈利分配，也不得作为利润上缴，而只能充分利用，确保增值。所以，保险业要健康发展必须实行科学管理与诚信经营双管齐下。

（5）从保险业的演进来考察

现代保险源于海上保险，最大诚信原则可以追溯至海上保险初期。由于昔日尚无通信设施，而在保险合同商订之际，被保险的船货往往航行于千里之外，保险人是否承保以及保险合同的权利义务如何约定只能依据投保人提供的有关资料进行判断，若投保人以欺诈手段诱使保险人与其签订合同，将使保险方深受其害。同理，若保险事故发生后，保险人推脱责任，也将会影响被保险人的生存和发展。长期以来最大诚信被公认为保险法的基本原则。随着科学技术的日新月异，现代社会生产规模空前发展，协作范围更加广泛，交易标的日益增大，交易风险愈加突出，任何一个环节发生问题都会引起连锁反应，造成难以估量的损失。适应现代化大生产的需要，当代保险种类繁多，标的复杂，保险期限长，保险金额大，风险范围广，保险经营的安全问题日益突出和重要。不言而喻，现代保险对合同当事人的诚实信用提出了更高、更迫切的要求。

综上所述，保险业从根本上讲就是以诚信为本的行业，诚信是保险业的基石。博弈论表明：诚实信用是获取最大利润的前提和保证。保险公司作为商事主体，只有多次交易，重复交易，才能实现赢利的愿望。为了广泛收取保险费，保险方都会理性地恪守信用，以期下次继续合作。失信或弄虚作假只能得益于一时一事，而终将失去客户、失去市场。毋庸置疑，诚实信用是保险业生命力的源泉。而对于投保人来说，良好的信誉记录可以使其以较低价格取得高额的保险保障，从这个意义上说，诚信就是金钱。正所谓"精诚所至，金石为开"，这一中国古训仍能给今天的保险市场提供启示：加强诚实信用是保险法的重中之重，讲诚信才能立于不败之地。背离了最大诚信原则，保险制度将成为无源之水、无本之木。

1.4.3 近因原则

1. 近因原则的产生

保险中的近因原则，起源于海上保险。1906年英国《海上保险法》第五十五条规定"除本法或保险契约另有规定外,保险人对于因承保之海难所致之损害,均负赔偿责任,对于非因承保之海难所致之损害,均不负赔偿责任。"

一战期间,Leyland(利兰)公司的一艘货船被德国潜艇的鱼雷击中后严重受损,被拖到法国勒哈佛尔港,港口负责人担心该船沉没后会阻碍码头的使用,于是该船被命令停靠在港口防波堤外,在风浪的作用下该船最后沉没。Leyland 公司索赔遭拒后诉至法院,审理此案的英国上议院法官 Lord Shaw 认为,导致船舶沉没的原因包括鱼雷击中和海浪冲击,但船舶在鱼雷击中后始终没有脱离危险,因此船舶沉没的近因是鱼雷击中而不是海浪冲击。这是近因原则的里程碑案例。

2. 近因原则的含义及规定

(1) 近因原则的含义

《保险法》上的近因原则的含义为"保险人对于承保范围的保险事故作为直接的、最接近的原因所引起的损失,承担保险责任,而对于承保范围以外的原因造成的损失,不负赔偿责任"。按照该原则,承担保险责任并不取决于时间上的接近,而是取决于导致保险损失的保险事故是否在承保范围内,如果存在多个原因导致保险损失,其中所起决定性、最有效的,以及不可避免会产生保险事故作用的原因是近因。

由于导致保险损失的原因可能会有多个,而对每一原因都投保于投保人经济上不利且无此必要,因此近因原则作为认定保险事故与保险损失之间是否存在因果关系的重要原则,对认定保险人是否应承担保险责任具有十分重要的意义。

我国《保险法》《中华人民共和国海商法》只是在相关条文中体现了近因原则的精神而无明文规定,我国司法实务界也注意到这一问题,在最高人民法院《关于审理保险纠纷案件若干问题的解释(征求意见稿)》第十九条规定了"(近因)人民法院对保险人提出的其赔偿责任限于以承保风险为近因造成损失的主张应当支持。近因是指造成承保损失起决定忹、有效性的原因。"

(2) 近因原则的基本内容

近因:引起保险标的损失的直接、有效、起决定作用的因素。反之,引起保险标的损失的间接的、不起决定作用的因素,称为远因。在保险理赔中,近因原则的运用具有普遍的意义。

近因原则:在处理赔案时,赔偿与给付保险金的条件是造成保险标的损失的近因必须属于保险责任,若造成保险标的损失的近因属于保险责任范围内的事故,则保险人承担赔付责任;反之,若造成保险标的损失的近因属于责任免除,则保险人不负赔付责任。只有当保险事故的发生与损失的形成有直接因果关系时,才构成保险人赔付的条件。

(3) 近因原则的运用

损失与近因存在直接的因果关系,因而要确定近因,首先要确定损失的因果关系。确定因果关系的基本方法有从原因推断结果和从结果推断原因两种方法。从近因认定和保险责任认定看,可分为下述几种情况。

① 损失由单一原因所致。若保险标的损失由单一原因所致,则该原因即为近因。若该原因属于保险责任事故,则保险人应负赔偿责任;反之,若该原因属于责任免除项目,则保险人不负赔偿责任。

② 损失由多种原因所致。如果保险标的遭受损失是两个或两个以上的原因,则应区别分析。

- 多种原因同时发生导致损失。多种原因同时发生而无先后之分，且均为保险标的损失的近因，则应区别对待。若同时发生导致损失的多种原因均属保险责任，则保险人应负全部损失赔偿责任。若同时发生导致损失的多种原因均属于责任免除，则保险人不负任何损失赔偿责任。若同时发生导致损失多种原因不全属保险责任，则应严格区分，对能区分保险责任和责任免除的，保险人只负保险责任范围所致损失的赔偿责任；对不能区分保险责任和责任免除的，则不予赔付。

- 多种原因连续发生导致损失。如果多种原因连续发生导致损失，前因与后因之间具有因果关系，且各原因之间的因果关系没有中断，则最先发生并造成一连串风险事故的原因就是近因。保险人的责任可根据下列情况来确定。

首先，若连续发生导致损失的多种原因均属保险责任，则保险人应负全部损失的赔偿责任。如船舶在运输途中因遭雷击而引起火灾，火灾引起爆炸，由于三者均属于保险责任，则保险人对一切损失负全部赔偿责任。

其次，若连续发生导致损失的多种原因均属于责任免除范围，则保险人不负赔偿责任。

再次，若连续发生导致损失的多种原因不全属于保险责任，最先发生的原因属于保险责任，而后因不属于责任免除，则近因属保险责任，保险人负赔偿责任。

最后，最先发生的原因属于责任免除，其后发生的原因属于保险责任，则近因是责任免除项目，保险人不负赔偿责任。

- 多种原因间断发生导致损失。致损原因有多个，它们是间断发生的，在一连串连续发生的原因中，有一种新的独立的原因介入，使原有的因果关系链断裂，并导致损失，则新介入的独立原因是近因。近因属于保险责任范围的事故，则保险人应负赔偿责任；反之，若近因不属于保险责任范围，则保险人不负责赔偿责任。

1.4.4 损失补偿原则

1. 损失补偿原则的含义

损失补偿原则是指保险合同生效后，如果发生保险合同责任范围内的损失，被保险人有权按照合同的约定，获得全面、充分的赔偿。损失补偿是弥补被保险人由于保险标的遭受损失而失去的经济利益，被保险人不能因保险损失补偿而获得额外的利益。

2. 损失补偿原则的基本内容

（1）被保险人请求损失补偿的要件
① 被保险人对保险标的必须具有可保利益。
② 被保险人遭受的损失必须在保险责任范围之内。
③ 被保险人遭受的损失必须能用货币衡量。

（2）保险人履行损失补偿责任的限度
① 以实际损失为限。
② 以保险金额为限。
③ 以可保利益为限。

3. 损失赔偿方式

（1）第一损失补偿方式

在保险金额限度内，按照实际损失补偿。

当损失金额≤保险金额时，补偿金额＝损失金额

当损失金额＞保险金额时，补偿金额＝保险金额

（2）比例计算赔偿方式

补偿金额＝损失金额×保险金额/损失当时保险财产的实际价值

4. 损失补偿原则的意义

① 维护保险双方的正当权益。坚持损失补偿原则能真正发挥保险的损失补偿功能，同时也维护了保险双方的正当权益。对被保险人而言，保险事故造成的经济损失能得到保险公司及时的补偿，生产生活能及时得到恢复；对保险公司而言，其权益也通过损失补偿的限额得到了保护。

② 防止道德风险的发生。损失补偿原则中关于有损失则补偿、无损失无补偿的规定，以及被保险人所获得的补偿总额不能超过其损失总额的规定，都可以防止被保险人通过保险补偿得到额外利益，从而防止被保险人购买高额保险，以获得赔款为目的而故意制造事故。

损失补偿原则除以受损失为限外，往往还受到保险合同中约定的其他一些限制，如以保险金额为限、按比例投保因而按比例赔偿的限制。另外，还受赔偿方法的限制，如某些保险中规定了免赔额或赔偿限额等。

损失补偿原则只适用财产保险及人身保险合同中带有费用报销型的保险，如太平洋保险公司的"附加住院医疗保险"和"附加意外伤害医疗保险"等，对定额给付型的人身保险是不适用的。

遵循损失补偿原则的目的在于：真正发挥保险的经济补偿职能；避免将保险演变成赌博行为；防止诱发道德风险的发生。补偿原则的实现方式通常有现金赔付、修理、更换和重置。

5. 损失补偿原则的派生原则

（1）代位追偿原则

① 代位追偿原则的含义。代位追偿原则是指在财产保险中，保险标的发生保险事故造成推定全损，或者保险标的由于第三者责任导致保险损失，保险人按照合同的约定履行赔偿责任后，依法取得对保险标的的所有权或对保险标的损失负有责任的第三者的追偿权。

② 代位追偿原则的主要内容。

• 权利代位。权利代位即追偿权的代位，是指在财产保险中，保险标的由于第三者责任导致保险损失，保险人向被保险人支付保险赔款后，依法取得对第三者的索赔权。

• 物上代位。物上代位是指保险标的遭受保险责任范围内的损失，保险人按保险金额全数赔付后，依法取得该项标的的所有权。

（2）重复保险分摊原则

① 重复保险分摊原则的含义及构成条件。

• 重复保险分摊原则是指在重复保险的情况下，当保险事故发生时，各保险人应采取适当

的分摊方法分配赔偿责任，使被保险人既能得到充分的补偿，又不会超过实际损失而获得额外的利益。

- 重复保险必须具备的条件：同一保险标的及同一可保利益；同一保险期间；同一保险危险；与数个保险人订立数个保险合同，且保险金额总和超过保险标的价值。

② 重复保险的分摊方式。

- 比例责任分摊方式，即各保险人按其所承保的保险金额与总保险金额的比例分摊保险赔偿责任。计算公式为

各保险人承担的赔款=损失金额×该保险人承保的保险金额/各保险人承保的保险金额总和

- 限额责任分摊方式是以在没有重复保险的情况下，各保险人依其承保的保险金额而应付的赔偿限额与各保险人应负赔偿限额总和的比例承担损失赔偿责任。计算公式为

各保险人承担的赔款=损失金额×该保险人的赔偿限额/各保险人赔偿限额总和

- 顺序责任分摊方式是指由先出单的保险人首先负责赔偿，后出单的保险人只有在承保的标的损失超过前一保险人承保的保额时，才依次承担超出的部分。

1.4.5　保险与防灾减损相结合的原则

保险从根本上说，是一种危险管理制度，目的是通过危险管理来防止或减少危险事故，把危险事故造成的损失缩小到最低程度，由此产生了保险与防灾减损相结合的原则。

1. 保险与防灾相结合的原则

这一原则主要适用于保险事故发生前的事先预防。根据这一原则，保险方应对承保的危险责任进行管理，其具体内容包括：调查和分析保险标的的危险情况，据此向投保方提出合理建议，促使投保方采取防范措施，并进行监督检查；向投保方提供必要的技术支援，共同完善防范措施和设备；对不同的投保方采取差别费率制，以促使其加强对危险事故的管理，即对事故少、信誉好的投保方给予降低保费的优惠，相反则提高保费等。遵循这一原则，投保方应遵守国家有关消防、安全、生产操作、劳动保护等方面的规定，主动维护保险标的的安全，履行所有人、管理人应尽的义务；同时，按照保险合同的规定，履行危险增加通知义务。

2. 保险与减损相结合的原则

这一原则主要适用于保险事故发生后的事后减损。根据这一原则，如果发生保险事故，投保方应尽最大努力积极抢险，避免事故蔓延、损失扩大，并保护出险现场，及时向保险人报案。而保险方则通过承担施救及其他合理费用来履行义务。

1.4.6　案　例　分　析

案例一　被保险人通过保险维修自己的汽车会受到处罚吗？

【案情】2015年10月15日，李某、尹某为通过保险维修各自的汽车，经与某汽车维修厂郑某商定，由郑某伪造了李某汽车与薛某汽车相撞的保险事故，后由李某、尹某冒充出险驾驶员，

骗取保险金 23280 元。2016 年 2 月 10 日，李某为通过保险再次维修其汽车，由郑某驾驶李某的汽车撞树，后由李某冒充出险驾驶员报案，由郑某办理保险理赔手续，骗取保险金 68000 元。案发后，三名被告人退还全部赃款。

李某、尹某在某保险公司为自己的汽车投保了交强险，车辆损失保险，三者险，不计免赔特约险。

【法院判决】常州市新北区人民法院结合李某等 3 人具体的犯罪事实，犯罪情节以及认罪、悔罪态度，以保险诈骗罪判处李某、尹某有期徒刑二年，缓刑三年，并处罚金三万元；郑某被判处有期徒刑一年，缓刑一年六个月，并处罚金一万元。

【法官分析】《中华人民共和国刑法》第一百九十八条对"保险诈骗罪"作出了详细界定：保险诈骗罪是指以非法获取保险金为目的，违反保险法规，采用虚构保险标的、保险事故或者制造保险事故等方法，向保险公司骗取保险金，数额较大的行为。"虚构保险标的"，是指投保人违背《保险法》规定的如实告知义务，虚构一个根本不存在的保险标的或者将不合格的标的伪称为合格的标的，与保险人订立保险合同的行为。违背了最大诚信原则。

骗取保险金数额较大的，构成保险诈骗罪。参照最高人民法院《关于审理诈骗案件具体应用法律的若干问题的解释》，个人进行保险诈骗数额在 10000 元以上的，属于"数额较大"。

案例二　车辆在使用过程中未履行防灾减损原则，发生交通事故怎么赔？

【案情】某运输公司为其公司的 50 辆汽车与某保险公司签订了一份汽车保险合同，保险期限为一年。在这份保险合同中还规定保险方有权对投保的汽车进行安全检查。合同生效后，保险公司多次与交通管理部门对公司的车辆进行安全检查。运输公司认为保险公司这种做法是增添麻烦，因而采取了不合作的态度。保险公司通过检查发现一些车辆的保养状况不好，安全隐患较多，就书面要求运输公司对 8 辆超过大修期仍行驶的卡车进行停产大修，但运输公司置之不理。1 个月后，先后有两辆卡车出了事故，经济损失达 30 万元，运输公司便找到保险公司要求赔偿。

【歧义】保险公司经过调查后，了解到肇事的两辆车均是保险公司曾书面要求运输公司停产大修的车辆，于是向被保险人发出了拒赔通知书。运输公司不服，认为他们的车辆是全部投了保的，车辆都经过了交通管理部门的年检，应该是合格的。保险公司怕出事，建议停止营运，这样不公平，保险公司应该按照合同的规定予以赔偿，否则就应承担违约责任。双方因为意见分歧太大，协商解决不了，运输公司便向法院提出诉讼。

【法院判决】根据《中华人民共和国财产保险合同条例》第十三条的规定："保险方可以对被保险方的财产的安全情况进行检查，如果发现不安全因素，应及时向投保方提出消除不安全因素的建议，投保方应及时采取措施消除，否则，由此引起的保险事故造成的损失，由投保方自己负责，保险方不负赔偿责任"。

法院认为该案属于保险索赔纠纷，依据有关的法律规定，判决运输公司败诉。

【法官分析】在本案中，运输公司与保险公司签约的保险合同应该是有效的。运输公司与保险公司在保险合同中专门约定了"保险方可对运输公司的汽车进行安全检查"的条款。

本案中保险公司不赔偿车辆事故的经济损失，其法律依据是《保险法》的有关规定。《保险法》第三十六条还规定了"在合同有效期内，保险标的危险程度增加的，被保险人按照合同约定应当及时通知保险人，保险人有权要求增加保险费或者解除合同。""被保险人未履行前款规定的通知义务的，因保险标的危险程度增加而发生的保险事故，保险人不承担赔偿责任。"法律之所以为投保人、被保险人设定这样的义务，就是要促使其主动履行对保险财产应尽的安全职责，避免财产的损失，同时通过授权保险人对保险标的的安全状态进行检查，以确立保险人对投保人、被保险人落实维护保险标的安全情况的监督制度，并且利用保险与防灾相结合的形式，充分发挥保险人在防灾、防损方面的专业知识和经济实力的优势，切实将不安全的隐患消灭在萌芽状态，从根本上杜绝因保险而给安全生产、生活带来的负面影响。

第 2 章
机动车保险条款

2.1 机动车交通事故责任强制保险

【知识目标】
1. 了解交通事故责任强制保险的定义与发展概况
2. 掌握交通事故责任强制保险条款内容
3. 掌握交通事故责任强制保险的费率与计算方式
4. 把握交通事故责任强制保险与商业第三者责任保险的区别

【能力目标】
1. 学会向客户营销交通事故责任强制保险的能力
2. 能够熟练准确地为客户计算交通事故责任强制保险保费
3. 能够为客户办理与交通事故责任强制保险相关的工作

【素质目标】
1. 培养遵纪守法、遵守职业道德的优良品质
2. 培养恪尽职守、勤勉高效的习惯,发挥表率作用

课程育人:保险业思想文化制度建设

2.1.1 机动车交通事故责任强制保险

1. 交强险简介

机动车交通事故责任强制保险,简称"交强险",为我国根据《中华人民共和国道路交通安全法》(以下简称《道交法》)的实行推出的针对机动车的车辆险种,于 2006 年 7 月 1 日正式施行,根据配套措施的最终确立,于 2007 年 7 月 1 日正式普遍推行。

按照《机动车交通事故责任强制保险条例》(以下简称《交强险条例》)的规定,"交强险"是由保险公司对被保险机动车发生道路交通事故造成受害人(不包括本车人员和被保险人)的人身

微课 6 机动车交通事故责任强制保险

伤亡、财产损失，在责任限额内予以赔偿的强制性责任保险，属于责任保险的一种。

根据《交强险条例》的规定，在中华人民共和国境内道路上行驶的机动车的所有人或者管理人都应当投保交强险。机动车所有人、管理人未按照规定投保交强险的，公安机关交通管理部门有权扣留机动车，通知机动车所有人、管理人依照规定投保，并处应缴纳的保险费的两倍罚款。

交强险的保险期间为一年，仅有4种情形下投保人可以投保一年以内的短期交强险：一是境外机动车临时入境的；二是机动车临时上道路行驶的；三是机动车距规定的报废期限不足一年的；四是保监会规定的其他情形。

根据《道交法》和《交强险条例》的规定，公安机关交通管理部门、管理拖拉机的农业机械管理部门对交强险实施监督制度，在受理机动车注册登记、变更登记、改装和安全技术检验时，对符合要求的机动车辆均需具备有效的交强险保险，否则不能办理相关登记。

交强险的承办机构为经保监会批准授权的中资保险公司及其代办机构，每辆机动车只需投保一份交强险，投保人可以根据自身需要决定或选择购买不同责任限额的商业险。

2. 发展历程

2004年5月1日起实施的《道交法》首次提出"建立机动车第三者责任强制保险制度，设立道路交通事故社会救助基金"。

2006年3月28日国务院颁布《交强险条例》，机动车第三者责任强制保险从此被"交强险"代替，条例规定自2006年7月1日起实施。

2006年6月30日，中国保险监督管理委员会发布《机动车交通事故责任强制保险业务单独核算管理暂行办法》，规定自发布之日起实施。

2007年6月27日，保监会发布《机动车交通事故责任强制保险费率浮动暂行办法》，规定自当年7月1日起实行。

2007年7月1日随着配套措施的完善，交强险最终普遍实行，期间普遍实行的仍旧为"机动车第三者责任强制保险"（第三者强制保险）。

"机动车第三者责任强制保险"与现行的机动车第三者责任保险属于商业保险，而新施行的"交强险"保险费率比"机动车第三者责任保险"高，它是根据被保险人在交通事故中所承担的事故责任来确定其赔偿责任的。

无论被保险人是否在交通事故中负有责任，保险公司均将按照《交强险条例》以及交强险条款的具体要求在责任限额内予以赔偿。这对维护道路交通通行者人身财产安全、确保道路安全具有重要的作用，同时减少了法律纠纷、简化了处理程序，确保了受害人获得及时有效的赔偿。

3. 必要性

实行交强险制度是通过国家法规强制机动车所有人或管理人购买相应的责任保险，以提高第三者责任险（简称"三责险"）的投保面，这在最大程度上为交通事故受害人提供了及时和基本的保障。

交强险负有更多的社会管理职能。建立机动车交通事故责任强制保险制度不仅有利于道路交通事故受害人获得及时有效的经济保障和医疗救治，而且有助于减轻交通事故肇事方的经济负担。而商业三责险则属于商业保险，保险公司经营该险种的目的是盈利，这与交强险"不盈不亏"的经营理念显然相去甚远（目前交强险的全国统计情况表明，保险公司在该险种上暂处亏损状态）。

此外,交强险还具有一般责任保险所没有的强制性。只要是在中国境内道路上行驶的机动车的所有人或者管理人都应当投保交强险,未投保的机动车不得上路行驶。这种强制性不仅体现在强制投保上,也体现在强制承保上,具有经营机动车交通事故责任强制保险资格的保险公司不得拒绝承保,也不能随意解除合同。而商业三责险则属于民事合同,机动车主或者是管理人拥有是否选择购买的权利,保险公司也享有拒绝承保的权利。

4. 责任限额

2020年9月19日,车险综合改革正式实施。为了落实改革关于提升交强险保障水平的要求,9月10日,中国银行保险监督管理委员会(简称银保监会)发布了《关于调整交强险责任限额和费率浮动系数的公告》(以下简称《公告》),确定了交强险责任限额和费率浮动系数。

《公告》分为三个部分,一是死亡伤残赔偿限额和医疗费用赔偿限额均有较大提高;二是提高对未发生赔付消费者的费率优惠幅度;三是2020年9月19日零时后新、老交强险保单均按照新的责任限额执行。具体来看有以下几个方面。

(1)新责任限额方案内容,明确了交强险死亡伤残赔偿限额18万元,医疗费用赔偿限额1.8万元,财产损失赔偿限额0.2万元。被保险人无责任时,死亡伤残赔偿限额1.8万元,医疗费用赔偿限额1800元,财产损失赔偿限额100元。相比原来的责任限额,除财产损失赔偿限额维持不变外,死亡伤残赔偿限额和医疗费用赔偿限额均有较大提高。

(2)新费率浮动系数方案内容,明确了全国各地区的费率浮动系数方案由原来的1类细分为5类,浮动比率中的上限保持30%不变,下浮由原来最低的-30%扩大到-50%,提高对未发生赔付消费者的费率优惠幅度。通过引入5类费率浮动系数,在一定程度上缓解了交强险赔付率在各地之间差异较大的问题,提高了部分地区较低水平的交强险赔付率。

(3)规定了切换时间和过渡安排,明确了2020年9月19日零时后发生道路交通事故的新、老交强险保单均按照新的责任限额执行。

5. 基础费率

交强险的基础费率共分42种,家庭自用车、非营业客车、营业客车、非营业货车、营业货车、特种车、摩托车和拖拉机8大类42小类车型保险费率各不相同。但对同一车型,全国执行统一价格。

机动车交通事故责任强制保险基础费率表(2008版)见表2-1。

表2-1　　　　　　　　机动车交通事故责任强制保险基础费率表

车辆大类	序号	车辆明细分类	保费
家庭自用车	1	家庭自用汽车6座以下	950
	2	家庭自用汽车6座及以上	1100
非营业客车	3	企业非营业汽车6座以下	1000
	4	企业非营业汽车6~10座	1130
	5	企业非营业汽车10~20座	1220
	6	企业非营业汽车20座以上	1270
非营业客车	7	机关非营业汽车6座以下	950
	8	机关非营业汽车6~10座	1070
	9	机关非营业汽车10~20座	1140
	10	机关非营业汽车20座以上	1320

续表

车辆大类	序号	车辆明细分类	保费
营业客车	11	营业出租租赁 6 座以下	1800
	12	营业出租租赁 6～10 座	2360
	13	营业出租租赁 10～20 座	2400
	14	营业出租租赁 20～36 座	2560
	15	营业出租租赁 36 座以上	3530
	16	营业城市公交 6～10 座	2250
	17	营业城市公交 10～20 座	2520
	18	营业城市公交 20～36 座	3020
	19	营业城市公交 36 座以上	3140
	20	营业公路客运 6～10 座	2350
	21	营业公路客运 10～20 座	2620
	22	营业公路客运 20～36 座	3420
	23	营业公路客运 36 座以上	4690
非营业货车	24	非营业货车 2 吨以下	1200
	25	非营业货车 2～5 吨	1470
	26	非营业货车 5～10 吨	1650
	27	非营业货车 10 吨以上	2220
营业货车	28	营业货车 2 吨以下	1850
	29	营业货车 2～5 吨	3070
	30	营业货车 5～10 吨	3450
	31	营业货车 10 吨以上	4480
特种车	32	特种车一	3710
	33	特种车二	2430
	34	特种车三	1080
	35	特种车四	3980
摩托车	36	摩托车 50mL 及以下	80
	37	摩托车 50～250mL（含）	120
	38	摩托车 250mL 以上及侧三轮	400
拖拉机	39	兼用型拖拉机 14.7kW 及以下	按保监产险[2007]53号实行地区差别费率
	40	兼用型拖拉机 14.7kW 以上	
	41	运输型拖拉机 14.7kW 及以下	
	42	运输型拖拉机 14.7kW 以上	

说明：

1．座位和吨位的分类都按照"含起点不含终点"的原则来解释；

2．特种车一：油罐车、汽罐车、液罐车；特种车二：专用净水车、特种车一以外的罐式货车，及用于清障、清扫、清洁、起重、装卸、升降、搅拌、挖掘、推土、冷藏、保温等各种专用机动车；特种车三：装有固定专用仪器设备从事专业工作的监测、消防、运钞、医疗、电视转播等的各种专用机动车；特种车四：集装箱拖头；

3．挂车根据实际的使用性质并按照对应吨位货车的 30%计算；

4．低速载货汽车参照运输型拖拉机 14.7kW 以上的费率执行。

6. 交强险费率浮动系数调整方案

（1）内蒙古、海南、青海、西藏 4 个地区实行以下费率调整方案 A，见表 2-2。

表 2-2 交强险费率浮动系数调整方案 A

调整方案	浮动因素	浮动比率
与道路交通事故相联系的浮动方案 A	A1，上一个年度未发生有责任道路交通事故	−30%
	A2，上两个年度未发生有责任道路交通事故	−40%
	A3，上三个及以上年度未发生有责任道路交通事故	−50%
	A4，上一个年度发生一次有责任不涉及死亡的道路交通事故	0%
	A5，上一个年度发生两次及两次以上有责任道路交通事故	10%
	A6，上一个年度发生有责任道路交通死亡事故	30%

（2）陕西、云南、广西 3 个地区实行以下费率调整方案 B，见表 2-3。

表 2-3 交强险费率浮动系数调整方案 B

调整方案	浮动因素	浮动比率
与道路交通事故相联系的浮动方案 B	B1，上一个年度未发生有责任道路交通事故	−25%
	B2，上两个年度未发生有责任道路交通事故	−35%
	B3，上三个及以上年度未发生有责任道路交通事故	−45%
	B4，上一个年度发生一次有责任不涉及死亡的道路交通事故	0%
	B5，上一个年度发生两次及两次以上有责任道路交通事故	10%
	B6，上一个年度发生有责任道路交通死亡事故	30%

（3）甘肃、吉林、山西、黑龙江、新疆 5 个地区实行以下费率调整方案 C，见表 2-4。

表 2-4 交强险费率浮动系数调整方案 C

调整方案	浮动因素	浮动比率
与道路交通事故相联系的浮动方案 C	C1，上一个年度未发生有责任道路交通事故	−20%
	C2，上两个年度未发生有责任道路交通事故	−30%
	C3，上三个及以上年度未发生有责任道路交通事故	−40%
	C4，上一个年度发生一次有责任不涉及死亡的道路交通事故	0%
	C5，上一个年度发生两次及两次以上有责任道路交通事故	10%
	C6，上一个年度发生有责任道路交通死亡事故	30%

（4）北京、天津、河北、宁夏 4 个地区实行以下费率调整方案 D，见表 2-5。

表 2-5 交强险费率浮动系数调整方案 D

调整方案	浮动因素	浮动比率
与道路交通事故相联系的浮动方案 D	D1，上一个年度未发生有责任道路交通事故	−15%
	D2，上两个年度未发生有责任道路交通事故	−25%
	D3，上三个及以上年度未发生有责任道路交通事故	−35%
	D4，上一个年度发生一次有责任不涉及死亡的道路交通事故	0%
	D5，上一个年度发生两次及两次以上有责任道路交通事故	10%
	D6，上一个年度发生有责任道路交通死亡事故	30%

（5）江苏、浙江、安徽、上海、湖南、湖北、江西、辽宁、河南、福建、重庆、山东、广东、深圳、厦门、四川、贵州、大连、青岛、宁波 20 个地区实行以下费率调整方案 E，见表 2-6。

表 2-6　　　　　　　　　　　交强险费率浮动系数调整方案 E

调整方案	浮动因素	浮动比率
与道路交通事故相联系的浮动方案 E	E1，上一个年度未发生有责任道路交通事故	−10%
	E2，上两个年度未发生有责任道路交通事故	−20%
	E3，上三个及以上年度未发生有责任道路交通事故	−30%
	E4，上一个年度发生一次有责任不涉及死亡的道路交通事故	0%
	E5，上一个年度发生两次及两次以上有责任道路交通事故	10%
	E6，上一个年度发生有责任道路交通死亡事故	30%

7. 交强险最终保险费计算方法

交强险最终保险费计算方法是：交强险最终保险费=交强险基础保险费×（1+与道路交通事故相联系的浮动比率 X，X 取 A、B、C、D、E 方案其中之一对应的值）。

与道路交通事故相联系的浮动比率 X 为 $X1$ 至 $X6$ 其中之一，不累加。同时满足多个浮动因素的，按照向上浮动或者向下浮动比率的高者计算。

注　意

与道路交通事故相联系的浮动比率（见表 2-3～表 2-6），与交通安全违法行为相联系的浮动比率 A（见表 2-7）。

说　明

交强险费率浮动标准根据被保险机动车所发生的道路交通事故计算。摩托车和拖拉机暂不浮动。

表 2-7　　　　　　　与交通安全违法行为相联系的交强险浮动比率

序号	拟上浮情形	拟上浮比率	序号	拟上浮情形	拟上浮比率
1	超速 50%以上	拟上浮 10%	7	醉酒驾驶	拟上浮 30%
2	闯红灯	拟上浮 5%	8	违法占用高速公路应急车道	拟上浮 10%
3	逆向行驶	拟上浮 20%			
4	货车超载	拟上浮 5%	9	违法使用机动车号牌（包括伪造、变造、使用其他车辆号牌）	拟上浮 10%
		拟上浮 20%			
5	客车超载	超载人数超过 20%未达到 50%的，拟上浮 10%	10	故意遮挡、污损机动车号牌	拟上浮 10%
		超载人数超过 50%未达到 100%的，拟上浮 30%	11	其他违法行为 5～9 次	拟上浮 10%
6	饮酒驾驶	拟上浮 15%	12	其他违法行为 10 次以上	拟上浮 20%

仅发生无责任道路交通事故的，交强险费率仍可享受向下浮动。

浮动因素计算区间为上期保单出单日至本期保单出单日之间。

与道路交通事故相联系浮动时，应根据上年度交强险已赔付的赔案浮动。上年度发生赔案但还未赔付的，本期交强险费率不浮动，直至赔付后的下一年度交强险费率向上浮动。

交强险保单出单日距离保单起期最长不能超过 3 个月。

几种特殊情况的交强险费率浮动方法如下所述。

① 首次投保交强险的机动车费率不浮动。

② 在保险期限内，被保险机动车所有权转移，应当办理交强险合同变更手续，且交强险费率不浮动。

③ 机动车临时上道路行驶或境外机动车临时入境投保短期交强险的，交强险费率不浮动。其他投保短期交强险的情况下，根据交强险短期基准保险费并按照上述标准浮动。

④ 被保险机动车经公安机关证实丢失后追回的，根据投保人提供的公安机关证明，在丢失期间发生道路交通事故的，交强险费率不向上浮动。

⑤ 机动车上一期交强险保单满期后未及时续保的，浮动因素计算区间仍为上期保单出单日至本期保单出单日之间。

⑥ 在全国车险信息平台联网或全国信息交换前，机动车跨省变更投保地时，如投保人能提供相关证明文件的，可享受交强险费率向下浮动。不能提供的，交强险费率不浮动。

8. 与商业第三者责任保险的区别

（1）实行强制性投保和强制性承保

在《机动车交通事故责任强制保险条例》颁布之前，我国已有 24 个省区市通过地方立法或部门规章要求机动车必须投保三责险，但从法律效力和适应性上看无法满足现实需要，商业三责险整体承保率较低，2005 年仅为 35%左右。如今交强险，其强制性不仅体现在所有上道路行驶的机动车所有人或管理人必须投保该险种，同时也要求具有经营该险种资格的保险公司一律不得拒保或随意解除合同。

（2）实行"限额内完全赔偿"原则

目前实行的商业三责险采取的是过错责任原则，即保险公司根据被保险人在交通事故中所承担的事故责任来确定其赔偿责任。交强险实施后，无论被保险人是否在交通事故中负有责任，保险公司均将按照《机动车交通事故责任强制保险条例》及交强险条款的具体要求在责任限额内予以赔偿。

（3）保障范围宽于商业三责险

为有效控制风险，减少损失，商业三责险规定了较多的责任免除事项和免赔率（额）。例如，因地震等自然灾害事件、战争、暴乱、政府征用等突发事件，驾驶员吸毒、被药物麻醉等人为事件，被保险人利用保险车辆从事犯罪活动等违法事件，以及未按合同约定交付保险费等项目，大都被列为商业三责险赔偿责任免除事项。此外，保险公司大多还在合同中规定了不同等级、数额的免赔率或免赔额。而交强险除被保险人故意造成的交通事故等少数几项情况外，其保险责任大大放宽，且不设免赔率与免赔额。

（4）实行不盈不亏经营原则

交强险业务具有社会公益性特点，因此保险公司经营该项业务不以盈利为目的，并实行单独核算。不亏不盈原则具体体现在保险公司在厘定交强险费率时不应加入利润因子。而商业三责险是以盈利为目的，无需与其他车险险种分开管理，单独核算。

（5）实行分项责任限额

商业三责险实行的是同一责任限额，即无论人伤或物损均在一个限额下进行赔偿，并由保险公司自行制定责任限额水平。而交强险实行分项责任限额，即分为死亡伤残赔偿限额、医疗费用赔偿限额、财产损失赔偿限额以及被保险人在道路交通事故中无责任的赔偿限额。

（6）实行统一条款和基础费率，并且费率与交通违章挂钩

目前各保险公司商业三责险的条款费率相互存在差异。与之不同，交强险实行统一的保险条

款和基础费率。此外，为督促驾驶人安全驾驶，交强险实行费率与交通违章及交通事故挂钩这一"奖优罚劣"的费率浮动机制。一辆车如果多次出险，来年的保费很快会涨上去，而常年不出险保费也会逐年降低。

9. 注意的问题

（1）不要重复投保

有些投保人自以为多投几份保，就可以使被保车辆多几份赔偿。按照《中华人民共和国保险法》第四十条规定："重复保险的车辆各保险人的赔偿金额的总和不得超过保险价值。"因此，即使投保人重复投保，也不会得到超价值赔款。

（2）及时续保

有些车主在保险合同到期后不能及时续保，但天有不测风云，万一车辆就在这几天出了事故，岂不是悔之晚矣。

（3）要认真审阅保险单证

当接到保险单证时，一定要认真核对，看看单据第三联是否采用了白色无碳复写纸印刷并加印浅褐色防伪底纹，其左上角是否印有"中国保险监督管理委员会监制"字样，右上角是否印有"限在××省（市、自治区）销售"的字样，如果没有可拒绝签单。

（4）注意审核代理人真伪

投保时要选择国家批准的保险公司所属机构投保，而不能只图省事随便找一家保险代理机构投保，更不能被所谓的"高返还"所引诱，只求小利而上假代理人的当。

（5）核对保单

办理完保险手续拿到保单正本后，要及时核对保单上所列项目，如车牌号、发动机号等，如有错漏，要立即提出更正。

（6）随身携带保险卡

保险卡应随车携带，如果发生事故，要立即通知保险公司并向交通管理部门报案。

（7）提前续保

记住保险的截止日期，提前办理续保。

（8）注意莫生"骗赔"伎俩

有极少数人，总想把保险当成发财的捷径，如有的先出险后投保，有的人为地制造出险事故，有的伪造、涂改、添加修车、医疗等发票和证明，这些都属于骗赔的范围，是触犯法律的行为。因此各位车主在这些问题上，千万不要耍小"聪明"。

（9）车险中对第三方的界定

保险公司的除外责任中有这样一条规定"被保险人或其允许的驾驶人以及他们的家庭成员的人身伤亡及其所有或保管的财产的损失"，汽车发生事故时的驾驶员及其家庭成员、被保险人的家庭成员是不算在第三方范围内的。汽车保险条款的这一规定是为了防范被保险人为了获取保险金而对家庭成员进行故意伤害。

（10）车险中的酒驾行为

为进一步加大对酒后驾驶交通违法行为的惩处力度，充分发挥机动车保险的经济杠杆作用，促进机动车驾驶人增强交通安全意识和法制意识，根据《交强险条例》有关规定，公安部、中国保险监督管理委员会决定，自 2010 年 3 月 1 日起，逐步实行酒后驾驶违法行为与机动车交通事故责任强制保险（以下简称"交强险"）费率联系浮动制度。

根据公安部、中国保险监督管理委员会《关于实行酒后驾驶与机动车交强险费率联系浮动制度的通知》（公通字〔2010〕8 号）精神，各保监局和省级公安机关要密切协作配合，在充分测算和论证的基础上，在公安部和保监会确定的交强险费率浮动幅度内，明确饮酒后驾驶、醉酒后驾驶违法行为上浮费率的标准。其中，饮酒后驾驶违法行为一次上浮的交强险费率控制在 10%～15%，醉酒后驾驶违法行为一次上浮的交强险费率控制在 20%～30%，累计上浮的费率不得超过 60%，确定费率标准情况应当报公安部、保监会备案。

各保险公司必须严格执行交强险费率方案、交强险费率浮动办法，不得擅自加收或减收交强险保费。

10. 强制实施交强险制度的意义

建立交强险制度有利于道路交通事故受害人获得及时的经济赔付和医疗救治；有利于减轻交通事故肇事方的经济负担，化解经济赔偿纠纷；通过实行"奖优罚劣"的费率浮动机制，有利于促进驾驶人增强交通安全意识；有利于充分发挥保险的保障功能，维护社会稳定。

2.1.2　机动车交通事故责任强制保险条款

总则

第一条　根据《中华人民共和国道路交通安全法》《中华人民共和国保险法》《机动车交通事故责任强制保险条例》等法律、行政法规，制定本条款。

第二条　机动车交通事故责任强制保险（以下简称交强险）合同由本条款与投保单、保险单、批单和特别约定共同组成。凡与交强险合同有关的约定，都应当采用书面形式。

第三条　交强险费率实行与被保险机动车道路交通安全违法行为、交通事故记录相联系的浮动机制。

签订交强险合同时，投保人应当一次支付全部保险费。保险费按照中国银行保险监督管理委员会（以下简称银保监会）批准的交强险费率计算。

微课 7　交强险条款

定义

第四条　交强险合同中的被保险人是指投保人及其允许的合法驾驶人。

投保人是指与保险人订立交强险合同，并按照合同负有支付保险费义务的机动车的所有人、管理人。

第五条　交强险合同中的受害人是指因被保险机动车发生交通事故遭受人身伤亡或者财产损失的人，但不包括被保险机动车本车车上人员、被保险人。

第六条　交强险合同中的责任限额是指被保险机动车发生交通事故，保险人对每次保险事故所有受害人的人身伤亡和财产损失所承担的最高赔偿金额。责任限额分为死亡伤残赔偿限额、医疗费用赔偿限额、财产损失赔偿限额以及被保险人在道路交通事故中无责任的赔偿限额。其中无责任的赔偿限额分为无责任死亡伤残赔偿限额、无责任医疗费用赔偿限额以及无责任财产损失赔偿限额。

第七条　交强险合同中的抢救费用是指被保险机动车发生交通事故导致受害人受伤时，医疗机构对生命体征不平稳和虽然生命体征平稳但如果不采取处理措施会产生生命危险，或者导致残疾、器官功能障碍，或者导致病程明显延长的受害人，参照国务院卫生主管部门组织制定的交通事故人员创伤临床诊疗指南和国家基本医疗保险标准，采取必要的处理措施所发生的医疗费用。

保险责任

第八条 在中华人民共和国境内（不含港、澳、台地区），被保险人在使用被保险机动车过程中发生交通事故，致使受害人遭受人身伤亡或者财产损失，依法应当由被保险人承担的损害赔偿责任，保险人按照交强险合同的约定对每次事故在下列赔偿限额内负责赔偿：

（一）死亡伤残赔偿限额为 180000 元；

（二）医疗费用赔偿限额为 18000 元；

（三）财产损失赔偿限额为 2000 元；

（四）被保险人无责任时，无责任死亡伤残赔偿限额为 18000 元；无责任医疗费用赔偿限额为 1800 元；无责任财产损失赔偿限额为 100 元。

死亡伤残赔偿限额和无责任死亡伤残赔偿限额项下负责赔偿丧葬费、死亡补偿费、受害人亲属办理丧葬事宜支出的交通费用、残疾赔偿金、残疾辅助器具费、护理费、康复费、交通费、被扶养人生活费、住宿费、误工费，被保险人依照法院判决或者调解承担的精神损害抚慰金。

医疗费用赔偿限额和无责任医疗费用赔偿限额项下负责赔偿医药费、诊疗费、住院费、住院伙食补助费，必要的、合理的后续治疗费、整容费、营养费。

垫付与追偿

第九条 被保险机动车在本条（一）至（四）之一的情形下发生交通事故，造成受害人受伤需要抢救的，保险人在接到公安机关交通管理部门的书面通知和医疗机构出具的抢救费用清单后，按照国务院卫生主管部门组织制定的交通事故人员创伤临床诊疗指南和国家基本医疗保险标准进行核实。对于符合规定的抢救费用，保险人在医疗费用赔偿限额内垫付。被保险人在交通事故中无责任的，保险人在无责任医疗费用赔偿限额内垫付。对于其他损失和费用，保险人不负责垫付和赔偿。

（一）驾驶人未取得驾驶资格的；

（二）驾驶人醉酒的；

（三）被保险机动车被盗抢期间肇事的；

（四）被保险人故意制造交通事故的。

对于垫付的抢救费用，保险人有权向致害人追偿。

责任免除

第十条 下列损失和费用，交强险不负责赔偿和垫付：

（一）因受害人故意造成的交通事故的损失；

（二）被保险人所有的财产及被保险机动车上的财产遭受的损失；

（三）被保险机动车发生交通事故，致使受害人停业、停驶、停电、停水、停气、停产、通讯或者网络中断、数据丢失、电压变化等造成的损失以及受害人财产因市场价格变动造成的贬值、修理后因价值降低造成的损失等其他各种间接损失；

（四）因交通事故产生的仲裁或者诉讼费用以及其他相关费用。

保险期间

第十一条 除国家法律、行政法规另有规定外，交强险合同的保险期间为一年，以保险单载明的起止时间为准。

投保人、被保险人义务

第十二条 投保人投保时，应当如实填写投保单，向保险人如实告知重要事项，并提供被保险机动车的行驶证和驾驶证复印件。重要事项包括机动车的种类、厂牌型号、识别代码、号牌号码、使用性质和机动车所有人或者管理人的姓名（名称）、性别、年龄、住所、身份证或者驾驶证号码（统一社会信用代码）、续保前该机动车发生事故的情况以及银保监会规定的其他事项。

投保人未如实告知重要事项，对保险费计算有影响的，保险人按照保单年度重新核定保险费计收。

第十三条 签订交强险合同时，投保人不得在保险条款和保险费率之外，向保险人提出附加其他条件的要求。

第十四条 投保人续保的，应当提供被保险机动车上一年度交强险的保险单。

第十五条 在保险合同有效期内，被保险机动车因改装、加装、使用性质改变等导致危险程度增加的，被保险人应当及时通知保险人，并办理批改手续。否则，保险人按照保单年度重新核定保险费计收。

第十六条 被保险机动车发生交通事故，被保险人应当及时采取合理、必要的施救和保护措施，并在事故发生后及时通知保险人。

第十七条 发生保险事故后，被保险人应当积极协助保险人进行现场查勘和事故调查。

发生与保险赔偿有关的仲裁或者诉讼时，被保险人应当及时书面通知保险人。

赔偿处理

第十八条 被保险机动车发生交通事故的，由被保险人向保险人申请赔偿保险金。被保险人索赔时，应当向保险人提供以下材料：

（一）交强险的保险单；

（二）被保险人出具的索赔申请书；

（三）被保险人和受害人的有效身份证明、被保险机动车行驶证和驾驶人的驾驶证；

（四）公安机关交通管理部门出具的事故证明，或者人民法院等机构出具的有关法律文书及其他证明；

（五）被保险人根据有关法律法规规定选择自行协商方式处理交通事故的，应当提供依照《交通事故处理程序规定》规定的记录交通事故情况的协议书；

（六）受害人财产损失程度证明、人身伤残程度证明、相关医疗证明以及有关损失清单和费用单据；

（七）其他与确认保险事故的性质、原因、损失程度等有关的证明和资料。

第十九条 保险事故发生后，保险人按照国家有关法律法规规定的赔偿范围、项目和标准以及交强险合同的约定，并根据国务院卫生主管部门组织制定的交通事故人员创伤临床诊疗指南和国家基本医疗保险标准，在交强险的责任限额内核定人身伤亡的赔偿金额。

第二十条 因保险事故造成受害人人身伤亡的，未经保险人书面同意，被保险人自行承诺或支付的赔偿金额，保险人在交强险责任限额内有权重新核定。

因保险事故损坏的受害人财产需要修理的，被保险人应当在修理前会同保险人检验，协商确定修理或者更换项目、方式和费用。否则，保险人在交强险责任限额内有权重新核定。

第二十一条 被保险机动车发生涉及受害人受伤的交通事故，因抢救受害人需要保险人支付抢救费用的，保险人在接到公安机关交通管理部门的书面通知和医疗机构出具的抢救费用清单后，按照国务院卫生主管部门组织制定的交通事故人员创伤临床诊疗指南和国家基本医疗保险标准进行核实。对于符合规定的抢救费用，保险人在医疗费用赔偿限额内支付。被保险人在交通事故中无责任的，保险人在无责任医疗费用赔偿限额内支付。

合同变更与终止

第二十二条　在交强险合同有效期内，被保险机动车所有权发生转移的，投保人应当及时通知保险人，并办理交强险合同变更手续。

第二十三条　在下列三种情况下，投保人可以要求解除交强险合同：

（一）被保险机动车被依法注销登记的；

（二）被保险机动车办理停驶的；

（三）被保险机动车经公安机关证实丢失的。

交强险合同解除后，投保人应当及时将保险单、保险标志交还保险人；无法交回保险标志的，应当向保险人说明情况，征得保险人同意。

第二十四条　发生《机动车交通事故责任强制保险条例》所列明的投保人、保险人解除交强险合同的情况时，保险人按照日费率收取自保险责任开始之日起至合同解除之日止期间的保险费。

附则

第二十五条　因履行交强险合同发生争议的，由合同当事人协商解决。

协商不成的，提交保险单载明的仲裁委员会仲裁。保险单未载明仲裁机构或者争议发生后未达成仲裁协议的，可以向人民法院起诉。

第二十六条　交强险合同争议处理适用中华人民共和国法律。

第二十七条　本条款未尽事宜，按照《机动车交通事故责任强制保险条例》执行。

2.1.3　案例分析

案例一　购买二手车未办理交强险合同的变更手续在交通事故中能否获得保险公司赔偿？

【案情】2015 年 4 月王某从张某处购得二手车一辆，双方办理了车辆所有权转移，但未办理交强险合同的变更手续。保险期间，王某驾车发生交通事故，致刘某残疾。

【分歧】刘某诉至法院，要求保险公司在交强险限额内赔偿。保险公司以王某未办理交强险变更手续，违反法律的强制性规定为由，予以拒赔。

【法院判决】车辆所有权发生转移，设定于该车辆上的交强险保险利益依然有效，未办理交强险合同变更手续并非拒赔的法定理由，保险公司应该在交强险限额内赔偿。

【法官分析】保险公司拒赔，必须先解除交强险合同，依照《交强险条例》第十四条第二款的规定，"投保人对重要事项未履行如实告知义务，保险公司解除合同前，应当书面通知投保人，投保人应当自收到通知之日起 5 日内履行如实告知义务；投保人在上述期限内履行如实告知义务的，保险公司不得解除合同。"保险公司如要解除交强险合同，得先告知车辆所有权人，在车辆所有权在规定期限依然未履行告知义务的情况下，才能解除合同。

在未解除合同的情况下，依照《交强险条例》第十七条第一款的规定，"机动车交通事故责任强制保险合同解除前，保险公司应当按照合同承担保险责任。"因此，保险公司仅以未办理交强险合同变更手续拒赔的理由在法律上是没有依据的。

案例二　醉酒驾车肇事可作交强险免赔事由吗？

【案情】2016年10月5日，黄某醉酒后驾驶一辆已投保机动车交通事故责任强制保险的轿车，将正在路上行走的原告廖某的妻子撞死，经交警大队认定，黄某负事故的全部责任。

【分歧】事后，黄某赔付了除交强险限额赔偿范围外的其余赔偿款，保险公司则以黄某是醉酒驾车肇事，属免责为由而拒绝赔付交强险限额范围的赔偿款。为此，原告廖某向法院起诉，要求判令被告某保险公司赔付交强险限额范围的赔偿款。

【法院判决】《机动车交通事故责任强制保险条例》第二十二条规定，驾驶人未取得驾驶资格或者醉酒的，保险公司在交强险限额内垫付抢救费用，并有权追偿。同时还规定，醉酒驾驶发生道路交通事故造成受害人的财产损失，保险公司不承担赔偿责任。实务中，保险公司往往混淆了垫付与赔付的概念。第二十二条明确保险公司对财产损失不承担赔偿责任，但对人身伤亡事故，只赋予保险公司追偿权而非免责权，并未规定醉酒驾驶情况发生死亡伤残事故保险公司可以免赔。为此，被告某保险公司应在交强险限额赔偿范围内承担赔偿责任。同时保险公司可行使追偿权。

【法官分析】从国家制定该条例的本意看，主要是为除本车人员、被保险人以外的受害人提供经济上的救济渠道；其次，从该条例的规则看，其是为机动车造成的损害保险而非为驾驶员保险。从以人为本的和谐社会理念的角度出发，为使受害人的损害能以快速有效的方式得到补偿，是该条例制定的初衷。因此，实际操作中，酒驾肇事交强险赔偿，商业险拒赔，但是交强险是先赔付再追偿。

案例三　交通事故车上人员受害能否获得交强险赔偿？

【案情】马某驾驶一辆帕萨特轿车在行驶途中因转弯时急刹车，致使在后座上的徐某摔出，倒在地上，导致徐某受伤，经医院抢救无效死亡。交警部门经过勘查，认定驾驶员马某负此事故的全部责任，徐某不负责任。该车仅投保了机动车交强险，且在保险期限内。

【分歧】受害人徐某之妻许某起诉，要求判令该运输公司、马某和保险公司三被告赔偿原告因亲属死亡造成的各项损失42万元。保险公司认为交强险的赔偿范围仅限于事故中的"第三者"，而受害人徐某属车上人员，故对徐某的死亡，保险公司不应承担赔偿责任。

【法院判决】本案中，在交通事故发生时，徐某已经由车上人员转化为"第三者"，故保险公司应当在交强险的限额内就徐某的死亡予以赔偿。

【法官分析】《交强险条例》第二十一条规定，"被保险机动车发生道路交通事故造成本车人员、被保险人以外的受害人人身伤亡、财产损失的，由保险公司依法在机动车交通事故责任强制保险责任限额范围内予以赔偿。"依据该规定，可推断出交强险属于"第三者"的包括"本车人员、被保险人以外的受害人"。就本案而言，被害人徐某的身份具有特殊性，事故发生前，徐某在车厢内，属于车上人员，事故发生时，徐某被甩出车厢，此时视为车下人员。

2.2　机动车商业保险

【知识目标】

1. 了解机动车商业保险的定义

2. 掌握机动车商业保险的产品类型
3. 掌握机动车商业保险示范条款的内容

【能力目标】
1. 学会向客户营销机动车商业保险的能力
2. 掌握为客户制订机动车商业保险投保方案的能力
3. 学会为客户办理机动车商业保险异议处理的技巧

【素质目标】
1. 培养守信用、担风险、重服务、合规范的保险行业核心价值理念
2. 培养自尊自信、理性平和、积极向上的社会心态

课程育人：新时期保险企业思想建设思路

2.2.1 机动车商业保险概述

1. 机动车商业保险定义及车险产品类型

（1）定义

汽车商业保险其实就是机动车商业保险。机动车商业保险，是车主投保了国家规定必保的机动车辆交强险，自愿投保商业保险公司的机动车辆保险。机动车商业保险主要分为基本险与附加险。

微课 8 机动车商业保险产品介绍

（2）车险产品类型

车险产品类型及产品细目见表 2-8。

表 2-8　　　　　　　　　　车险产品类型及产品细目

车险条款	车险产品类型	产品细目
机动车商业保险示范条款	主险	机动车损失保险
		机动车第三者责任保险
		机动车车上人员责任保险
	附加险	1．附加绝对免赔率特约条款
		2．附加车轮单独损失险
		3．附加新增加设备损失险
		4．附加车身划痕损失险
		5．附加修理期间费用补偿险
		6．附加发动机进水损坏除外特约条款
		7．附加车上货物责任险
		8．附加精神损害抚慰金责任险
		9．附加法定节假日限额翻倍险
		10．附加医保外医疗费用责任险
		11．附加机动车增值服务特约条款

续表

车险条款	车险产品类型	产品细目
特种车商业保险示范条款	主险	特种车损失保险
		特种车第三者责任保险
		特种车车上人员责任保险
		特种车全车盗抢保险
	附加险	1. 附加绝对免赔率特约条款
		2. 附加车轮单独损失险
		3. 附加新增加设备损失险
		4. 附加修理期间费用补偿险
		5. 附加车上货物责任险
		6. 附加精神损害抚慰金责任险
		7. 附加医保外医疗费用责任险
		8. 附加起重、装卸、挖掘车辆损失扩展条款
		9. 附加特种车辆固定设备、仪器损坏扩展条款
摩托车、拖拉机商业保险示范条款	主险	摩托车、拖拉机损失保险
		摩托车、拖拉机第三者责任保险
		摩托车、拖拉机车上人员责任保险
		摩托车、拖拉机全车盗抢保险
	附加险	1. 附加绝对免赔率特约条款
		2. 附加精神损害抚慰金责任险
		3. 附加医保外医疗费用责任险
机动车单程提车保险示范条款	主险	机动车损失保险
		机动车第三者责任保险
		机动车车上人员责任保险
	附加险	1. 附加绝对免赔率特约条款
		2. 附加车轮单独损失险
		3. 附加精神损害抚慰金责任险
		4. 附加医保外医疗费用责任险
驾乘人员意外伤害保险示范条款	主险	驾乘人员意外伤害保险
	附加险	1. 附加住院津贴保险
		2. 附加医保外医疗费用补偿险

2. 车险产品——机动车商业保险条款简介

2020 年 9 月 3 日中国银保监会研究制定了《关于实施车险综合改革的指导意见》，以更好维护消费者权益,让市场在资源配置中起决定性作用,推动车险高质量发展。《关于实施车险综合改革的指导意见》自 2020 年 9 月 19 日起开始施行。

为全面贯彻落实《关于实施车险综合改革的指导意见》精神,深化车险市场的供给侧结构性改革,保护消费者合法权益,在中国银保监会的指导下,中国保险行业协会组织行业力量对 2014 版的商业车险示范条款进行了修订完善,在征求多方意见的基础上,形成了《中国保险行业协会机动车商业保险示范条款(2020 版)》等五个商业车险示范条款(简称《商业车险示范条款(2020 版)》)。

3. 《商业车险示范条款(2020 版)》修订说明

(1)主要修订内容

① 理顺产品架构。简化产品架构,机动车采用统一的条款;体现风险差异,对特种车,摩托车、拖拉机,单程提车等单独设置条款;为贯彻以人民为中心的发展思想和高质量发展要求,促进车险高质量发展,更好地满足人民美好生活需要,增加驾乘人员意外伤害保险示范条款。具体如图 2-1 所示。

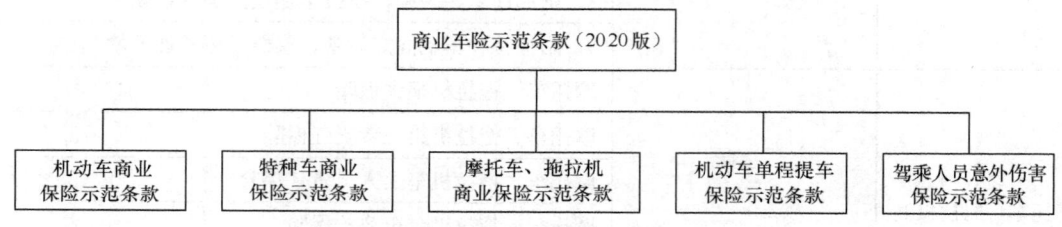

图 2-1 商业车险示范条款产品架构

② 理顺商业车险主险和附加险责任。在基本不增加消费者保费支出的原则下,拓展商业车险保障责任范围。将机动车示范产品的车损险主险条款在现有保险责任基础上,增加机动车全车盗抢、玻璃单独破碎、自燃、发动机涉水、不计免赔率、无法找到第三方特约等保险责任,为消费者提供更加全面完善的车险保障服务。开发车轮单独损失险、医保外医疗费用责任险等附加险产品。

③ 优化商业车险保障服务。合理删减实践中容易引发理赔争议的免责条款,合理删减事故责任免赔率、无法找到第三方免赔率等免赔约定。

④ 提升商业车险责任限额。结合经济社会发展水平,将示范产品商业三责险责任限额从 5 万~500 万元档次提升到 10 万~1000 万元档次,更加有利于满足消费者风险保障需求,更好发挥经济补偿和化解矛盾纠纷的功能作用。

⑤ 丰富商业车险产品。制定新能源车险、驾乘人员意外险、机动车延长保修险示范条款,探索在新能源汽车和具备条件的传统汽车中开发机动车里程保险(UBI)等创新产品。规范增值服务,制定包括代送检、道路救援、代驾服务、安全检测等增值服务的示范条款,为消费者提供更加规范和丰富的车险保障服务。

⑥ 完善行业纯风险保费测算机制。健全商业车险条款费率市场化形成机制,根据市场实际风险情况,重新测算商业车险行业纯风险保费。建立每 1~3 年调整一次的商业车险行业纯风险保费测算的常态化机制。

⑦ 合理下调附加费用率。将商业车险产品设定附加费用率的上限由 35%下调为 25%,预期

赔付率由65%提高到75%。适时支持财险公司报批报备附加费用率上限低于25%的网销、电销等渠道的商业车险产品。

⑧ 逐步放开自主定价系数浮动范围。引导行业将"自主渠道系数"和"自主核保系数"整合为"自主定价系数"。第一步将自主定价系数范围确定为0.65~1.35，第二步适时完全放开自主定价系数的范围。为更好地保护消费者权益，在综合改革实施初期，对新车的"自主定价系数"上限暂时实行更加严格的约束。

⑨ 优化无赔款优待系数。在拟订商业车险无赔款优待系数时，将考虑赔付记录的范围由前1年扩大到至少前3年，并降低对偶然赔付消费者的费率上调幅度。

⑩ 科学设定手续费比例上限。根据商业车险产品附加费用率上限、市场经营实际和市场主体差异，合理设定手续费比例上限，降低一些销售领域过高的手续费水平。

（2）配套基础建设改革

① 全面推行车险实名缴费制度。加强投保人身份验证，做好保单签名、条款解释、免责说明等工作，推进实名缴费，促进信息透明，防止销售误导、垫付保费、代签名等行为，维护消费者合法权益。

② 积极推广电子保单制度。在保障消费者知情权和选择权的基础上，通过电子保单方式，为消费者提供更加便捷的车险承保、理赔等服务。

③ 加强新技术研究应用。运用生物科技、图像识别、人工智能、大数据等科技手段，提升车险产品、保障、服务等的信息化、数字化、线上化水平。加强对车联网、新能源、自动驾驶等新技术和新应用的研究，提升车险运行效率，夯实车险服务基础，优化车险发展环境，促进车险创新发展。

2.2.2　机动车商业保险示范条款总则

微课9　商业险总则

第一条　本保险条款分为主险、附加险。

主险包括机动车损失保险、机动车第三者责任保险、机动车车上人员责任保险共三个独立的险种，投保人可以选择投保全部险种，也可以选择投保其中部分险种。保险人依照本保险合同的约定，按照承保险种分别承担保险责任。

附加险不能独立投保。附加险条款与主险条款相抵触的，以附加险条款为准，附加险条款未尽之处，以主险条款为准。

第二条　本保险合同中的被保险机动车是指在中华人民共和国境内（不含港、澳、台地区）行驶，以动力装置驱动或者牵引，上道路行驶的供人员乘用或者用于运送物品以及进行专项作业的轮式车辆（含挂车）、履带式车辆和其他运载工具，但不包括摩托车、拖拉机、特种车。

第三条　本保险合同中的第三者是指因被保险机动车发生意外事故遭受人身伤亡或者财产损失的人，但不包括被保险机动车本车车上人员、被保险人。

第四条　本保险合同中的车上人员是指发生意外事故的瞬间，在被保险机动车车体内或车体上的人员，包括正在上下车的人员。

第五条　本保险合同中的各方权利和义务，由保险人、投保人遵循公平原则协商确定。保险人、投保人自愿订立本保险合同。

除本保险合同另有约定外，投保人应在保险合同成立时一次交清保险费。保险费未交清前，本保险合同不生效。

2.2.3 机动车损失保险

保险责任

第六条 保险期间内，被保险人或被保险机动车驾驶人（以下简称"驾驶人"）在使用被保险机动车过程中，因自然灾害、意外事故造成被保险机动车直接损失，且不属于免除保险人责任的范围，保险人依照本保险合同的约定负责赔偿。

第七条 保险期间内，被保险机动车被盗窃、抢劫、抢夺，经出险地县级以上公安刑侦部门立案证明，满60天未查明下落的全车损失，以及因被盗窃、抢劫、抢夺受到损坏造成的直接损失，且不属于免除保险人责任的范围，保险人依照本保险合同的约定负责赔偿。

第八条 发生保险事故时，被保险人或驾驶人为防止或者减少被保险机动车的损失所支付的必要的、合理的施救费用，由保险人承担；施救费用数额在被保险机动车损失赔偿金额以外另行计算，最高不超过保险金额。

责任免除

第九条 在上述保险责任范围内，下列情况下，不论任何原因造成被保险机动车的任何损失和费用，保险人均不负责赔偿。

（一）事故发生后，被保险人或驾驶人故意破坏、伪造现场，毁灭证据。

（二）驾驶人有下列情形之一者：

1. 交通肇事逃逸；
2. 饮酒、吸食或注射毒品、服用国家管制的精神药品或者麻醉药品；
3. 无驾驶证，驾驶证被依法扣留、暂扣、吊销、注销期间；
4. 驾驶与驾驶证载明的准驾车型不相符合的机动车。

（三）被保险机动车有下列情形之一者：

1. 发生保险事故时被保险机动车行驶证、号牌被注销；
2. 被扣留、收缴、没收期间；
3. 竞赛、测试期间，在营业性场所维修、保养、改装期间；
4. 被保险人或驾驶人故意或重大过失，导致被保险机动车被利用从事犯罪行为。

第十条 下列原因导致的被保险机动车的损失和费用，保险人不负责赔偿：

（一）战争、军事冲突、恐怖活动、暴乱、污染（含放射性污染）、核反应、核辐射；

（二）违反安全装载规定；

（三）被保险机动车被转让、改装、加装或改变使用性质等，导致被保险机动车危险程度显著增加，且未及时通知保险人，因危险程度显著增加而发生保险事故的；

（四）投保人、被保险人或驾驶人故意制造保险事故。

第十一条 下列损失和费用，保险人不负责赔偿：

（一）因市场价格变动造成的贬值、修理后因价值降低引起的减值损失；

（二）自然磨损、朽蚀、腐蚀、故障、本身质量缺陷；

（三）投保人、被保险人或驾驶人知道保险事故发生后，故意或者因重大过失未及时通知，致使保险事故的性质、原因、损失程度等难以确定的，保险人对无法确定的部分，不承担赔偿责任，但保险人通过其他途径已经知道或者应当及时知道保险事故发生的除外；

（四）因被保险人违反本条款第十五条约定，导致无法确定的损失；

（五）车轮单独损失，无明显碰撞痕迹的车身划痕，以及新增加设备的损失；

（六）非全车盗抢、仅车上零部件或附属设备被盗窃。

免赔额

第十二条 对于投保人与保险人在投保时协商确定绝对免赔额的，保险人在依据本保险合同约定计算赔款的基础上，增加每次事故绝对免赔额。

保险金额

第十三条 保险金额按投保时被保险机动车的实际价值确定。

投保时被保险机动车的实际价值由投保人与保险人根据投保时的新车购置价减去折旧金额后的价格协商确定或其他市场公允价值协商确定。

折旧金额可根据本保险合同列明的参考折旧系数表确定。

赔偿处理

第十四条 发生保险事故后，保险人依据本条款约定在保险责任范围内承担赔偿责任。赔偿方式由保险人与被保险人协商确定。

第十五条 因保险事故损坏的被保险机动车，修理前被保险人应当会同保险人检验，协商确定维修机构、修理项目、方式和费用。无法协商确定的，双方委托共同认可的有资质的第三方进行评估。

第十六条 被保险机动车遭受损失后的残余部分由保险人、被保险人协商处理。如折归被保险人的，由双方协商确定其价值并在赔款中扣除。

第十七条 因第三方对被保险机动车的损害而造成保险事故，被保险人向第三方索赔的，保险人应积极协助；被保险人也可以直接向本保险人索赔，保险人在保险金额内先行赔付被保险人，并在赔偿金额内代位行使被保险人对第三方请求赔偿的权利。

被保险人已经从第三方取得损害赔偿的，保险人进行赔偿时，相应扣减被保险人从第三方已取得的赔偿金额。

保险人未赔偿之前，被保险人放弃对第三方请求赔偿的权利的，保险人不承担赔偿责任。

被保险人故意或者因重大过失致使保险人不能行使代位请求赔偿的权利的，保险人可以扣减或者要求返还相应的赔款。

保险人向被保险人先行赔付的，保险人向第三方行使代位请求赔偿的权利时，被保险人应当向保险人提供必要的文件和所知道的有关情况。

第十八条 机动车损失赔款按以下方法计算。

（一）全部损失

赔款＝保险金额－被保险人已从第三方获得的赔偿金额－绝对免赔额

（二）部分损失

被保险机动车发生部分损失，保险人按实际修复费用在保险金额内计算赔偿：

赔款＝实际修复费用－被保险人已从第三方获得的赔偿金额－绝对免赔额

（三）施救费

施救的财产中，含有本保险合同之外的财产，应按本保险合同保险财产的实际价值占总施救财产的实际价值比例分摊施救费用。

第十九条　被保险机动车发生本保险事故，导致全部损失，或一次赔款金额与免赔金额之和（不含施救费）达到保险金额，保险人按本保险合同约定支付赔款后，本保险责任终止，保险人不退还机动车损失保险及其附加险的保险费。

2.2.4　机动车第三者责任保险

保险责任

第二十条　保险期间内，被保险人或其允许的驾驶人在使用被保险机动车过程中发生意外事故，致使第三者遭受人身伤亡或财产直接损毁，依法应当对第三者承担的损害赔偿责任，且不属于免除保险人责任的范围，保险人依照本保险合同的约定，对于超过机动车交通事故责任强制保险各分项赔偿限额的部分负责赔偿。

微课 12　机动车第三者责任保险 1

第二十一条　保险人依据被保险机动车一方在事故中所负的事故责任比例，承担相应的赔偿责任。

被保险人或被保险机动车一方根据有关法律法规选择自行协商或由公安机关交通管理部门处理事故，但未确定事故责任比例的，按照下列规定确定事故责任比例：

被保险机动车一方负主要事故责任的，事故责任比例为 70%；

被保险机动车一方负同等事故责任的，事故责任比例为 50%；

被保险机动车一方负次要事故责任的，事故责任比例为 30%。

涉及司法或仲裁程序的，以法院或仲裁机构最终生效的法律文书为准。

微课 13　机动车第三者责任保险 2

责任免除

第二十二条　在上述保险责任范围内，下列情况下，不论任何原因造成的人身伤亡、财产损失和费用，保险人均不负责赔偿。

（一）事故发生后，被保险人或驾驶人故意破坏、伪造现场，毁灭证据。

（二）驾驶人有下列情形之一者：

1．交通肇事逃逸；

2．饮酒、吸食或注射毒品、服用国家管制的精神药品或者麻醉药品；

3．无驾驶证，驾驶证被依法扣留、暂扣、吊销、注销期间；

4．驾驶与驾驶证载明的准驾车型不相符合的机动车；

5．非被保险人允许的驾驶人。

（三）被保险机动车有下列情形之一者：

1．发生保险事故时被保险机动车行驶证、号牌被注销的；

2．被扣留、收缴、没收期间；

3．竞赛、测试期间，在营业性场所维修、保养、改装期间；

4．全车被盗窃、被抢劫、被抢夺、下落不明期间。

第二十三条　下列原因导致的人身伤亡、财产损失和费用，保险人不负责赔偿：

（一）战争、军事冲突、恐怖活动、暴乱、污染（含放射性污染）、核反应、核辐射；

（二）第三者、被保险人或驾驶人故意制造保险事故、犯罪行为，第三者与被保险人或其他致害人恶意串通的行为；

（三）被保险机动车被转让、改装、加装或改变使用性质等，导致被保险机动车危险程度显著增加，且未及时通知保险人，因危险程度显著增加而发生保险事故的。

第二十四条　下列人身伤亡、财产损失和费用，保险人不负责赔偿：

（一）被保险机动车发生意外事故，致使任何单位或个人停业、停驶、停电、停水、停气、停产、通讯或网络中断、电压变化、数据丢失造成的损失以及其他各种间接损失；

（二）第三者财产因市场价格变动造成的贬值，修理后因价值降低引起的减值损失；

（三）被保险人及其家庭成员、驾驶人及其家庭成员所有、承租、使用、管理、运输或代管的财产的损失，以及本车上财产的损失；

（四）被保险人、驾驶人、本车车上人员的人身伤亡；

（五）停车费、保管费、扣车费、罚款、罚金或惩罚性赔款；

（六）超出《道路交通事故受伤人员临床诊疗指南》和国家基本医疗保险同类医疗费用标准的费用部分；

（七）律师费，未经保险人事先书面同意的诉讼费、仲裁费；

（八）投保人、被保险人或驾驶人知道保险事故发生后，故意或者因重大过失未及时通知，致使保险事故的性质、原因、损失程度等难以确定的，保险人对无法确定的部分，不承担赔偿责任，但保险人通过其他途径已经知道或者应当及时知道保险事故发生的除外；

（九）因被保险人违反本条款第二十八条约定，导致无法确定的损失；

（十）精神损害抚慰金；

（十一）应当由机动车交通事故责任强制保险赔偿的损失和费用；

保险事故发生时，被保险机动车未投保机动车交通事故责任强制保险或机动车交通事故责任强制保险合同已经失效的，对于机动车交通事故责任强制保险责任限额以内的损失和费用，保险人不负责赔偿。

责任限额

第二十五条　每次事故的责任限额，由投保人和保险人在签订本保险合同时协商确定。

第二十六条　主车和挂车连接使用时视为一体，发生保险事故时，由主车保险人和挂车保险人按照保险单上载明的机动车第三者责任保险责任限额的比例，在各自的责任限额内承担赔偿责任。

赔偿处理

第二十七条　保险人对被保险人或其允许的驾驶人给第三者造成的损害，可以直接向该第三者赔偿。

被保险人或其允许的驾驶人给第三者造成损害，对第三者应负的赔偿责任确定的，根据被保险人的请求，保险人应当直接向该第三者赔偿。被保险人怠于请求的，第三者就其应获赔偿部分直接向保险人请求赔偿的，保险人可以直接向该第三者赔偿。

被保险人或其允许的驾驶人给第三者造成损害，未向该第三者赔偿的，保险人不得向被保险人赔偿。

第二十八条　发生保险事故后，保险人依据本条款约定在保险责任范围内承担赔偿责任。赔偿方式由保险人与被保险人协商确定。

因保险事故损坏的第三者财产,修理前被保险人应当会同保险人检验,协商确定维修机构、修理项目、方式和费用。无法协商确定的,双方委托共同认可的有资质的第三方进行评估。

第二十九条 赔款计算。

(一)当(依合同约定核定的第三者损失金额－机动车交通事故责任强制保险的分项赔偿限额)×事故责任比例等于或高于每次事故责任限额时:

赔款=每次事故责任限额

(二)当(依合同约定核定的第三者损失金额－机动车交通事故责任强制保险的分项赔偿限额)×事故责任比例低于每次事故责任限额时:

赔款=(依合同约定核定的第三者损失金额－机动车交通事故责任强制保险的分项赔偿限额)×事故责任比例

第三十条 保险人按照《道路交通事故受伤人员临床诊疗指南》和国家基本医疗保险的同类医疗费用标准核定医疗费用的赔偿金额。

未经保险人书面同意,被保险人自行承诺或支付的赔偿金额,保险人有权重新核定。不属于保险人赔偿范围或超出保险人应赔偿金额的,保险人不承担赔偿责任。

2.2.5 机动车车上人员责任保险

微课14 机动车车上人员责任保险

保险责任

第三十一条 保险期间内,被保险人或其允许的驾驶人在使用被保险机动车过程中发生意外事故,致使车上人员遭受人身伤亡,且不属于免除保险人责任的范围,依法应当对车上人员承担的损害赔偿责任,保险人依照本保险合同的约定负责赔偿。

第三十二条 保险人依据被保险机动车一方在事故中所负的事故责任比例,承担相应的赔偿责任。

被保险人或被保险机动车一方根据有关法律法规选择自行协商或由公安机关交通管理部门处理事故,但未确定事故责任比例的,按照下列规定确定事故责任比例:

被保险机动车一方负主要事故责任的,事故责任比例为70%;

被保险机动车一方负同等事故责任的,事故责任比例为50%;

被保险机动车一方负次要事故责任的,事故责任比例为30%。

涉及司法或仲裁程序的,以法院或仲裁机构最终生效的法律文书为准。

责任免除

第三十三条 在上述保险责任范围内,下列情况下,不论任何原因造成的人身伤亡,保险人均不负责赔偿。

(一)事故发生后,被保险人或驾驶人故意破坏、伪造现场,毁灭证据。

(二)驾驶人有下列情形之一者:

1. 交通肇事逃逸;

2. 饮酒、吸食或注射毒品、服用国家管制的精神药品或者麻醉药品;

3. 无驾驶证,驾驶证被依法扣留、暂扣、吊销、注销期间;

4．驾驶与驾驶证载明的准驾车型不相符合的机动车；

5．非被保险人允许的驾驶人。

（三）被保险机动车有下列情形之一者：

1．发生保险事故时被保险机动车行驶证、号牌被注销的；

2．被扣留、收缴、没收期间；

3．竞赛、测试期间，在营业性场所维修、保养、改装期间；

4．全车被盗窃、被抢劫、被抢夺、下落不明期间。

第三十四条　下列原因导致的人身伤亡，保险人不负责赔偿：

（一）战争、军事冲突、恐怖活动、暴乱、污染（含放射性污染）、核反应、核辐射；

（二）被保险机动车被转让、改装、加装或改变使用性质等，导致被保险机动车危险程度显著增加，且未及时通知保险人，因危险程度显著增加而发生保险事故的；

（三）投保人、被保险人或驾驶人故意制造保险事故。

第三十五条　下列人身伤亡、损失和费用，保险人不负责赔偿：

（一）被保险人及驾驶人以外的其他车上人员的故意行为造成的自身伤亡；

（二）车上人员因疾病、分娩、自残、斗殴、自杀、犯罪行为造成的自身伤亡；

（三）罚款、罚金或惩罚性赔款；

（四）超出《道路交通事故受伤人员临床诊疗指南》和国家基本医疗保险同类医疗费用标准的费用部分；

（五）律师费，未经保险人事先书面同意的诉讼费、仲裁费；

（六）投保人、被保险人或驾驶人知道保险事故发生后，故意或者因重大过失未及时通知，致使保险事故的性质、原因、损失程度等难以确定的，保险人对无法确定的部分，不承担赔偿责任，但保险人通过其他途径已经知道或者应当及时知道保险事故发生的除外；

（七）精神损害抚慰金；

（八）应当由机动车交通事故责任强制保险赔付的损失和费用。

责任限额

第三十六条　驾驶人每次事故责任限额和乘客每次事故每人责任限额由投保人和保险人在投保时协商确定。投保乘客座位数按照被保险机动车的核定载客数（驾驶人座位除外）确定。

赔偿处理

第三十七条　赔款计算。

（一）对每座的受害人，当（依合同约定核定的每座车上人员人身伤亡损失金额－应由机动车交通事故责任强制保险赔偿的金额）×事故责任比例高于或等于每次事故每座责任限额时：

赔款=每次事故每座责任限额

（二）对每座的受害人，当（依合同约定核定的每座车上人员人身伤亡损失金额－应由机动车交通事故责任强制保险赔偿的金额）×事故责任比例低于每次事故每座责任限额时：

赔款=（依合同约定核定的每座车上人员人身伤亡损失金额－应由机动车交通事故责任强制保险赔偿的金额）×事故责任比例

第三十八条　保险人按照《道路交通事故受伤人员临床诊疗指南》和国家基本医疗保险的同类医疗费用标准核定医疗费用的赔偿金额。

未经保险人书面同意，被保险人自行承诺或支付的赔偿金额，保险人有权重新核定。不属于保险人赔偿范围或超出保险人应赔偿金额的，保险人不承担赔偿责任。

2.2.6 机动车商业保险通用条款

保险期间

第三十九条 除另有约定外，保险期间为一年，以保险单载明的起讫时间为准。

其他事项

第四十条 发生保险事故时，被保险人或驾驶人应当及时采取合理的、必要的施救和保护措施，防止或者减少损失，并在保险事故发生后 48 小时内通知保险人。

被保险机动车全车被盗抢的，被保险人知道保险事故发生后，应在 24 小时内向出险当地公安刑侦部门报案，并通知保险人。

被保险人索赔时，应当向保险人提供与确认保险事故的性质、原因、损失程度等有关的证明和资料。

被保险人应当提供保险单、损失清单、有关费用单据、被保险机动车行驶证和发生事故时驾驶人的驾驶证。

属于道路交通事故的，被保险人应当提供公安机关交通管理部门或法院等机构出具的事故证明、有关的法律文书（判决书、调解书、裁定书、裁决书等）及其他证明。被保险人或其允许的驾驶人根据有关法律法规规定选择自行协商方式处理交通事故的，被保险人应当提供依照《道路交通事故处理程序规定》签订记录交通事故情况的协议书。

被保险机动车被盗抢的，被保险人索赔时，须提供保险单、损失清单、有关费用单据、《机动车登记证书》、机动车来历凭证以及出险当地县级以上公安刑侦部门出具的盗抢立案证明。

第四十一条 保险人按照本保险合同的约定，认为被保险人索赔提供的有关证明和资料不完整的，应当及时一次性通知被保险人补充提供。

第四十二条 保险人收到被保险人的赔偿请求后，应当及时做出核定；情形复杂的，应当在三十日内做出核定。保险人应当将核定结果通知被保险人；对属于保险责任的，在与被保险人达成赔偿协议后十日内，履行赔偿义务。保险合同对赔偿期限另有约定的，保险人应当按照约定履行赔偿义务。

保险人未及时履行前款约定义务的，除支付赔款外，应当赔偿被保险人因此受到的损失。

第四十三条 保险人依照本条款第四十二条的约定做出核定后，对不属于保险责任的，应当自做出核定之日起三日内向被保险人发出拒绝赔偿通知书，并说明理由。

第四十四条 保险人自收到赔偿请求和有关证明、资料之日起六十日内，对其赔偿数额不能确定的，应当根据已有证明和资料可以确定的数额先予支付；保险人最终确定赔偿数额后，应当支付相应的差额。

第四十五条 保险人受理报案、现场查勘、核定损失、参与诉讼、进行抗辩、要求被保险人提供证明和资料、向被保险人提供专业建议等行为，均不构成保险人对赔偿责任的承诺。

第四十六条 在保险期间内，被保险机动车转让他人的，受让人承继被保险人的权利和义务。被保险人或者受让人应当及时通知保险人，并及时办理保险合同变更手续。

因被保险机动车转让导致被保险机动车危险程度发生显著变化的，保险人自收到前款约定的通知之日起三十日内，可以相应调整保险费或者解除本保险合同。

第四十七条　保险责任开始前，投保人要求解除本保险合同的，应当向保险人支付应交保险费金额 3%的退保手续费，保险人应当退还保险费。

保险责任开始后，投保人要求解除本保险合同的，自通知保险人之日起，本保险合同解除。保险人按日收取自保险责任开始之日起至合同解除之日止期间的保险费，并退还剩余部分保险费。

第四十八条　因履行本保险合同发生的争议，由当事人协商解决，协商不成的，由当事人从下列两种合同争议解决方式中选择一种，并在本保险合同中载明：

（一）提交保险单载明的仲裁委员会仲裁；

（二）依法向人民法院起诉。

本保险合同适用中华人民共和国法律（不含港、澳、台地区法律）。

2.2.7　机动车商业保险附加险

附加险条款的法律效力优于主险条款。附加险条款未尽事宜，以主险条款为准。除附加险条款另有约定外，主险中的责任免除、双方义务同样适用于附加险。主险保险责任终止的，其相应的附加险保险责任同时终止。

微课16　机动车商业保险附加险

附加绝对免赔率特约条款

绝对免赔率为 5%、10%、15%、20%，由投保人和保险人在投保时协商确定，具体以保险单载明为准。

被保险机动车发生主险约定的保险事故，保险人按照主险的约定计算赔款后，扣减本特约条款约定的免赔。即：

主险实际赔款＝按主险约定计算的赔款×（1－绝对免赔率）

附加车轮单独损失险

投保了机动车损失保险的机动车，可投保本附加险。

第一条　保险责任

保险期间内，被保险人或被保险机动车驾驶人在使用被保险机动车过程中，因自然灾害、意外事故，导致被保险机动车未发生其他部位的损失，仅有车轮（含轮胎、轮毂、轮毂罩）单独的直接损失，且不属于免除保险人责任的范围，保险人依照本附加险合同的约定负责赔偿。

第二条　责任免除

（一）车轮（含轮胎、轮毂、轮毂罩）的自然磨损、朽蚀、腐蚀、故障、本身质量缺陷；

（二）未发生全车盗抢，仅车轮单独丢失。

第三条　保险金额

保险金额由投保人和保险人在投保时协商确定。

第四条　赔偿处理

（一）发生保险事故后，保险人依据本条款约定在保险责任范围内承担赔偿责任。赔偿方式由保险人与被保险人协商确定；

（二）赔款＝实际修复费用－被保险人已从第三方获得的赔偿金额；

（三）在保险期间内，累计赔款金额达到保险金额，本附加险保险责任终止。

附加新增加设备损失险

投保了机动车损失保险的机动车,可投保本附加险。

第一条　保险责任

保险期间内,投保了本附加险的被保险机动车因发生机动车损失保险责任范围内的事故,造成车上新增加设备的直接损毁,保险人在保险单载明的本附加险的保险金额内,按照实际损失计算赔偿。

第二条　保险金额

保险金额根据新增加设备投保时的实际价值确定。新增加设备的实际价值是指新增加设备的购置价减去折旧金额后的金额。

第三条　赔偿处理

发生保险事故后,保险人依据本条款约定在保险责任范围内承担赔偿责任。赔偿方式由保险人与被保险人协商确定。

赔款＝实际修复费用－被保险人已从第三方获得的赔偿金额

附加车身划痕损失险

投保了机动车损失保险的机动车,可投保本附加险。

第一条　保险责任

保险期间内,被保险机动车在被保险人或被保险机动车驾驶人使用过程中,发生无明显碰撞痕迹的车身划痕损失,保险人按照保险合同约定负责赔偿。

第二条　责任免除

(一)被保险人及其家庭成员、驾驶人及其家庭成员的故意行为造成的损失;

(二)因投保人、被保险人与他人的民事、经济纠纷导致的任何损失;

(三)车身表面自然老化、损坏,腐蚀造成的任何损失。

第三条　保险金额

保险金额为 2000 元、5000 元、10000 元或 20000 元,由投保人和保险人在投保时协商确定。

第四条　赔偿处理

(一)发生保险事故后,保险人依据本条款约定在保险责任范围内承担赔偿责任,赔偿方式由保险人与被保险人协商确定。

赔款＝实际修复费用－被保险人已从第三方获得的赔偿金额

(二)在保险期间内,累计赔款金额达到保险金额,本附加险保险责任终止。

附加修理期间费用补偿险

投保了机动车损失保险的机动车,可投保本附加险。

第一条　保险责任

保险期间内,投保了本条款的机动车在使用过程中,发生机动车损失保险责任范围内的事故,造成车身损毁,致使被保险机动车停驶,保险人按保险合同约定,在保险金额内向被保险人补偿修理期间费用,作为代步车费用或弥补停驶损失。

第二条　责任免除

下列情况下,保险人不承担修理期间费用补偿:

(一)因机动车损失保险责任范围以外的事故而致被保险机动车的损毁或修理;

（二）非在保险人认可的修理厂修理时，因车辆修理质量不合要求造成返修；

（三）被保险人或驾驶人拖延车辆送修期间。

第三条　保险金额

本附加险保险金额=补偿天数×日补偿金额。补偿天数及日补偿金额由投保人与保险人协商确定并在保险合同中载明，保险期间内约定的补偿天数最高不超过 90 天。

第四条　赔偿处理

全车损失，按保险单载明的保险金额计算赔偿；部分损失，在保险金额内按约定的日补偿金额乘以从送修之日起至修复之日止的实际天数计算赔偿，实际天数超过双方约定修理天数的，以双方约定的修理天数为准。

保险期间内，累计赔款金额达到保险单载明的保险金额，本附加险保险责任终止。

附加发动机进水损坏除外特约条款

投保了机动车损失保险的机动车，可投保本附加险。

保险期间内，投保了本附加险的被保险机动车在使用过程中，因发动机进水后导致的发动机的直接损毁，保险人不负责赔偿。

附加车上货物责任险

投保了机动车第三者责任保险的营业货车（含挂车），可投保本附加险。

第一条　保险责任

保险期间内，发生意外事故致使被保险机动车所载货物遭受直接损毁，依法应由被保险人承担的损害赔偿责任，保险人负责赔偿。

第二条　责任免除

（一）偷盗、哄抢、自然损耗、本身缺陷、短少、死亡、腐烂、变质、串味、生锈，动物走失、飞失，货物自身起火燃烧或爆炸造成的货物损失；

（二）违法、违章载运造成的损失；

（三）因包装、紧固不善，装载、遮盖不当导致的任何损失；

（四）车上人员携带的私人物品的损失；

（五）保险事故导致的货物减值、运输延迟、营业损失及其他各种间接损失；

（六）法律、行政法规禁止运输的货物的损失。

第三条　责任限额

责任限额由投保人和保险人在投保时协商确定。

第四条　赔偿处理

（一）被保险人索赔时，应提供运单、起运地货物价格证明等相关单据。保险人在责任限额内按起运地价格计算赔偿；

（二）发生保险事故后，保险人依据本条款约定在保险责任范围内承担赔偿责任，赔偿方式由保险人与被保险人协商确定。

附加精神损害抚慰金责任险

投保了机动车第三者责任保险或机动车车上人员责任保险的机动车，可投保本附加险。在投保人仅投保机动车第三者责任保险的基础上附加本附加险时，保险人只负责赔偿第三者的精神损害抚慰金；在投保人仅投保机动车车上人员责任保险的基础上附加本附加险时，保险人只负责赔偿车上人员的精神损害抚慰金。

第一条　保险责任

保险期间内,被保险人或其允许的驾驶人在使用被保险机动车的过程中,发生投保的主险约定的保险责任内的事故,造成第三者或车上人员的人身伤亡,受害人据此提出精神损害赔偿请求,保险人依据法院判决及保险合同约定,对应由被保险人或被保险机动车驾驶人支付的精神损害抚慰金,在扣除机动车交通事故责任强制保险应当支付的赔款后,在本保险赔偿限额内负责赔偿。

第二条　责任免除

(一)根据被保险人与他人的合同协议,应由他人承担的精神损害抚慰金;

(二)未发生交通事故,仅因第三者或本车人员的惊恐而引起的损害;

(三)怀孕妇女的流产发生在交通事故发生之日起 30 天以外的。

第三条　赔偿限额

本保险每次事故赔偿限额由保险人和投保人在投保时协商确定。

第四条　赔偿处理

本附加险赔偿金额依据生效法律文书或当事人达成且经保险人认可的赔付协议,在保险单所载明的赔偿限额内计算赔偿。

附加法定节假日限额翻倍险

投保了机动车第三者责任保险的家庭自用汽车,可投保本附加险。

保险期间内,被保险人或其允许的驾驶人在法定节假日期间使用被保险机动车发生机动车第三者责任保险范围内的事故,并经公安部门或保险人查勘确认的,被保险机动车第三者责任保险所适用的责任限额在保险单载明的基础上增加一倍。

附加医保外医疗费用责任险

投保了机动车第三者责任保险或机动车车上人员责任保险的机动车,可投保本附加险。

第一条　保险责任

保险期间内,被保险人或其允许的驾驶人在使用被保险机动车的过程中,发生主险保险事故,对于被保险人依照中华人民共和国法律(不含港澳台地区法律)应对第三者或车上人员承担的医疗费用,保险人对超出《道路交通事故受伤人员临床诊疗指南》和国家基本医疗保险同类医疗费用标准的部分负责赔偿。

第二条　责任免除

下列损失、费用,保险人不负责赔偿:

(一)在相同保障的其他保险项下可获得赔偿的部分;

(二)所诊治伤情与主险保险事故无关联的医疗、医药费用;

(三)特需医疗类费用。

第三条　赔偿限额

赔偿限额由投保人和保险人在投保时协商确定,并在保险单中载明。

第四条　赔偿处理

被保险人索赔时,应提供由具备医疗机构执业许可的医院或药品经营许可的药店出具的、足以证明各项费用赔偿金额的相关单据。保险人根据被保险人实际承担的责任,在保险单载明的责任限额内计算赔偿。

附加机动车增值服务特约条款

第一条 投保了机动车保险后,可投保本特约条款。

第二条 本特约条款包括道路救援服务特约条款、车辆安全检测特约条款、代为驾驶服务特约条款、代为送检服务特约条款共四个独立的特约条款,投保人可以选择投保全部特约条款,也可以选择投保其中部分特约条款。保险人依照保险合同的约定,按照承保特约条款分别提供增值服务。

一、道路救援服务特约条款

第三条 服务范围

保险期间内,被保险机动车在使用过程中发生故障而丧失行驶能力时,保险人或其受托人根据被保险人请求,向被保险人提供如下道路救援服务。

(一)单程 50 千米以内拖车;

(二)送油、送水、送防冻液、搭电;

(三)轮胎充气、更换轮胎;

(四)车辆脱离困境所需的拖拽、吊车。

第四条 责任免除

(一)根据所在地法律法规、行政管理部门的规定,无法开展相关服务项目的情形;

(二)送油、更换轮胎等服务过程中产生的油料、防冻液、配件、辅料等材料费用;

(三)被保险人或驾驶人的故意行为。

第五条 责任限额

保险期间内,保险人提供 2 次免费服务,超出 2 次的,由投保人和保险人在签订保险合同时协商确定,分为 5 次、10 次、15 次、20 次四档。

二、车辆安全检测特约条款

第六条 服务范围

保险期间内,为保障车辆安全运行,保险人或其受托人根据被保险人请求,为被保险机动车提供车辆安全检测服务,车辆安全检测项目包括:

(一)发动机检测(机油、空滤、燃油、冷却等);

(二)变速器检测;

(三)转向系统检测(含车轮定位测试、轮胎动平衡测试);

(四)底盘检测;

(五)轮胎检测;

(六)汽车玻璃检测;

(七)汽车电子系统检测(全车电控电气系统检测);

(八)车内环境检测;

(九)蓄电池检测;

(十)车辆综合安全检测。

微课17 驾乘人员意外伤害保险示范条款

微课18 驾乘人员意外伤害保险示范条款附加险

第七条 责任免除

(一)检测中发现的问题部件的更换、维修费用;

(二)洗车、打蜡等常规保养费用;

(三)车辆运输费用。

第八条 责任限额

保险期间内，本特约条款的检测项目及服务次数上限由投保人和保险人在签订保险合同时协商确定。

三、代为驾驶服务特约条款

第九条 服务范围

保险期间内，保险人或其受托人根据被保险人请求，在被保险人或其允许的驾驶人因饮酒、服用药物等原因无法驾驶或存在重大安全驾驶隐患时提供单程30千米以内的短途代驾服务。

第十条 责任免除

根据所在地法律法规、行政管理部门的要求，无法开展相关服务项目的情形。

第十一条 责任限额

保险期间内，本特约条款的服务次数上限由投保人和保险人在签订保险合同时协商确定。

四、代为送检服务特约条款

第十二条 服务范围

保险期间内，按照《中华人民共和国道路交通安全法实施条例》，被保险机动车需由机动车安全技术检验机构实施安全技术检验时，根据被保险人请求，由保险人或其受托人代替车辆所有人进行车辆送检。

第十三条 责任免除

（一）根据所在地法律法规、行政管理部门的要求，无法开展相关服务项目的情形；

（二）车辆检验费用及罚款；

（三）维修费用。

释义

【使用被保险机动车过程】指被保险机动车作为一种工具被使用的整个过程，包括行驶、停放及作业，但不包括在营业场所被维修养护期间、被营业单位拖带或被吊装等施救期间。

【自然灾害】指对人类以及人类赖以生存的环境造成破坏性影响的自然现象，包括雷击、暴风、暴雨、洪水、龙卷风、冰雹、台风、热带风暴、地陷、崖崩、滑坡、泥石流、雪崩、冰陷、暴雪、冰凌、沙尘暴、地震及其次生灾害等。

【意外事故】指被保险人不可预料、无法控制的突发性事件，但不包括战争、军事冲突、恐怖活动、暴乱、污染（含放射性污染）、核反应、核辐射等。

【交通肇事逃逸】是指发生道路交通事故后，当事人为逃避法律责任，驾驶或者遗弃车辆逃离道路交通事故现场以及潜逃藏匿的行为。

【车轮单独损失】指未发生被保险机动车其他部位的损失，因自然灾害、意外事故，仅发生轮胎、轮毂、轮毂罩的分别单独损失，或上述三者之中任意二者的共同损失，或三者的共同损失。

【车身划痕】仅发生被保险机动车车身表面油漆的损坏，且无明显碰撞痕迹。

【新增加设备】指被保险机动车出厂时原有设备以外的，另外加装的设备和设施。

【新车购置价】指本保险合同签订地购置与被保险机动车同类型新车的价格，无同类型新车市场销售价格的，由投保人与保险人协商确定。

【全部损失】指被保险机动车发生事故后灭失，或者受到严重损坏完全失去原有形体、效用，或者不能再归被保险人所拥有的，为实际全损；或被保险机动车发生事故后，认为实际全损已经不可避免，或者为避免发生实际全损所需支付的费用超过实际价值的，为推定全损。

【家庭成员】指配偶、父母、子女和其他共同生活的近亲属。

【市场公允价值】指熟悉市场情况的买卖双方在公平交易的条件下和自愿的情况下所确定的价格，或无关联的双方在公平交易的条件下一项资产可以被买卖或者一项负债可以被清偿的成交价格。

【参考折旧系数表】见表 2-9。

表 2-9 参考折旧系数

车辆种类	月折旧系数			
	家庭自用	非营业	营业	
			出租	其他
9 座以下客车	0.60%	0.60%	1.10%	0.90%
10 座以上客车	0.90%	0.90%	1.10%	0.90%
微型载货汽车	—	0.90%	1.10%	1.10%
带拖挂的载货汽车	—	0.90%	1.10%	1.10%
低速货车和三轮汽车	—	1.10%	1.40%	1.40%
其他车辆	—	0.90%	1.10%	0.90%

折旧按月计算，不足一个月的部分，不计折旧。最高折旧金额不超过投保时被保险机动车新车购置价的 80%。

折旧金额=新车购置价×被保险机动车已使用月数×月折旧系数

【饮酒】指驾驶人饮用含有酒精的饮料，驾驶机动车时血液中的酒精含量大于等于 20 mg/100mL 的。

【法定节假日】法定节假日包括：中华人民共和国国务院规定的元旦、春节、清明节、劳动节、端午节、中秋节和国庆节放假调休日期，及星期六、星期日，具体以国务院公布的文件为准。

法定节假日不包括：1. 因国务院安排调休形成的工作日；2. 国务院规定的一次性全国假日；3. 地方性假日。

【污染（含放射性污染）】指被保险机动车正常使用过程中或发生事故时，由于油料、尾气、货物或其他污染物的泄漏、飞溅、排放、散落等造成的被保险机动车和第三方财产的污损、状况恶化或人身伤亡。

【特需医疗类费用】指医院的特需医疗部门/中心/病房，包括但不限于特需医疗部、外宾医疗部、VIP 部、国际医疗中心、联合医院、联合病房、干部病房、A 级病房、家庭病房、套房等不属于社会基本医疗保险范畴的高等级病房产生的费用，以及名医门诊、指定专家团队门诊、特需门诊、国际门诊等产生的费用。

2.2.8 案例分析

案例一　车辆停在路边被砸可以用车损险赔偿吗？

【案情】潘某将车停靠在路边时，被人用硬物撞击，致使车辆左右尾灯、左前大灯、右前轮轮胎钢圈、左后轮轮胎钢圈受损，后潘某分别向公安派出所和保险公司报案。潘某在保险公司为其车辆购买了交强险和第三者责任险以及机动车损失保险及不计免赔险。

【分歧】保险公司在接到通知后派专员前往确认了损失情况，为38200元。该车经修理，花去修理费25000元，但保险公司拒绝赔偿。保险公司辩称，该车损是被人用硬物撞击所致，属于人为损坏，不是意外事故，按双方的保险合同的保险条款的相关解释，这个损失不属于保险责任范围，保险公司不予以赔付。

潘某故诉至法院，要求依法判令被告保险公司向原告支付赔偿款25000元。

【法院判决】法院审理认为，原、被告所签订的保险合同，是双方真实意思表示，合法有效。在保险有限期限内，因被第三人损坏发生保险事故，花去修理费25000元，被告应依照保险合同约定承担赔偿责任。

【法官分析】被告辩称该事故不是意外，保险公司不赔付，其理由是家庭自用汽车损失保险条款对"碰撞"的解释为"被保险机动车与外界物体直接接触并发生意外碰撞、产生撞击痕迹的现象。"但该解释亦未穷尽"碰撞"的含义或说明该不该赔付，况且该车被砸就原告而言亦属意外。本案保险事故发生后，因原告购买了车损不计免赔险，故不应当实行绝对免陪。综上所述，原告诉请被告在机动车商业保险（机动车损失险）中赔偿其小客车因被第三人损坏造成的损失25000元，理由正当，依据充分，符合有关法律规定，法院予以支持；被告的主张理据不足，法院不予采纳。为此，依照有关法律规定，遂作出了上述判决。

案例二　驾驶车异地发生交通事故怎么赔偿？

【案情】楼先生在某市驾驶宝马车时，因倒车造成了交通事故，立即向保险公司报案，保险公司表示由于交通事故发生地没有该公司的分支机构，故无法到场，要求楼先生直接在当地修理后回沪办理理赔。某市交巡警大队也随即委托价格认证中心对车辆进行鉴定，确认维修费用共计1.27万余元，评估费400元。次日，某市某修理厂对楼先生的宝马车进行了维修，修理厂应楼先生的请求还出具了证明材料，载明："……该交通事故车辆修复前，应车主及保险公司要求，协助用数码相机拍出损坏部位照片，并发到保险公司提供的电子邮箱内。"

【分歧】当楼先生回沪准备理赔时，保险公司却拒绝赔偿。保险公司辩称，交通事故发生后，考虑到宝马车辆只有上海和杭州才有配件，公司曾经要求楼先生将车辆运回上海修理，但楼先生却私自在当地修理，导致损失的扩大。根据楼先生在交通事故后发给保险公司的车辆照片看，保险公司已于6月21日向车主出具了车损情况简易确认书，确认车辆损失2369.50元，与楼先生的修理支出相去甚远。

【法院判决】法院经审理后认为：被告保险公司提供的宝信公司估价单是依据受损车辆照片所作的评估，并非现场查勘。而原告楼先生提交的价格认证中心鉴定结论书系权威机构作出，其可信性优于宝信公司的估价单。根据《机动车辆损失保险条款》的规定，保险人接到报案后48小时内未进行查勘且未给予受理意见，造成财产损失无法确定的，以被保险人提供的财产损毁照片、损失清单、交通事故证明和修理发票作为赔付理算依据，原告现已提交相关的理赔材料，被告应

当依此进行理赔，故法院支持了原告楼先生的诉讼请求。

【法官分析】本案涉及车辆损失险的理赔程序问题。保险合同对车辆发生交通事故后如何理赔一般都作出了明确的规定，这便于及时、准确地确定车辆损失情况，公正地确定责任归属和理赔数额，降低理赔成本。

本案楼先生在交通事故发生后，及时通知了保险公司，但保险公司未能到现场实地查看车辆受损情况，在此情况下，保险公司应给予受理意见，按照楼先生的举证，保险公司作出了受理意见，即同意楼先生就地修理，回沪理赔。

第 3 章
汽车保险费率与投保方式

| 3.1 汽车保险费率 |

【知识目标】
1. 了解确定汽车保险费率的原则
2. 掌握汽车保险费率的模式
3. 掌握费率调整系数

【能力目标】
1. 学会汽车保险费率的计算方法
2. 能够熟练准确地为客户计算商业保险保费
3. 能灵活使用费率调整系数为客户制订合理的汽车保险投保方案

【素质目标】
1. 培养精益求精、持之以恒、爱岗敬业的工匠精神
2. 培养不懈追求、甘于奉献的主人翁精神

课程育人:把工匠精神融入保险工作

3.1.1 确定汽车保险费率的原则

根据保险价格理论,厘定保险费率的科学方法是依据不同保险对象的客观环境和主观条件形成的危险度,采用非寿险精算的方法进行确定。但是,非寿险精算是一个纯技术的范畴,在实际经营过程中,非寿险精算仅仅是提供一个确定费率的基本依据和方法,而保险人确定费率时还应当遵循一些基本的原则。

微课19 汽车保险费率概述

1. 公平合理原则

公平合理原则的核心是确保实现每一个被保险人的保费负担基本上是依据或者反映了保险标的的危险程度。这种公平合理的原则应在两个层面加以体现。

① 在保险人和被保险人之间。在保险人和被保险人之间体现公平合理的原则,是指保险人的

总体收费应当符合保险价格确定的基本原理,尤其是在附加费率部分,不应让被保险人负担保险人不合理的经营成本和利润。

② 在不同的被保险人之间。在被保险人之间体现公平合理是指不同被保险人的保险标的的危险程度可能存在较大的差异,保险人对不同的被保险人收取的保险费应当反映这种差异。

由于保险商品存在一定的特殊性,要实现绝对的公平合理是不可能的,所以公平合理只能是相对的,它要求保险人在确定费率的过程中注意体现一种公平合理的倾向,力求实现费率确定的相对公平合理。

2. 保证偿付原则

保证偿付原则的核心是确保保险人具有充分的偿付能力。保险费是保险标的损失偿付的基本资金,所以,厘定的保险费率应保证保险公司具有相应的偿付能力,这是由保险的基本职能决定的。保险费率过低,势必削弱保险公司的偿付能力,从而影响对被保险人的实际保障。

在市场经济条件下,经常出现一些保险公司在市场竞争中为了争取市场份额,盲目地降低保险费率,结果严重影响了其自身的偿付能力,损害了被保险人的利益,甚至对整个保险业和社会产生了巨大的负面影响。为了防止这种现象的发生,各国对于保险费率的厘定,大都实行由同业公会制定统一费率的方式,有的国家在一定的历史时期甚至采用由国家保险监督管理部门颁布统一费率,并要求强制执行的方式。如我国 2000 年 7 月 1 日开始实施的《汽车保险条款》,就采取统一费率的方法。

保证偿付能力是保险费率确定原则的关键,原因是保险公司是否具有足够的偿付能力,这不仅仅影响到保险业的经营秩序和稳定,同时也可能对广大的被保险人,乃至整个社会产生直接的影响。

3. 相对稳定原则

相对稳定原则是指保险费率厘定之后,应当在相当长的一段时间内保持稳定,不要轻易变动。由于汽车保险业务存在保费总量大,单量多的特点,经常的费率变动势必增加保险公司的业务工作量,导致经营成本上升。同时也会给被保险人需要不断适应新的费率带来不便。

要实现保险费率确定相对稳定的原则,在确定保险费率时就应充分考虑各种可能影响费率的因素,建立科学的费率体系,更重要的是应对未来的趋势作出科学的预测,确保费率的适度超前,从而实现费率的相对稳定。

要求费率的确定具有一定的稳定性是相对的,一旦经营的外部环境发生了较大的变化,保险费率就必须进行相应的调整,以符合公平合理的原则。

4. 促进防损原则

防灾防损是保险的一个重要职能,其内涵是保险公司在经营过程中应协调某一风险群体的利益,积极推动和参与针对这一风险群体的预防灾害和损失活动,减少或者避免不必要的灾害事故的发生。这样不仅可以减少保险公司的赔付金额和减少被保险人的损失,更重要的是可以保障社会财富,稳定企业的经营,安定人民的生活,促进社会经济的发展。为此,保险人在厘定保险费率的过程中应将防灾防损的费用列入成本,并将这部分费用用于防灾防损工作。在汽车保险业务中防灾防损职能显得尤为重要。一方面保险公司将积极参与汽车制造商对于汽车安全性能的改进工作,如每年均有一些大的保险公司资助汽车制造商进行测试汽车安全性能的碰撞试验。另一方面保险公司对于被保险人的加强安全生产，进行防灾防损的工作也会予以一定的支持，目的是调动被保险人主动加强风险管理和防灾防损工作的积极性。

3.1.2 汽车保险费率的模式

保险费率是依照保险金额计算保险费的比例，通常以千分率（‰）来表示。保险金额，简称保额，是保险合同双方当事人约定的保险人于保险事故发生后应赔偿（给付）保险金的限额。它是保险人据以计算保险费的基础。保险费，简称保费，是投保人参加保险时所交付给保险人的费用。

在市场经济条件下，价值价格规律的核心是使价格真实地反映价值，从而体现在交易过程中公平和对价的原则。但是，如何才能实现这一目标，从被动的角度出发，可以通过市场适度和有序的竞争实现这一目标，但这往往需要付出一定的代价。从主动和积极的角度出发，保险人希望能够在市场上生存和发展，就必须探索出确定价格的科学和合理的模式。

就汽车保险而言，保险人同样希望保费设计得更精确、更合理。在不断的统计和分析研究中，人们发现影响汽车保险索赔频率和索赔幅度的危险因子很多，而且影响的程度也各不相同。每一辆汽车的风险程度是由其自身风险因子综合影响的结果，所以科学的方法是通过全面综合地考虑这些风险因子后确定费率。通常保险人在经营汽车保险的过程中将风险因子分为以下两类。

① 与汽车相关的风险因子，主要包括汽车的种类、使用的情况和行驶的区域等。
② 与驾驶人相关的风险因子，主要包括驾驶人的性格、年龄、婚姻状况、职业等。

由此各国汽车保险的费率模式基本上可以划分为两大类，即从车费率模式和从人费率模式。

1. 从车费率模式

从车费率模式是指在确定保险费率的过程中主要以被保险车辆的风险因子作为影响费率确定因素的模式。目前，我国采用的汽车保险的费率模式就属于从车费率模式，影响费率的主要因素是被保险车辆有关的风险因子。

现行的汽车保险费率体系中影响费率的主要变量为车辆的使用性质、车辆生产地和车辆的种类。

① 根据车辆的使用性质划分：营业性车辆与非营业性车辆。
② 根据车辆的生产地划分：进口车辆与国产车辆。
③ 根据车辆的种类划分：车辆种类与吨位。

除了上述的3个主要的从车因素外，现行的汽车保险费率还将车辆行驶的区域作为汽车保险的风险因子，即按照车辆使用的不同地区，适用不同的费率，如在深圳和大连采用专门的费率。

从车费率模式具有体系简单，易于操作的特点，同时由于我国在一定的历史时期被保险的车辆绝大多数是"公车"，驾驶人与车辆不存在必然的联系，也就不具备采用从人费率模式的条件。随着经济的发展和人民生活水平的提高，汽车正逐渐进入家庭，2003年各保险公司制定并执行的汽车保险条款，就开始采用从人费率模式。

2. 从人费率模式

从人费率模式是指在确定保险费率的过程中主要以被保险车辆驾驶人的风险因子作为影响费率确定因素的模式。目前，大多数国家采用的汽车保险的费率模式均属于从人费率模式，影响费率的主要因素是与被保险车辆驾驶人有关的风险因子。

各国采用的从人费率模式考虑的风险因子不尽相同,主要有驾驶人的年龄、性别、驾驶年限、安全行驶记录等。

① 根据驾驶人的年龄划分。通常将驾驶人按年龄划分为 3 组:第一组是初学驾驶,性格不稳定,缺乏责任感的年轻人;第二组是具有一定驾驶经验,生理和心理条件均较为成熟,有家庭和社会责任感的中年人;第三组是与第二组情况基本相同,但年龄较大,即反应较为迟钝的老年人。通常认为第一组驾驶人为高风险人群,第三组驾驶人为次高风险人群,第二组驾驶人为低风险人群。至于三组人群的年龄段划分是根据各国的情况确定的。

② 根据驾驶人的性格划分:男性与女性。研究表明女性群体的驾驶倾向较为谨慎,相对于男性她们为低风险人群。

③ 根据驾驶人的驾龄划分:驾龄的长短可以从一个侧面反映驾驶人员的驾驶经验,通常认为从初次领证后的 1~3 年为事故多发期。

④ 根据安全记录划分:安全记录可以反映驾驶人的驾驶心理素质和对待风险的态度,经常发生交通事故的驾驶人可能存在某一方面的缺陷。

从以上对比和分析可以看出从人费率模式相对于从车费率模式具有更科学和合理的特征,所以我国正在积极探索,逐步将从车费率的模式过渡到从人费率的模式。

3.1.3 各险别保费计算方法

1. 各险别保费计算方法

微课 20 各险别保费计算

(1) 第三者责任保险

① 按照被保险人类别、车辆用途、座位数/吨位数/排量/功率、责任限额直接查找保费(见表 3-1)。

② 挂车根据实际的使用性质并按照对应吨位货车的 30% 计算。

③ 特种车分类。

特种车一:油罐车、汽罐车、液罐车。

特种车二:专用净水车、特种车一以外的罐式货车,以及用于清障、清扫、清洁、起重、装卸、升降、搅拌、挖掘、推土、冷藏、保温等的各种专用机动车。

特种车三:装有固定专用仪器设备从事专业工作的监测、消防、运钞、医疗、电视转播等的各种专用机动车。

特种车四:集装箱拖头。

④ 联合收割机保险费按兼用型拖拉机 14.7kW 以上计收。

表 3-1   第三者责任保险基础保费和费率

机动车商业保险行业基本费率表(A 款)							
家庭自用汽车与非营业用车		第三者责任保险					
		10 万	15 万	20 万	30 万	50 万	100 万
家庭自用汽车	6 座以下	972	1108	1204	1359	1631	2124
	6~10 座	1186	1342	1446	1620	1928	2512
	10 座以上	1186	1342	1446	1620	1928	2512

续表

机动车商业保险行业基本费率表（A款）							
家庭自用汽车与非营业用车		第三者责任保险					
		10万	15万	20万	30万	50万	100万
企业非营业客车	6座以下	1007	1138	1227	1374	1635	2130
	6~10座	1140	1294	1399	1572	1877	2444
	10~20座	1245	1414	1530	1722	2058	2681
	20座以上	1368	1571	1718	1951	2354	3067
党政机关、事业团体非营业客车	6座以下	837	947	1021	1143	1360	1771
	6~10座	982	1111	1198	1341	1597	2080
	10~20座	1081	1222	1318	1476	1756	2288
	20座以上	1256	1420	1531	1714	2042	2659
非营业货车	2吨以下	1371	1549	1670	1871	2228	2900
	2~5吨	1999	2279	2478	2799	3359	4374
	5~10吨	2277	2585	2799	3146	3759	4897
	10吨以上	2877	3253	3508	3928	4677	6090
	低速载货汽车	1164	1317	1420	1590	1894	2465
营业用车与特种车		第三者责任保险					
		10万	15万	20万	30万	50万	100万
营业货车	2吨以下	2226	2619	2884	3396	4256	5559
	2~5吨	3798	4469	4920	5793	7263	9486
	5~10吨	4197	4939	5438	6402	8027	10484
	10吨以上	6046	7114	7833	9223	11561	15101
	低速载货汽车	1892	2226	2451	2886	3618	4725

（2）车上人员责任险

按照被保险人类别、车辆用途、座位数查找费率（见表3-2）。

$$驾驶人保费 = 每次事故责任限额 \times 费率$$

$$乘客保费 = 每次事故每人责任限额 \times 费率 \times 投保乘客座位数$$

表3-2　　　　　　　　　　车上人员责任险基本费率

机动车商业保险行业基本费率表（A款）			
家庭自用汽车与非营业用车		车上人员责任险	
		驾驶人	乘客
家庭自用汽车	6座以下	0.41%	0.26%
	6~10座	0.40%	0.26%
	10座以上	0.40%	0.26%
企业非营业客车	6座以下	0.41%	0.25%
	6~10座	0.39%	0.23%
	10~20座	0.39%	0.23%
	20座以上	0.41%	0.25%
党政机关、事业团体非营业客车	6座以下	0.39%	0.24%
	6~10座	0.37%	0.22%
	10~20座	0.37%	0.22%
	20座以上	0.39%	0.24%

续表

机动车商业保险行业基本费率表（A 款）			
家庭自用汽车与非营业用车		车上人员责任险	
		驾驶人	乘客
非营业货车	2 吨以下	0.46%	0.28%
	2～5 吨	0.46%	0.28%
	5～10 吨	0.46%	0.28%
	10 吨以上	0.46%	0.28%
	低速载货汽车	0.46%	0.28%
营业用车与特种车		车上人员责任险	
		驾驶人	乘客
营业货车	2 吨以下	0.75%	0.47%
	2～5 吨	0.75%	0.47%
	5～10 吨	0.75%	0.47%
	10 吨以上	0.75%	0.47%
	低速载货汽车	0.75%	0.47%

（3）机动车损失保险

① 按照被保险人类别、车辆用途、座位数/吨位数/排量/功率、车辆使用年限所属档次查找基础保费和费率（见表 3-3）。

$$保费＝基础保费＋保险金额×费率$$

② 挂车根据实际的使用性质并按照对应吨位货车的 50%计算。

以表 3-3 为例说明保费的计算方法。

表 3-3　　　　　　　　　　机动车损失保险基础保费和费率

机动车商业保险行业基本费率表（A 款）									
家庭自用汽车与非营业用车		机动车损失保险							
		1 年以下		1～2 年		2～6 年		6 年以上	
		基础保费	费率	基础保费	费率	基础保费	费率	基础保费	费率
家庭自用汽车	6 座以下	566	1.35%	539	1.28%	533	1.27%	549	1.31%
	6～10 座	679	1.35%	646	1.28%	640	1.27%	659	1.31%
	10 座以上	679	1.35%	646	1.28%	640	1.27%	659	1.31%
企业非营业客车	6 座以下	368	1.22%	351	1.16%	347	1.15%	358	1.18%
	6～10 座	442	1.16%	421	1.10%	417	1.09%	430	1.13%
	10～20 座	442	1.24%	421	1.18%	417	1.17%	430	1.21%
	20 座以上	461	1.24%	439	1.18%	434	1.17%	447	1.21%
党政机关、事业团体非营业客车	6 座以下	285	0.95%	272	0.90%	269	0.89%	277	0.92%
	6～10 座	342	0.90%	326	0.86%	323	0.85%	333	0.87%
	10～20 座	342	0.95%	326	0.90%	323	0.89%	333	0.92%
	20 座以上	357	0.95%	340	0.90%	336	0.89%	346	0.92%
非营业货车	2 吨以下	282	1.08%	269	1.03%	266	1.02%	274	1.05%
	2～5 吨	364	1.40%	347	1.33%	343	1.32%	353	1.36%
	5～10 吨	398	1.53%	379	1.46%	375	1.44%	386	1.48%
	10 吨以上	262	1.86%	250	1.77%	247	1.75%	255	1.80%
	低速载货汽车	240	0.92%	228	0.88%	226	0.87%	233	0.90%

续表

营业用车与特种车		机动车商业保险行业基本费率表（A款）							
		机动车损失保险							
		2年以下		2~3年		3~4年		4年以上	
		基础保费	费率	基础保费	费率	基础保费	费率	基础保费	费率
营业货车	2吨以下	861	1.98%	852	1.96%	844	1.94%	861	1.98%
	2~5吨	1048	2.03%	1037	2.01%	1027	1.99%	1048	2.03%
	5~10吨	1222	2.11%	1210	2.09%	1198	2.07%	1222	2.11%
	10吨以上	2151	2.60%	2130	2.57%	2108	2.54%	2151	2.60%
	低速载货汽车	732	1.68%	724	1.67%	717	1.65%	732	1.68%

【例3-1】假定某5座家庭自用汽车投保车损险，车龄为两年，保险金额为10万元。在费率表上查得对应的基础保费为539元，费率为1.28%，则该车辆的保费 = 539 + 100000 × 1.28% = 1819（元）。如果保险金额变为15万元，则该车辆的保费 = 539 + 150000 × 1.28% = 2459（元）。

（4）车身划痕损失险

按车龄、新车购置价、保额所属档次直接查找保费（见表3-4）。

表3-4　　　　　　　　　　　车身划痕损失险基础保费

机动车商业保险行业基本费率表（A款）				
车身划痕损失险				
车龄	保额（元）	新车购置价（元）		
		30万以下	30万~50万	50万以上
2年以下	2000	400	585	850
	5000	570	900	1100
	10000	760	1170	1500
	20000	1140	1780	2250
2年及以上	2000	610	900	1100
	5000	850	1350	1500
	10000	1300	1800	2000
	20000	1900	2600	3000

2. 使用费率调整系数表进行费率调整

（1）无赔款优待及上年赔款记录费率调整系数

根据历史赔款记录，按照规定的费率调整系数进行费率调整。

（2）约定行驶区域系数

"场内"指仅在工地、机场、厂区、码头等固定范围内使用。"省内""固定路线""场内"三项系数不能同时使用；家庭自用车不能使用"固定路线"及"场内"费率调整系数。

（3）承保数量系数

根据同一被保险人或同一投保人在一个投保年度内，投保车辆数的情况选择使用。家庭自用车不能使用该费率调整系数。

（4）指定驾驶人、性别、驾龄、年龄系数

该系数仅适用于家庭自用车指定驾驶人的情况，当指定多名驾驶人时，以乘积高者为准。

（5）经验及预期赔付率系数、管理水平系数

该系数适用于车队。经验及预期赔付率系数、管理水平系数不能同时使用。

（6）使用规则

① 费率调整系数采用系数连乘的方式：

$$费率调整系数 = 系数1 \times 系数2 \times 系数3 \times \cdots\cdots$$

② 使用费率调整系数后，各险别的费率优惠幅度超过监管部门规定的最大优惠幅度时，按照监管部门规定的最大优惠幅度执行。

③ 机动车提车保险适用费率调整系数。

④ 费率调整系数表不适用于摩托车和拖拉机。

3．其他

在费率表中，凡涉及分段的陈述都按照"含起点不含终点"的原则来解释。

例如："6座以下"的含义为5座、4座、3座、2座、1座，不包含6座；"6～10座"的含义为6座、7座、8座、9座，不包含10座；"20座以上"的含义为20座、21座、……，包含20座；"10万以下"不包含10万；"10万～20万"包含10万，不包含20万；"20万以上"包含20万。

3.1.4 费率调整系数

微课21 费率调整系数

根据《中国保监会关于深化商业车险条款费率管理制度改革的意见》及相关法律法规要求，制定《深化商业车险条款费率管理制度改革试点工作方案》（保监产险〔2015〕24号）。公布2015年车辆保险费率最新数据，确保商业车险条款费率管理制度改革顺利开展。

根据非寿险精算原理，按照保险费率与标的风险、经营成本相匹配的原则，商业车险费率厘定标准公式：

保费＝基准保费×费率调整系数。其中，基准保费＝基准纯风险保费/（1－附加费用率）

即商业车险费率将由基准纯风险保费、基准附加费用、费率调整系数3部分组成。

在费率厘定方面，《方案》中提到各个保险公司将自主测算商业车险的基准附加费用率，原则上可根据本公司最近3年商业车险实际费用水平及行业平均费用水平以测算其费用率。

而作为影响保费高低最关键的因素——费率调整系数，包括了4个细分系数：无赔款优待及上年赔款记录、交通违法系数、自主渠道系数和自主核保系数。其中，交通违法系数在短时间内难以全面使用，上年赔款记录则具有一定行业共性，故渠道系数和自主核保系数是反映保险公司个体车险业务差异最大的两个影响因子（见表3-5）。

车险费率调整系数＝无赔付优待系数×交通违法系数×自主核保系数×自至渠道系数

表 3-5　　费率调整系数表

序号	项目	内容	系数	适用范围
1	无赔款优待及上年赔款记录	连续3年没有发生赔款	0.60	所有车辆
		连续2年没有发生赔款	0.70	
		上年没有发生赔款	0.85	
		新保或上年发生1次赔款	1.0	
		上年发生2次赔款	1.25	
		上年发生3次赔款	1.50	
		上年发生4次赔款	1.75	
		上年发生5次及以上赔款	2.00	
2	多险种同时投保	同时投保车损险、三者险	0.95～1.00	
3	客户忠诚度	首年投保	1.00	
		续保	0.90	
4	平均年行驶里程	平均年行驶里程＜30 000千米	0.90	
		平均年行驶里程≥50 000千米	1.1～1.3	
5	安全驾驶	上一保险年度无交通违法记录	0.90	
6	约定行驶区域	省内	0.95	所有车辆
		固定路线	0.92	不适用于家庭自用车
		场内	0.80	
7	承保数量	承保数量＜5台	1.00	不适用于家庭自用车
		5台≤承保数量＜20台	0.95	
		20台≤承保数量＜50台	0.90	
		承保数量≥50台	0.80	
8	指定驾驶人	指定驾驶人员	0.90	仅适用于家庭自用车
9	性别	男	1.00	
		女	0.95	
10	驾龄	驾龄＜1年	1.05	
		1年≤驾龄＜3年	1.02	
		驾龄≥3年	1.00	
11	年龄	年龄＜25岁	1.05	
		25岁≤年龄＜30岁	1.00	
		30岁≤年龄＜40岁	0.95	
11	年龄	40岁≤年龄＜60岁	1.00	
		年龄≥60岁	1.05	

续表

序号	项目	内容	系数	适用范围
12	经验及预期赔付率	40%及以下	0.7~0.8	仅适用于车队
		40%~60%	0.8~0.9	
		60%~70%	1.00	
		70%~90%	1.1~1.3	
		90%以上	1.3以上	
13	管理水平	根据风险管理水平和业务类型	0.7以上	
14	车辆损失险车型	特异车型、稀有车型、古老车型	1.3~2.0	所有车辆

注：费率调整系数表不适用于摩托车和拖拉机。

3.1.5 案例分析

问题一：车险改革后，保险公司能随便调整费率吗？

不能。保险公司将按相关规定拟订商业车险条款费率，杜绝频繁调整条款费率损害保险消费者权益。除精算预期与经营实际发生重大偏差等原因外，原则上调整频率不高于半年一次。

问题二：车险改革后，商业险保费到底如何计算？

车主可以按照以下公式计算：

商业车险保费=基准保费×费率调整系数

基准保费=基准纯风险保费/（1-附加费用率）

费率调整系数=无赔款优待系数×交通违法系数×自主核保系数×自主渠道系数

问题三：费率调整系数指的是什么？

它是指根据对保险标的的风险判断，对保险基准保费进行上下浮动比率的调整，包括无赔款优待系数，自主核保系数，自主渠道系数和交通违法系数，费率调整系数=无赔款优待系数×自主核保系数×自主渠道系数×交通违法系数，是保单折扣率的计算依据。

问题四：无赔款优待系数的计算依据是什么？

车险信息平台查找结案时间在"上张保单"投保查询时至"本保单"投保查询时间（包含）之间的赔付情况，作为无赔款优待系数的计算依据。

问题五：车辆上年保单为短期单，本年度投保无赔款优待系数如何确定？

平台在技术可支持时，投保车辆"上张保单"为短期单时，无赔款优待系数取该短期单无赔款优待系数、最近一张完整年度保单无赔款优待系数、新保系数这三者中的较高值。

问题六：如客户想退保重新投保新条款，无赔款优待系数如何确定？

改革后，消费者如果想投保新产品，只能退保后重新投保。但需要提醒消费者的是，如退保重新投保新产品，则要按照上年保单为短期单的无赔款优待系数标准执行。

问题七：车辆上年没有交通违法记录，投保时保费是否有优惠？

对于平台已经与交通管理平台对接的地区，可以使用交通违法系数进行费率的浮动，交通违法系数由平台返回保险公司，保险公司据实使用，不得调整。对于平台未与交通管理平台对接的地区，交通违法系数由平台返回保险公司系数值1.0，保险公司不得调整。

3.2 汽车投保与核保

【知识目标】
1. 了解汽车投保方式及投保业务流程
2. 掌握投保单的内容及注意事项
3. 了解核保的主要内容与运作
4. 掌握保险单的续保、批单和退保

【能力目标】
1. 学会依据汽车投保业务流程为客户定制投保方案
2. 熟练掌握投保单的填写要领
3. 做好保险单的续保、批单和退保相关业务

【素质目标】
1. 培养精益求精、实干兴邦的工匠精神
2. 培养吃苦精神、面对困难的勇气和战胜挫折的毅力

课程育人：保险核心价值体系引导保险理赔规范发展

3.2.1 汽车投保概述

1. 定义

投保是指投保人向保险人表达缔结保险合同的意愿。因保险合同的要约一般要求为书面形式，所以汽车保险的投保需要填写投保单。投保单是投保人向保险人要约的意思表示的书面文件，也是投保人要求投保的书面凭证，为保险合同的要件之一。保险人接受了投保单，投保单就成为保险合同的要件之一。

微课22 汽车投保

汽车保险的投保是指对保险车辆有保险利益的一方如汽车的所有者等购买汽车保险的保险单的过程。

2. 投保方式

投保方式包括上自家门；保险公司；电话投保；网上投保；代理人投保；经纪人投保。

3. 机动车辆的投保准备

机动车辆的投保准备是根据机动车辆保险的投保条件以及要求所做的各项工作，包括准备好证件，保养好车辆，协助业务员验证、验车，以及如实告知有关情况等。

（1）机动车辆的投保条件

① 有公安交通管理部门核发的车辆号牌。对于新车投保，在车辆上牌照的同时办理保险业务。对于购买的新车要开往异地，投单程提车保险的，需有公安交通管理部门核发的临时车辆号牌。

② 有公安交通管理部门填发的机动车辆行驶证。

③ 有车辆检验合格证。新车需有出厂前的检验合格证；旧车行驶证上需有年检合格章。投保车辆必须达到 GB 7258—2012《机动车运行安全技术条件》的要求。否则，即视为质量不合格或报废车辆，也就无投保资格。

（2）投保所需的相关证件

投保人在投保前应备齐下列证件，以便投保时保险公司业务人员验证时使用。

① 被保险人为"法人或其他组织"的需要提供投保车辆行驶证、被保险人的组织机构代码复印件、投保经办人身份证明原件。

② 被保险人为"自然人"的需要提供投保车辆"机动车行驶证"、被保险人身份证复印件、投保人身份证明原件。

③ 被保险人与车主不一致时，应提供由车主出具的能够证明被保险人与投保车辆关系的证明或契约。

④ 约定驾驶人员时，需要提供约定驾驶人员的"机动车驾驶证"复印件。

⑤ 投保人为"自然人"且不是由投保人本人办理投保手续，或投保人为"法人或其他组织"时，应由投保人出具"办理投保委托书"并载明"授权委托×××以本投保人名义办理××××××车辆的所有投保事宜"。投保人为"法人或其他组织"时，须在委托书上加盖单位公章；投保人为"自然人"时，须由投保人签名并提供身份证原件。办理投保的经办人应同时提供本人身份证原件。

（3）车辆准备

应按规定准备好车辆，有问题需及时修复，保养好车辆，清洗干净，使其处于良好的技术状态，以备保险公司人员验车。

4. 投保车险原则

2003 年 1 月 1 日在全国范围内实施新的机动车辆保险条款费率管理制度，为各家公司保险产品创新和费率差异化提供了政策依据，同时对于丰富车险市场产品种类，满足不同消费需求产生了积极的影响。面对众多的保险公司和不同的车险产品，投保车险应把握以下原则。

（1）选择购买渠道

消费者依据其常住区域、车辆通常行驶区域、驾驶技术与习惯、对车险条款的了解程度和车辆种类、价值、是否为 3S 或 4S 服务模式，特别是邻近是否有信誉较好的保险公司营业所，决定是直接到保险公司还是通过保险代理人参加保险。目前各家保险公司对直销业务或客户到保险营业网点投保，都给予不同程度的优惠，这对消费者来讲既经济实惠又安全可靠。

选择保险公司要注意 3 点。一是应选择具有合法资格、信誉较好和车险产品性价比好的保险公司，选择一款适合自己、经济保障好、保费交付少的产品。二是根据车辆主要行驶区域、使用者驾驶技术与习惯、使用频率和车辆安全性能、保养状况，确定投保险种、保险金额、责任限额。三是如果所投保的车主要为上下班、生活使用，车况好价值高，无暇详细了解车险产品的客户，那么直接到保险公司营业机构投保比较经济实惠。

如果通过代理人购买保险，则代理人应该有执业资格证书、展业证及与保险公司签有正式代理合同；应当了解机动车辆保险条款中涉及赔偿责任和权利义务的部分，防止个别代理人片面夸大产品保障功能，回避责任免除等条款内容。

（2）了解车险内容

购买机动车辆保险时，车主应了解自身的风险和特征，根据实际情况选择个人所需的风险保障。另外，了解车险的内容也很重要。

① 了解条款。车主应当询问所购买的机动车辆保险条款是否经保监会批准，认真了解条款内容，重点关注保险责任、除外责任和特别约定，被保险人权利和义务，免赔额或免赔率的计算，申请赔款的手续，退保和折旧的规定。保险公司是否对于除外责任作出说明，是否提供附加险对除外责任进行承保等。

② 关注费率是否与保监会批准的费率一致，了解保险公司的费率优惠规定和无赔款优待的规定。

③ 赔偿金额的计算。应当了解保险公司机动车辆保险赔款的计算规定和方式。

（3）履行保险义务

① 消费者在购买机动车辆保险时应对与保险风险有直接关系的情况如实告知保险公司。

② 明确合同纠纷的解决方式。

③ 购买机动车辆保险后，应及时交纳保险费，并按照条款规定，履行被保险人义务。发生赔案，应按照条款规定的程序向保险公司提出索赔。

④ 购买机动车辆保险时，应如实填写投保单上规定的各项内容，取得保险单后应核对其内容是否与投保单上的有关内容完全一致。对所持有的保险单、保险卡、批单、保费发票等有关重要凭证应妥善保管，以便在出险时能及时提供理赔依据。

（4）办理批改手续

在车辆使用期间，保险合同的内容如需变更，应书面通知保险人并办理批改手续。可变更事项如下。

① 被保险人变更：保险车辆转卖、转让、赠送他人。

② 保险车辆增、减危险程度。

③ 保险车辆变更使用性质。

④ 所有险种提前退保。

⑤ 调整保险金额或责任限额。

⑥ 加保或退保部分险种。

⑦ 增加或减少或变更约定驾驶人员。

5. 投保人购买汽车保险的注意事项

（1）不要重复投保

投保人不要自以为多投几份保，就可以使被保车辆多几份赔款。如某人为自己的车先后在两个保险公司投了保，幻想到时能得到保险公司双份赔款。岂不知按照《保险法》第四十条规定："重复保险金额和超过保险价值的，各保险人的赔偿金额的总和不得超过保险价值"。因此，即使投保人重复投保，也不会得到超价值赔款。

（2）不要超额投保或不足额投保

如某司机的车辆价值 10 万元，却投保了 15 万元的保险，认为多花钱就能多赔付；而有的车价值 20 万元，却投保了 10 万元。这两种投保都不能得到有效的保障。依据《保险法》第三十九条规定："保险金额不得超过保险价值，超过保险价值的，超过的部分无效。保险金额低于保险价值的，除合同另有约定外，保险人按照保险金额与保险价值的比例承担赔偿责任"。所以超额投保、不足额投保都不能获得额外的利益。

（3）不要保险不保全

一些人为省点钱，总想少保几种险，或者只保车损险，不保第三者责任险；或者只保主险，不保附加险等。其实各险种都有各自的保险责任，假如车辆真的出事，保险公司只能依据当初订立的保险合同承担保险责任给予赔付，而车主的其他一些损失就得不到补偿。

（4）注意及时续保

有些车主的保险合同到期后不及时续保，总认为拖两天没关系。但不知其想过没有，如真遇到飞祸降临，岂不是大事晚矣。如某个体司机保险到期后，没能及时续保，偏偏这时候出了车祸，直接经济损失达10万元。保险公司也爱莫能助，该司机后悔不已。

（5）认真审阅保险单证

自2000年4月1日起，全国统一使用中国保险监督管理委员会监制的保险单证，原有各保险公司印制的同类空白单证自2000年5月1日起停止使用。当接到保险单证时，一定要认真核对，看看单证第三联是否采用了白色无碳复写纸印制并加印浅褐色防伪底纹，其左上角是否印有"中国保险监督管理委员会监制"字样，右上角是否印有"限在××省（市、自治区）销售"字样。如果没有，可拒绝签单。

（6）注意审核代理人真伪

投保时要选择国家批准的保险公司及所属机构投保，不能只图省事随便找一家保险代理机构投保，更不能被所谓的"高返还"所引诱，只求小利而上"假代理人"的当。

（7）不要"骗赔"

有极少数人，把保险当成发财的捷径，如有的先出险后投保；有的制造出险事故；有的伪造、涂改、添加修车、医疗等发票和证明。这些都属于骗赔性质，是触犯法律的行为。

3.2.2 投 保 单

微课23 汽车投保方案设计

1. 定义

投保单又称"投保书""要保书"，是投保人向保险人申请订立保险合同的书面要约。

投保书是由保险人事先准备、具有统一格式的书据。投保人必须依其所列项目一一如实填写，以供保险人决定是否承保或以何种条件、何种费率承保。投保单本身并非正式合同的文本，但一经保险人接受后，即成为保险合同的一部分。投保人提出保险要约时，均需填写投保单。如投保单填写的内容不实或故意隐瞒、欺诈，都将影响保险合同的效力。

2. 投保单的填写

投保人填写投保单时，应如实填写各项内容，确保填写的资料完整、内容真实。否则，投保人在投保单中填写不实或有意隐瞒真实情况，则会导致保险人拒绝承保。即使侥幸订立了保险合同，一经查证属实，保险人也有权解除保险合同。

具体来讲，投保人填写投保单时，应注意如下各点。

① 保险人应指导投保人正确填写投保单，投保单至少应当载明机动车的种类、厂牌型号、识

别代码、号牌号码、使用性质,投保机动车所有人或者管理人的姓名(名称)、性别、年龄、住所、身份证或者驾驶证号码(组织机构代码),以及续保前投保机动车交通安全违法行为、交通事故记录等影响费率水平的事项。

② 要求投保人真实、准确填写交强险投保单的各项信息,并在投保单上签字或加盖公章。

③ 投保人提供的资料复印件附贴于投保单背面。

④ 保险期间的起期必须在保险人接受投保人的投保申请日之后,保险期间开始前保险人不承担赔偿责任。

3. 投保单的注意问题

关于投保单应注意以下问题。

(1) 保险合同的当事人

投保人和保险人重视保险单而轻视投保单,将保险单等同于保险合同。

保险合同作为要式合同,投保单是其中的重要组成部分,它与保单、批改申请、批单等重要凭证共同组成了保险合同。保险合同是个整体概念,单独的凭证不能成为完整的保险合同。

(2) 投保单缺少邀约人

投保人的签名或签章,或由保险公司业务员代签名。作为体现投保人购买保险意向的书面邀约凭证,投保单的内容必须完整、准确和真实。

所谓完整是指投保单所列明的栏目应当全部填写,无空缺;准确是指对各填写要素严谨无误,如标的的地址、投保金额、投保日期、客户联系方式等;真实是指投保单填写的主体资格人是投保人,而不是保险公司业务员代理填写并代签名。真实的最大体现是投保人自己在投保单上盖章或签名,这是合同的要素。如果投保人盖章(签名)栏目空缺或由业务员代填写则属于无效邀约,这种邀约本身是不完整的,对投保人不产生法律约束力。无效邀约意味着保险人的承诺及保险单丧失了成立的基础,也无疑为日后产生保险纠纷埋下了导火索,还容易将投保人和保险人双方置于被法律制裁上的被动局面。因此,严格操作程序,凡对公业务,必须在"投保人签单"栏加盖与投保人名称完全一致的公章,对私业务必须在"投保人签章"栏由投保人签名并提供身份证复印件作为投保单附件一并存档,方可为完整的邀约与接受邀约的行为。

4. 机动车辆保险投保单样表

机动车辆保险投保单样表如图 3-1 所示。

中国人民财产保险股份有限公司机动车辆保险投保单(正面)

欢迎您到中国人民财产保险股份有限公司投保!在您填写本投保单前请先详细阅读我公司的机动车辆保险条款,阅读条款时请您特别注意各个条款中的保险责任、责任免除、投保人义务、被保险人义务等内容并听取保险人就条款(包括责任免除条款)所作的说明。您在充分理解条款后,再填写本投保单各项内容(请在需要选择的项目前的"□"内画√表示)。为了合理确定投保车辆的保险费,并保证您获得充足的保障,请您认真填写每一个项目,确保内容的真实可靠。您所填写的内容我公司将为您保密。本投保单所填内容如有变动,请及时到我公司办理变更手续。					
投保人	投保人名称/姓名			投保车辆数	辆
	联系人姓名		固定电话	移动电话	
	投保人住所			邮政编码	□□□□□□

图 3-1 机动车辆保险投保单样表

被保险人	□自然人 姓名：		身份证号	□□□□□□□□□□□□□□□□□□	
	□法人或其他组织 名称：		组织机构代码	□□□□□□□□□	
	被保险人单位性质	□党政机关、团体 □事业单位 □军队（武警） □使（领）馆 □个体、私营企业 □其他企业 □其他			
	联系人姓名		固定电话		移动电话
	被保险人住所			邮政编码	□□□□□□
投保车辆情况	被保险人与车辆的关系	□所有 □使用 □管理		车主	
	号牌号码			号码底色	□蓝 □黑 □黄 □白 □白蓝 □其他颜色
	厂牌型号			发动机号	
	VIN 码	□□□□□□□□□□□□		车架号	
	核定载客	人	核定载质量	千克	排量/功率	L/kW
	车辆初次登记日期	年 月	已使用年限	年	已行驶里程	千米
	车辆种类	□客车 □货车 □客货两用车 □挂车 □摩托车 □拖拉机 □农用运输车 □特种车：请填用途			
	车辆使用性质	□家庭自用 □非营业用（不含家庭自用） □出租客运 □公交客运 □公路客运 □旅游客运 □租赁 □营业性货运			
	汽车安全性能	□防盗系统 □ABS 固定停放地点 □固定车位 □固定车库 □安全气囊 □其他			
	行驶区域	□跨省行驶 □省内行驶 □固定营业路线：请注明具体路线			
	上年赔款次数	□车损险及其附加险赔款次数 次 □三者险及其附加险赔款次数 次			
	是否在我公司投保车辆保证保险	□是 □否	车损险与车身划痕险选择汽车专修厂	□是 □否	
	投保主险条款名称				
指定驾驶员	姓名	驾驶证号码		初次领证时间	
驾驶人员 1		□□□□□□□□□□□□□□□□□□		年 月 日	
驾驶人员 2		□□□□□□□□□□□□□□□□□□		年 月 日	
投保车辆上年交通违章情况		□轻微违章次数 次		□严重违章次数 次	
保险期间		年 月 日零时起至 年 月 日二十四时止			

投保单（背面）

投保险种		保险金额/责任限额（元）	保险费(元)	备注
□车辆损失险：新车购置价 元				
□第三者责任险				
□附加车上人员责任险	投保人数 人	/人		
	投保人数 人	/人		
□附加车上货物责任险				
□附加盗抢险				
□附加玻璃单独破碎险	□国产玻璃			
	□进口玻璃			
□附加停驶损失险：日赔偿金额 元× 天				

图 3-1 机动车辆保险投保单样表（续）

□附加自燃损失险			
□附加车身划痕损失险		5000	
□附加火灾、爆炸、自燃损失险			
□附加无过失责任险			
□附加新增加设备损失险			
□不计免赔额特约			
□不计免赔率特约	□车辆损失险		
	□第三者责任险		
□救助特约			
保险费合计（人民币大写）：		（¥：	元 ）
特别约定			
保险合同争议解决方式选择　　□诉讼　　□提交　　　　　仲裁委员会仲裁			
本保险合同由保险条款、投保单、保险单、批单和特别约定组成。 　　投保人声明：保险人已将投保险种对应的保险条款（包括责任免除部分）向本人作了明确说明，本人已充分理解；上述所填写的内容均属实，同意以此投保单作为订立保险合同的依据。 　　　　　　　　　　　　　　　　　　　　　　　　　投保人签名/签章： 　　　　　　　　　　　　　　　　　　　　　　　　　　　　年　月　日			
验车验证情况	□已验车　　□已验证　　查验人员签名：　　年　月　日　时　分		
初审情况	业务来源：□直接业务　　□个人代理 　　　　　□专业代理　　□兼业代理 　　　　　□经纪人　　　□网上/电话业务 代理（经纪）人名称： 上年度是否在本公司承保：□是　　□否 业务务员签字：　　　年　月　日	复核意见	 复核人签字：　　　年　月　日

注：阴影部分内容由保险公司业务人员填写

图 3-1　机动车辆保险投保单样表

3.2.3　核　　保

1. 定义

保险核保是指保险人对投保申请进行审核，决定是否接受承保这一风险，并在接受承保风险的情况下，确定保险费率的过程。在核保过程中，核保人员会按标的物的不同风险类别给予不同的费率，保证业务质量，保证保险经营的稳定性。核保是承保业务中的核心业务，而承保部分又是保险公司控制风险、提高保险资产质量最为关键的一个步骤。

2. 核保制度建设

（1）核保的意义

① 提供高质量的专业服务。

② 保持市场的领先。

微课 24　保险的核保

③ 为保险中介市场建立和完善创造必要的前提条件。
④ 获得再保险市场的支持。

(2) 核保制度

① 核保制度是保险公司在经营过程中防范、控制经营风险的一项重要制度，是保险经营承保活动的重要内容。
② 通过建立核保制度，将展业和承保相分离，实行专业化管理，严格把好承保关，确保保险公司实现经营的稳定。

(3) 核保制度建立的核心工作

① 建立核保工作的组织架构。核保工作的组织架构是保险公司内部运行的以核保工作为主要目的的组织体系。
- 机构设置原则：控制的原则；统一的原则；高效的原则。
- 机构设置模式：分级设置模式；个案分派模式；核保中心模式。

② 制定核保人员的资格与管理制度。
- 核保人员的资格管理。要求资格考试、评聘分离和建立工作档案等，并采用定期和不定期的培训。
- 核保人员的等级和权限在对核保人员的管理中普遍采用等级制。

③ 编制核保手册。核保手册即核保指南，是将公司对于机动车辆保险核保工作的原则、方针和政策，机动车辆保险业务中涉及的条款、费率以及相关的规定，核保工作中的程序和权限规定可能遇到的各种问题及其处理的方法，用书面文件的方式予以明确。

核保手册是实现核保工作目标的重要手段，而核保手册是通过建立工作的标准化、规范化和程序化来实现核保工作目标的。

3. 核保的运作

(1) 核保运作的基本模式

核保运作的基本流程：投保申请→ 个人投保或单位投保+车辆检验→风险评估+制订保险方案→填投保单→标准业务→三级核保→二级核保→一级核保→出具保险单。

在进行核保过程中遇到一些核保手册没有明确规定的问题，在这种情况下，二级和一级核保人应当注意运用保险的基本原理、相关的法律法规和自己的经验，通过研究分析来解决这些特殊的问题，必要时应请示上级核保部门。

(2) 核保的具体方式

应当根据公司的组织结构和经营情况进行选择和确定，通常将核保的方式分为以下几项。
① 标准业务核保和非标准业务核保。
② 计算机智能核保和人工核保。
③ 事先核保和事后核保。
④ 集中核保和远程核保等。

4. 核保的主要内容

(1) 事前风险选择
① 投保人资格。

② 投保人或者被保险人的基本情况。
③ 投保人或者被保险人的信誉。
④ 保险标的。
⑤ 保险金额。
⑥ 保险费。
⑦ 附加条款。

（2）事后风险选择

淘汰那些超出可保风险范围的保险标的，常用的方法是：保险合同期满后不再续保，或按合同约定，如存在欠交保费等情况予以注销合同，极少数有欺诈行为的可中途终止合同。

5. 核保的管理

（1）车险保险费的管理
① 保险费管理的方式可以分为对合同的管理和对财务的管理。
② 保险费可分为签单保险费、实收保险费和应收保险费。
③ 保险费管理的基本原则：严格签单保险费的管理；强化应收保险费的管理和催收。

（2）车险单证的管理
① 汽车保险单证分为两大类：正式的单证，包括投保单、保险单和批单；相关的单证，包括保险证和急救担保卡以及其他保险抢救卡。
② 保险单证的管理环节：印制、领用、销毁和保存等。

3.2.4 保险的续保、批改和退保

1. 续保

（1）定义

续保是一个保险合同即将期满时，投保人向保险人提出申请，要求延长该保险合同的期限，保险人根据投保人当时的实际情况，对原合同条件稍加修改继续对投保人签约承保的行为。

微课 25　保险的续保、批改和退保

（2）续保的方式
① 另订新的保险契约。
② 按原条件订立"续保证明书"。
③ 将收取续保费的"续保收据"作为续保的凭证，一切条件按原保单办事。

（3）续保的优点
① 对保险人而言：稳定业务量；减少展业工作量和费用。
② 对投保人而言：得到连续不断的保险；得到保险公司的优惠。

（4）续保业务中应遵循下列制度
① 建立和完善续保档案。发现有问题的客户，如决定续保，则要解决以下问题。
- 查清保险车辆的出险原因。
- 保险车辆会不会再次发生同类事故。

- 增加特约条款，使被保险人采取预防措施。
② 建立续保通知制度。
③ 续保检查制度。
④ 核算续保率。

(5) 续保应注意的问题

① 及时对保险标的进行再次审核，以避免保险期间中断。
② 如果保险标的的危险程度有增加或减少时，应对保险费率作出相应调整。
③ 保险人应根据实际情况对承保条件进行适当调整。
④ 保险人应考虑通货膨胀因素的影响，随着生活费用指数的变化而调整保险金额。

2. 批单和退保

（1）批单

保险批单是指保险人签发的同意被保险人要求变更保险单内容的书面文件。它是保险人对投保人提出的补充或变更保险单的内容进行审核，同意后向投保人另出一种凭证，注明保险人对保险单的补充或更改内容。

一般保险批单须粘贴在保险单上，并加盖骑缝章，作为保险单的一部分。保险批单是保险人与被保险人变更保险合同的证明文件，一经批改后，保险应按批改后的内容承担责任。

我国《机动车辆保险条款》规定："在保险合同有效期内，保险车辆转卖、转让、赠送他人、变更用途或增加危险程度，被保险人应当事先书面通知保险人并申请办理批改。"

同时，一般汽车保险单上也注明"本保险单所载事项如有变更，被保险人应立即向本公司办理批改手续，否则，如有任何意外事故发生，本公司不负赔偿责任"的字样，以提醒被保险人注意。

（2）退保

① 退保是指在保险合同没有完全履行时，经投保人和被保险人申请，保险人同意，解除双方由合同确定的法律关系，保险人按照《保险法》及合同的约定退还保险单的现金价值。在保险期内投保人可申请退保。

保单现金价值是指保险契约在发生解约或退保时可以返还的金额。在长期保险契约中，保险公司为履行契约责任，通常需要提存一定数额的责任准备金，当被保险人于保险有效期内因故要求解约或退保时，保险公司按规定，将提存的责任准备金减去解约扣除后的余额退还给被保险人，这部分金额即为保单的现金价值。

② 退保流程：递交退保申请书（说明退保原因和从什么时间开始退保，签上字或盖上公章）；保险公司审核后出具退保批单（批单上注明退保时间及应退保费金额，同时收回汽车保险单）；领取应退保险费（持退保批单和身份证到保险公司的财务部门领取）。

③ 退保所需单证：退保申请书；保险单原件，若保险单丢失，则需事先补办；保险费发票；被保险人的身份证明。

④ 证明退保原因的文件：因车辆报废而退保，需提供报废证明；因车辆转卖他人而退保，需提供过户证明；因重复保险而退保，需提供互相重复的两份保险单。

退保的车辆必须符合下述条件。

- 车辆的保险单必须在有效期内。

- 在保单有效期内，该车辆没有向保险公司报案或索赔过，从保险公司得到过赔偿的车辆不能退保；仅向保险公司报案而未得到赔偿的车辆也不能退保。

3.2.5 案例分析

车险投保案例一：通用实惠型方案

$$交强险+商业三责险（100万元）+车损险+车上人员责任险$$

解说：约有60%的车主选择此方案。此类方案适用于大多数的私家车主，爱车有固定的停车场所，车主的驾龄较长。

车险投保案例二：全面保障型方案

交强险+商业三责险（200万元）+车损险+车上人员责任险+车身划痕损失险

解说：大约有20%的车主选择此保险方案，此类保险方案主要适用于新车、新驾驶员及需要全面保障的车主。

车险投保案例三：经济适用型方案

$$交强险+商业三责险（30万元或50万元）+车损险$$

解说：选此类方案的车主特点为：车辆使用时间较长、驾驶技术娴熟、愿意自己承担风险。

车险投保案例四：高风险型方案

交强险

解说：选择此类保险方案的车主具有冒险精神，但在营销策划时不建议选择。

因为交强险只赔付事故中第三方（受伤害一方），人员伤亡最高赔付18万元，住院医疗1.8万元，财产损失2000元，并且自己的车受损或被盗需自己承担。因此，这个车险方案风险极大。

第 4 章
事故车辆理赔

4.1 事故车辆查勘

【知识目标】
1. 了解事故车辆接报案、调度、查勘、结案等各个环节的操作流程
2. 掌握事故车辆接报案、调度、查勘、结案等各个环节的操作要点及注意事项
3. 了解简易赔案及简化处理赔案的适用范围及处理流程
4. 掌握交强险"互碰自赔"等案件适用条件及处理原则

【能力目标】
1. 学会在事故车辆查勘环节的工作技能
2. 熟练掌握各类特殊案件查勘过程中的处理技巧

【素质目标】
1. 培养勇于担当、无私奉献的优秀品质
2. 培养辛勤劳动、创造性劳动的优良品德

课程育人：劳动最光荣 共圆中国梦

4.1.1 接报案

接报案工作流程图如图 4-1 所示。

微课 26 接报案

"95518"服务专线是中国人保接受报案的中心，所有向中国人保报案的电话由 95518 专线归口受理。其他保险公司也各自有服务专线。其工作职能包括报案记录、报案注销。

1. 报案记录

报案记录工作主要内容：询问案情；查询出险车辆承保、理赔情况（包括商业机动车保险和机动车交通事故责任强制保险）；生成相应的报案记录；确定案件类型（本地自赔案、省内通赔案件和省间通赔案件）。

（1）询问案情

报案记录工作人员主要询问以下信息。

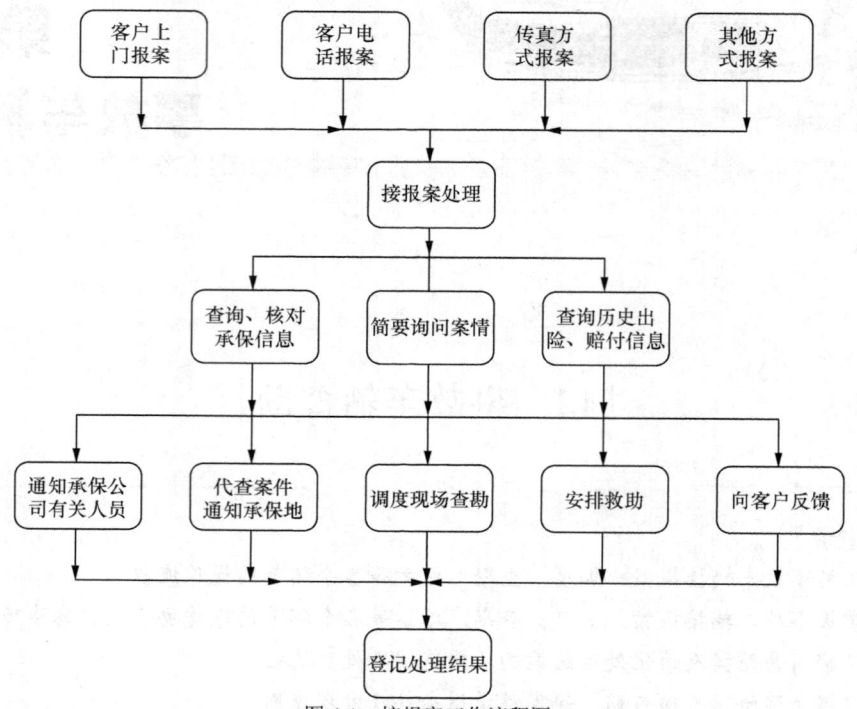

图 4-1 接报案工作流程图

① 报案信息：报案人姓名、联系电话、手机号；联系人姓名、电话、手机号；报案日期、报案时间、出险日期、出险时间、出险原因等。报案日期默认为系统当前时间并不可更改。

② 出险信息：出险地点、本车责任、是否交强险责任、事故经过、事故涉及的损失等。其中，事故涉及的损失按"本车车损""本车车上财产损失""本车车上人员伤亡""第三者车辆损失""第三者人员伤亡""第三者车上财产损失""第三者其他财产损失""其他"的分类方式进行询问。涉及挂车交强险和商业第三者责任险赔付的案件，注意做好挂车报案信息和涉及损失的记录。

③ 保险车辆的有关信息：保单号码、被保险人姓名、号牌号码、牌照底色和厂牌型号等。审核报案人提供的保单信息与此次报案系统带出的保单信息是否一致。涉及主车和挂车事故的案件，请同时了解挂车有关信息。

④ 第三方车辆信息及驾驶人员信息：对于涉及第三方车辆的事故，应询问第三方车辆的车型、号牌号码、牌照底色以及保险情况（提醒报案人查看第三方车辆是否投保了交强险）等信息。如果第三方车辆也是本公司承保且在事故中负有一定责任，则一并登记，进行互碰关联处理。

⑤ 记录事故处理结果。

（2）查询承保信息

根据报案人提供的保单号码、号牌号码、牌照底色、车型、发动机号等关键信息，查询出险车辆的承保情况和批改情况。特别注意承保险别、保险期间以及是否通过可选免赔额特约条款约定了免赔额。涉及挂车的事故注意查询挂车的承保情况。

无承保记录的，按无保单报案处理。

查询条件：可根据投保区域、出险日期、承保机构以及单条件、多条件查询保单信息。

投保区域：本地保单、临时保单、省内通赔、省间通赔。
单条件查询的内容包括：保单号、车牌号、被保险人、车架号、发动机号。
多条件查询的内容包括：车牌号、车架号、发动机号、VIN 号、号牌颜色、车辆类型。
注：单条件查询和多条件查询为单选项，不能同时查询。

（3）查询历史出险、赔付信息

查询出险车辆的历史出险、报案信息（包括作为第三者车辆的出险信息），核实是否存在重复报案。对两次事故出险时间相近的案件，应认真进行核查，并将有关情况通知查勘人员进一步调查。

（4）生成报案记录

根据出险车辆的承保情况生成报案记录。

① 出险车辆的交强险和商业机动车保险在一个保单号下承保的，生成一条报案记录。

② 出险车辆的交强险和商业机动车保险在多个保单号下承保的，在报案时进行本车多保单关联处理，生成一条报案记录。

（5）"通赔"案件转报案

保险车辆在外地出险，按"通赔"实务相关规定处理。

（6）告知客户索赔程序及相关注意事项

① 发生机动车之间的碰撞事故的，应告知客户先通过交强险进行赔偿处理，超过交强险责任限额的部分，由商业保险进行赔偿。符合交强险"互碰自赔"条件的案件应引导客户按照《交强险财产损失"互碰自赔"处理办法》规定进行处理。

② 如当事人采取自行协商方式处理交通事故，应告知双方在事故现场或现场附近等待查勘人员；在规定时间内共同将车开至指定地点定损。

③ 对于涉及人员伤亡或事故损失超过交强险责任限额的，应提示报案人立即通知公安交通管理部门。

④ 对于通过可选免赔额特约条款约定了免赔额的，如果客户估计的损失金额低于约定的绝对免赔额，应对客户进行以下提示。

- 损失金额低于绝对免赔额的，保险人不负责赔偿。
- 索赔后会引起下一保险期间费率的上涨。

如客户同意放弃索赔，应在报案处理界面上"处理结果"一栏中注明"因绝对免赔额客户同意放弃索赔"，并在报案系统中将报案记录注销，不进行查勘调度。

⑤ 对于超出保险期限，明显不属于保险责任的情况，应向客户明确说明。在报案处理界面上"处理结果"一栏中注明拒赔或不予受理的理由，并在报案系统中将报案记录注销，不进行查勘调度。

2. 报案注销

根据未决赔案管理规定，符合报案注销条件的，按照规定的报案注销流程上报审批后，由有报案注销权限的操作人员在业务处理系统中进行处理。

报案注销必须满足以下条件之一。

① 重复报案。

② 不属于保险责任。

③ 属于保险责任，但客户放弃索赔。

④ 无效报案（客户报错案、专线人员录入错误、产品线部门出错保单等）。

因第 1 项和第 3 项原因注销，要有电话录音和客户书面申请或查勘人员的书面处理意见；因第 2 项原因注销，要有电话录音或查勘人员的书面处理意见；因第 4 项原因注销，要有责任人关于发生无效报案的书面说明。

3. 系统操作要点

（1）同一辆车出险时有多张保单时，一是通过车牌号查询出多张保单再进行多保单报案；二是报案后在没有查勘提交前，报案和查勘界面中可以通过"本车多单关联与取消"来实现多保单关联与取消。

（2）同一起事故涉及不同车辆，存在多条报案记录的，可进行"多车互碰关联与取消"操作。

（3）在没有立案前，报案信息都可以修改，同时可以新增调度任务。

（4）在没有立案前，可以进行报案注销。报案注销后，不能修改报案信息。

（5）报案提交调度时，主车标志和盗抢标志不能同时选择。

4.1.2 调度

调度工作流程图如图 4-2 所示。

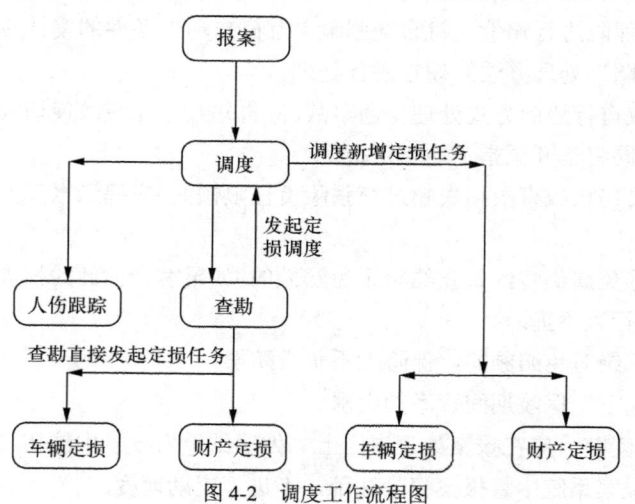

图 4-2 调度工作流程图

1. 调度工作职能

① 分损失项多次多级调度任务。
② 调度查勘任务。
③ 调度定损任务。
④ 追加查勘任务。
⑤ 追加定损任务。
⑥ 调度任务提交第三方或通赔岗。
⑦ 省内通赔案件查勘/定损任务调度。
⑧ 省间通赔案件查勘任务调度。
⑨ 调度任务改派。

微课 27　调度

⑩ 调度任务注销。
⑪ 调度任务修改。

2. 调度任务处理

（1）调度查勘任务

对属于保险责任范围内的事故和不能明确确定拒赔的案件，应立即调度查勘人员进行查勘。

① 调度方式包括直接调度、多级调度、案件级调度、损失项级调度。

直接调度直接将任务分配给查勘机构或人员；多级调度将任务分配给下一级调度机构或人员，然后由下一级调度机构或人员将查勘任务分配给查勘机构或人员。

> **注 意**
> 多级调度人员不能选择本人；分配成功的任务在"查勘调度损失项状态"列表中显示为"查勘调度到人"状态。

案件级调度即以一个案件为单位调度给某个组或人员；损失项级调度，即以一个案件中的每个损失项（可以是一个主车，一个三责车，或者一项财产损失）为单位，调度给某个组或人员。

② 打印或传送《机动车保险报案记录（代抄单）》给查勘人员。将事故保险车辆的所有报案记录和承保信息以邮件、传真或打印的方式完整告知查勘人员。

③ 事故涉及人员伤亡的，应及时通知医疗跟踪人员，调度时需要先将车辆查勘任务调度到查勘岗，再将人伤任务调度到人伤跟踪岗。

（2）调度定损任务

当需要对未定损车辆发起定损任务时，可以使用调度任务中的"新增定损"将定损任务提交栏关定损机构或人员。

> **注 意**
> 定损内容应从下拉框里选择，不能手工输入。

（3）调度任务的注销、改派、修改

①"调度注销""改派"是当调度出的查勘或定损任务在没有被接收的情况下，调度可以进行调度注销或改派。

调度人员在选定调度任务，填写注销、改派原因后就可以对该任务进行注销、改派处理。

> **注 意**
> 调度注销、改派的前提是下一处理机构或人员对该调度任务未接收、未处理。调度注销后的调度任务被置为"未指定接收人"状态等待处理。调度注销、改派一次只能处理一条调度任务。

②"调度修改"是在调度任务中填入的联系人、联系电话或约定查勘地点有变化时，可以通过调度修改功能将需要改动的内容进行修改处理。

> **注 意**
>
> 调度修改不能修改任务接收机构或人员。

（4）调度任务提交第三方或通赔岗

调度的查勘或定损任务由第三方机构或人员处理时，调度可以选择"第三方"或"通赔岗"。"第三方"代表非本分公司的其他约定查勘/调度机构或人员；"通赔岗"代表将任务提交给本地通赔岗人员，再由本地通赔岗人员提交给对方通赔岗人员，然后由接收地通赔岗人员将该任务提交查勘/定损机构或人员。

（5）需要通知承保公司的，应及时通知承保公司有关人员。

（6）需要提供救助服务的案件，应立即安排救助。

对于客户需要提供救助服务的案件，确认其加保了相应救助服务特约条款的，应立即实施救助调度，并记入《机动车辆特约救助书》，按救助案件处理。

对于未加保相应救助服务特约条款的客户，可协助其与救助单位取得联系。在客户同意支付相关费用的前提下，可以调度救助协助单位赶赴现场实施救助。但必须在《机动车辆特约救助书》付费方式一栏，选择"现场收费救助"项目。

3. 系统操作要点

（1）盗抢任务不能与其他任务同时提交查勘。

（2）报案、查勘提交损失项给调度节点，调度人员可以判断损失项是否需要调度，如果不需要调度，不能删除该损失项，只能单击"无需调度"按钮，然后提交，否则该任务将一直处于正在处理状态。

（3）标的车和三责车进行查勘保存后，不允许在"新增查勘"中再次进行调度，如要修改查勘内容只能通过"查勘修改"功能来实现。

（4）"新增定损"包括"新增车辆/财产定损"和"追加车辆定损"两种。

"新增车辆定损"时，要判定该车是不是已经查勘，若已查勘，应选择"已查勘未定损车辆"中的车牌号。

"追加车辆定损"是对已核损通过的车辆追加新的定损任务（增补定损）进行的操作。

4.1.3 查　　勘

查勘工作流程图如图 4-3 所示。

1. 查勘工作的职能

① 接到查勘通知后，服从电话专线的调度，联系事故相关人员及时赶赴事故现场进行查勘。

② 到达事故现场后，协助客户进行现场施救。

③ 收集事故相关的报案人信息、驾驶员信息，查验出险车辆信息，核实出险经过；对事故现场、标的损失情况进行拍照；对重大案件、出险原因复杂案件绘制现场查勘草图；重大案件、复杂或可疑案件应做好当事人询问笔录。

微课 28　事故车辆现场查勘

④ 初步判断保险责任，并估计事故损失情况，完成《查勘记录》。

⑤ 指导客户填写《索赔申请书》，告知客户后续处理流程和咨询途径。积极向客户宣传公司特色理赔服务举措，引导客户选择快速、便捷的特色理赔方案。

⑥ 查勘结束后，通知下一理赔环节（调度或定损）进行后续处理。需要向电话专线反馈的，要及时向电话专线反馈。涉及人伤的，应及时通知医疗跟踪审核人员介入。

⑦ 对于明显不属于保险责任或客户同意注销的案件，通知电话专线进行报案注销。对保险责任有争议的或客户不同意注销的，应在查勘记录中详细记录，并提出建议。

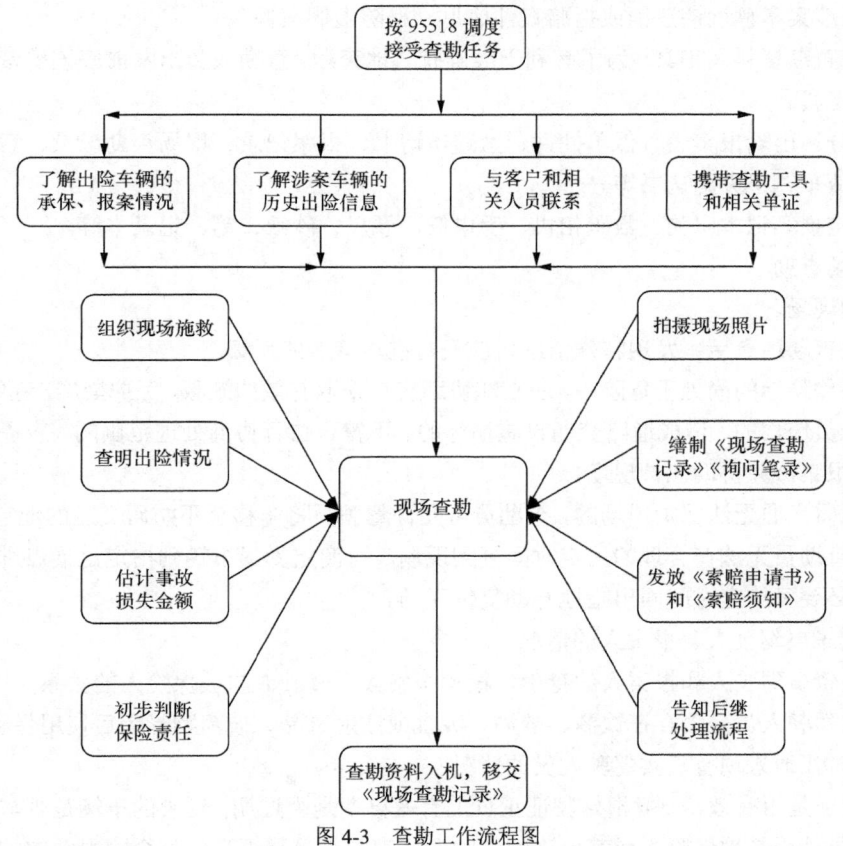

图4-3　查勘工作流程图

2. 工作要点和技巧

（1）查勘前的准备

① 查阅抄单。

• 保险期限。查验保单，确认出险时间是否在保险期限之内。对于出险时间接近保险起止时间的案件，要作出标记，重点核实。

• 承保的险种。查验保单记录，重点注意以下问题：车主是否只投保了交强险或第三者责任险；对于报案称有人员伤亡的案件，注意车主是否投保了车上人员责任险，车上人员责任险是否指定座位；对于火灾车损案件，注意是否承保了自燃损失险。

• 保险金额、责任限额。注意各险种的保险金额、责任限额，以便在现场查勘时做到心中有数。

② 阅读报案记录。

• 被保险人名称，保险车辆车牌号。

- 出险时间、地点、原因、处理机关、损失概要。
- 被保险人、驾驶员及当事人联系电话。

③ 查询涉案车辆历史出险记录。

查询涉案车辆历史出险记录，有利于查勘时对可能存在道德风险和重复索赔的案件进行重点跟踪。

- 对报案间距较短的历史信息进行查阅，了解历史损失情况和当时照片反映的车况车貌，为查勘提供参照。
- 查阅涉案车辆近期注销或拒赔案件信息，严防虚假案件。

④ 携带查勘资料及工具。为了有利于准确有效地查勘，查勘人员出发前应该携带必要的相关资料和查勘工具。

资料部分。出险报案表、保单抄件、索赔申请书、报案记录、现场查勘记录、索赔须知、询问笔录、事故车辆损失确认书等。

工具。定损笔记本电脑、数码相机、手电筒、卷尺、砂纸、笔、记录本等。

（2）现场查勘

① 处理现场。

- 到达查勘地点后，发现特殊情况，应及时向电话专线反馈。
- 如果保险标的尚处于危险中，应立即协助客户采取有效的施救、保护措施，避免损失扩大。
- 有人员伤亡的、造成道路交通设施损坏的、不符合自行协商处理范围的，应提醒客户向交通管理部门报案，并协助保护现场。
- 因阻碍交通无法保护现场的，查勘员可允许驾驶员将车移至不妨碍交通的地点，在附近等候查勘；若查勘员无法在合理的约定时间赶到现场，可商定受损车辆到指定定损点进行第二现场查勘，若有必要可约定时间回出险地补勘复位现场。

② 查明肇事驾驶人、报案人的情况。

- 查验肇事驾驶人和报案人的身份，核实报案人、驾驶人与被保险人的关系。
- 注意驾驶人员是否存在饮酒、醉酒、吸食或注射毒品、被药物麻醉后使用保险车辆情况，是否存在临时找他人顶替真实驾驶人员的情况。
- 驾驶证是否有效，一般指驾驶证正页上有效日期是否过期；驾驶的车辆是否与准驾车型相符；驾驶人员是否是被保险人或其允许的驾驶人；驾驶人员是否为保险合同中约定的驾驶人；特种车驾驶人是否具备国家有关部门核发的有效操作证；营业性客车的驾驶人是否具有国家有关行政管理部门核发的有效资格证书。

③ 查验出险车辆情况。

- 确认保险标的的车辆信息。查验事故车辆的保险情况、号牌号码、牌照底色、发动机号、VIN码/车架号、车型、车辆颜色等信息，并与保险单、证（批单）以及行驶证所载内容进行核对，确认是否是承保标的。
- 查验保险车辆的行驶证。查验行驶证是否有效，一般指行驶证副页是否正常年检。行驶证车主与投保人、被保险人不同的，车辆是否已经过户；已经过户的，是否经保险人同意并通过批单对被保险人进行批改。
- 查验第三方车辆信息。涉及第三方车辆的，应查验并记录第三方车辆的号牌号码、车型，以及第三方车辆的交强险保单号、驾驶人姓名、联系方式等信息。

第4章 事故车辆理赔

- 查验保险车辆的使用性质。车辆出险时使用性质与保单载明的是否相符（两种常见的使用性质与保单不符的情况：营运货车按非营运货车投保；非营运乘用车从事营业性客运）；是否运载危险品；车辆结构有无改装或加装；是否有车辆标准配置以外的新增设备（详见交通管理部门《机动车登记规定》）。

④ 查明出险经过。

- 核实出险时间。对出险时间是否在保险有效期限内进行判断，对接近保险起讫期出险的案件，应特别慎重，认真查实。对出险时间和报案时间进行比对，是否超过 48 小时。了解车辆启程或返回的时间、行驶路线、委托运输单位的装卸货物时间、伤者住院治疗的时间等，以核实出险时间。

- 核实出险地点。查验出险地点与保险单约定的行驶区域范围是否相符；是否是营业性修理场所；是否擅自移动现场或谎报出险地点。

- 查明出险原因。结合车辆的损失状况，对报案人所陈述的出险经过的合理性、可能性进行分析判断，积极索取证明、收集证据；注意驾驶人员是否存在醉酒或服用违禁药物后驾驶机动车的情况（特别是节假日午后或夜间发生的严重交通事故）；是否存在超载情况（主要是涉及大货车的追尾或倾覆事故，需要对货物装载情况进行清点）；是否存在故意行为（一般是老旧车型利用保险事故更换部分失灵配件或者已经索赔未修理车辆通过故意事故重复索赔）。对于电话专线提示出险时间接近的案件，须认真核查两起报案中事故车辆的损失部位、损失痕迹、事故现场、修理情况等，确定是否属于重复索赔。

- 查明事故发生的真实性，严防虚假报案。发生碰撞的，要观察第一碰撞点的痕迹，是否符合报案人所称的与碰撞物碰撞后所留痕迹，比如因碰撞物的不同，碰撞点往往会残留一定的灰屑、砖屑、土屑、油漆等；发生运动中碰撞的，要重点考虑碰撞部位，比如追尾事故因后车在碰撞时紧急制动会导致车头下沉，受损部位往往在保险杠以上更为严重；要对路面痕迹进行仔细观察，保险车辆紧急制动时会在路面留有轮胎摩擦的痕迹，有助于判断车辆发生碰撞前的行驶轨迹。

- 对存在疑点的案件，应对事故真实性和出险经过做进一步调查，可查找当事人和目击者进行调查取证，并做询问笔录。

- 如被保险人未按条款规定协助保险人勘验事故各方车辆，证明事故原因，应在查勘记录中注明。

⑤ 估计事故损失情况。查明受损车辆、货物及其他财产的损失程度，估计事故涉及的各类损失金额，按查勘任务对应的损失标的为单位记录估损金额。记录、核定施救情况。

⑥ 初步判断保险责任。

- 对事故是否属于保险责任进行初步判断。应结合承保情况和查勘情况，分别判断事故是否属于机动车交通事故责任强制保险或商业机动车保险的保险责任，对是否立案提出建议。对不属于保险责任或存在条款列明的责任免除的、加扣免赔情形的，应收集好相关证据，并在查勘记录中注明。暂时不能对保险责任进行判断的，应在查勘记录中写明理由。

- 初步判断责任划分情况。交警部门介入事故处理的，依据交警部门的认定；当事人根据《交通事故处理程序规定》和当地有关交通事故处理法规自行协商处理交通事故的，应协助事故双方协商确定事故责任并填写《协议书》（对当事人自行协商处理的交通事故，如发现责任划分明显与实际情况不符，缩小或扩大责任的，应要求被保险人重新协商或由交警出具交通事故认定书）。

⑦ 拍摄、上传及分拣事故现场、受损标的照片。

- 对车辆和财产损失的事故现场和损失标的进行拍照。第一现场查勘的，应有反映事故现场全貌的全景照片，反映受损车辆号牌号码，车辆、财产损失部位、损失程度的近景照片；非第一现场查勘的，事故照片应重点反映受损车辆号牌号码，车辆、财产损失部位、损失程度的近景照片。对车辆牌照脱离车体、临时牌照或无牌照的车辆、全损车、火烧车及损失重大案件，要求对车架号、发动机号进行清晰地拍照。

- 拍摄相关证件及资料。保险车辆的行驶证（客运车辆准运证）、驾驶人的驾驶证（驾驶客运车辆驾驶人准驾证，特种车辆驾驶人操作资格证）；交警责任认定书、自行协商协议书及其他相关证明。查勘人员应将此环节相关证件、资料尽可能地拍照，照片汇总到车险理赔系统后，有利于核损、核赔环节从系统中进行审核。

- 查勘现场照片拍摄的要求。拍摄第一现场的全景照片（能正确反映现场所处的位置）、痕迹照片、物证照片和特写照片；拍摄能反映车牌号码与损失部分的全景照片（为使车牌号码与损失部分在一张照片上反映出来，一般按受损部位一边的45°角对全车进行拍照）；拍摄能反映车辆局部损失的特写照片；拍摄内容与交通事故查勘笔录的有关记载一致；拍摄内容应当客观、真实、全面地反映被摄对象，不得有艺术夸张；拍摄痕迹时，可使用比例尺对高度、长度进行参照拍摄。

- 查勘照片上传及分拣应该注意：相关证件及资料照片，应该在索赔清单中勾选，在单证资料上传中上传，并分拣到相应项目中；主车、现场查勘、痕迹对比及财产损失照片，分拣到涉案车辆（主车）中；三者车查勘照片分拣到涉案车辆（三者车）中。

⑧ 填写查勘记录。

根据查勘内容填写《查勘记录》，并争取报案人签字确认。查勘员应尽量详细填写《查勘记录》，以保证入机时查勘资料的完整性。

重大、复杂或有疑点的案件，应在询问有关当事人、证明人后，在《机动车保险车辆事故现场查勘询问笔录》中记录，并由被询问人签字确认。

重大、出险原因较为复杂的赔案应绘制《机动车保险车辆事故现场查勘草图》。现场草图要反映出事故车方位、道路情况及外界影响因素。

对VIP客户案件或小额赔案制定优先处理流程的，应在查勘记录中注明案件处理等级。

（3）指导报案人进行后续处理

① 告知赔偿顺序。

- 发生机动车之间的碰撞事故的，应告知客户先通过交强险进行赔偿处理，超过交强险责任限额的部分，由商业保险进行赔偿。

- 交强险未在查勘公司承保的，应指导客户向交强险承保公司报案，由交强险承保公司对第三者损失先行定损。

- 符合交强险"互碰自赔"处理条件的，应向客户告知互碰处理后续流程。

② 向报案人提供《机动车保险索赔须知》和《机动车保险索赔申请书》。

- 在《索赔须知》中完整勾选被保险人索赔时需要提供的单证，双方确认签字后交被保险人或报案人。

- 指导报案人填写《索赔申请书》，告知报案人交被保险人签名或盖章后，在提交索赔单证时一并向保险人提供。

③ 告知客户后续理赔流程。

- 查勘时不能当场定损的，查勘人员应与被保险人或其代理人约定定损的时间、地点；对于事故车辆损失较重，需拆检后方能定损的案件，应安排车辆到拆检定损点集中拆检定损。

- 向客户推荐公司特色理赔方案，引导客户选择快速、便捷的"一站式"后续服务。
- 对于明显不属于保险责任或者存在条款列明除外责任的，应耐心向客户解释，争取客户同意注销案件。

3. 系统操作要点

（1）查勘基本信息的录入

① 注意默认信息都由保单和报案信息自动带入。有"*"号的都是必录项，必须进行选择或录入。

② 对"赔案类别"的选择将影响到后续处理，不同的"赔案类别"对应不同的理赔流程。一般情况下，普通案件选择赔案类别为"一般"；特殊案件选择其他特殊类别，比如"赔案类别"为"特殊互碰"的是指适用交强险"互碰自赔"办法处理的一类案件。

（2）涉案损失项的录入

① 涉案损失项必须录入明细。

- 查勘员需要进入损失项明细录入界面，录入"查勘估损金额"和"施救费用"。
- 注意选择"交强险责任类型"，这将直接影响到理算计算方式。
- 选择"无损失"时，本损失项查勘后将不会发起定损任务。

② 在查勘处理页面"新增车辆"中，标的车（即主车）只能录入一辆（如原查勘项已经有主车，不能再新增），三者车可以录入多辆。

（3）"互碰关联"和"多保单关联"

① 互碰关联。适用于多方事故中，涉案车辆都在同一公司承保的情况。如果进行了"互碰关联"，在处理同一案件关联车辆的其他报案时，可以进行查勘信息的复制。

② 多保单关联。适用于标的车辆存在多张保单的情况，常见的是商业险和交强险分开承保。在查勘时进行"多保单关联"，将在理算时自动发起关联保单的理算任务。

（4）查勘提交

① 查勘提交时，会根据所录损失项（车、财）产生定损任务。可选择提交给调度员，由调度员来指派定损员，也可无需调度员的参与，直接提交给定损员。

② 当案件下第一个查勘任务提交时，会产生资料收集任务。

③ 如果该查勘任务中含有标的车，则提交时会对每张保单产生立案任务。

4. 涉及单证

涉及的单证有《机动车保险事故现场查勘记录》及《附页》《机动车保险事故现场查勘草图》《机动车保险事故现场查勘询问笔录》及《附页》《机动车保险快捷案件处理单》《索赔申请书》《机动车保险索赔须知》。

4.1.4 立　　案

立案工作流程图如图4-4所示。

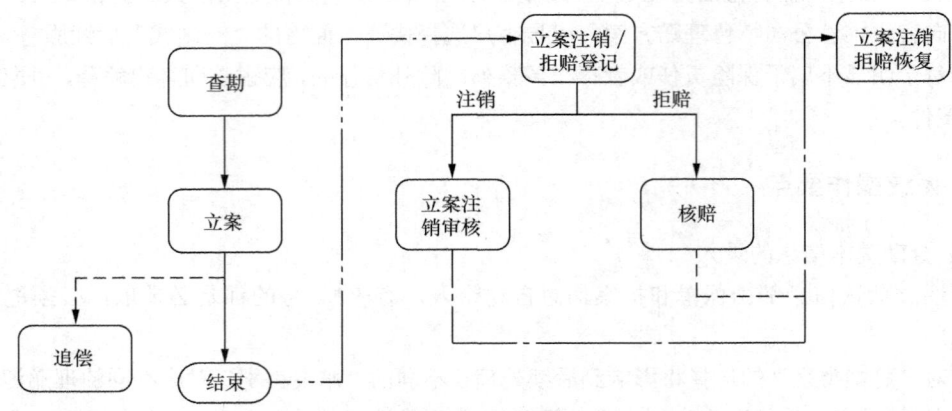

图 4-4 立案工作流程图

1. 立案工作的职能

① 对查勘发起的立案任务进行处理（交强/商业险）。
② 录入、调整立案估损金额信息。
③ 输入巨灾信息代码。
④ 发起追偿任务。

2. 立案前的准备

① 接收查勘资料，包括查勘记录及附页、查勘照片、询问笔录，以及驾驶证、行驶证照片/复印件等。确保立案人员充分掌握查勘信息。
② 查阅出险车辆的承保信息。
③ 查阅出险车辆的历史赔案信息。

3. 立案处理

（1）判断保险责任

① 结合保险车辆的查勘信息、承保信息以及历史赔案信息，分别判断事故是否属于商业机动车保险和机动车交通事故责任强制保险的保险责任。并选择正确的出险标志（商业＋交强，交强或商业）。

② 经查勘人员核实的重复报案、无效报案、明显不属于保险责任的报案，应提交95518专线进行报案注销处理。

（2）录入估损信息

应区分交强险、商业车损险、商业三者险和车上人员责任险等险别，分别录入或调整估损金额。

① 立案基本信息。立案估损信息页中第一部分为立案基本信息，损失分类可以选择"全损""非全损""玻璃独碎"和"盗抢"，赔案类别、出险区域、商业险赔偿责任、交强险赔偿、出险标志和出险原因都为可选项。立案处理人员可以根据实际情况进行录入。

② 估损项。估损项分为涉案车辆、财产损失、人员伤亡3部分。可以点击进入"车辆资料"选框查看具体损失。

③ 险别估损信息。估损金额按照承保险别分项录入，可进行修改，点击调整原因按钮输入调

整原因、费用。估损应填入除施救费以外的合计费用估损金额。车险理赔系统中要求录入的"估损金额"指赔案涉及保险财产/责任的损失金额,"估计赔款"指考虑事故责任比例、免赔和保险金额/责任限额等综合情况后保险公司应赔付的金额。例如,某事故我方负主要责任,责任比例为70%,第三者损失70万元(承保的第三者责任限额为50万元),则车险理赔系统中第三者责任险项下估损金额录入为70万元,估计赔款录入为49万元。

④ 立案建议。可选择部分分为"需要追偿"和"巨灾代码"两部分。如果选择追偿,提交立案任务时将产生一条追偿任务。保险事故属于巨灾风险的,可选择对应的巨灾代码填入,以便于统计巨灾损失。

4. 立案处理时限

① 一般情况下应于查勘结束后24小时内立案。

② 最晚于接报案后3日内,进行立案或注销处理;查勘所涉及的单证可在立案的同时或之后收集。

根据《未决赔案管理规定》,如果车险报案后超过14天(对应10个工作日)仍未立案,车险理赔系统将不能直接进行立案处理。需要立案时,应按规定流程履行上报审批手续后,由有延时立案权限的操作人员在系统中进行处理。

新车险理赔系统中高级立案岗具有延时立案处理的权限,各省分公司可以根据授权情况设立相应的高级立案岗人员,超过省级分公司授权时限的案件提交总公司进行立案处理。

5. 立案状态调整和立案注销、注销恢复、拒赔

(1) 立案状态调整

立案后,应根据案情对出险标志进行调整或调整估损金额。

(2) 立案注销

① 根据《未决赔案管理规定》,符合立案注销条件的,按照规定的立案注销流程上报审批后,由有立案注销权限的操作人员在系统中进行处理。

立案注销必须满足以下条件之一。

第一,不属于保险责任。

第二,属于保险责任,但客户放弃索赔。

第三,客户已报案,但自出险之日起两年内未提交索赔申请书及相关理赔单证的案件(无论客户是否已经在现场查勘报告及出险通知书上签字)。

第四,无效数据(垃圾数据)。

因第一项原因注销,要有查勘或立案人员的书面意见;因第二项原因注销,要有客户的电话录音或书面文件,或查勘、立案人员的书面处理意见;因第三项原因注销,要有业务人员催办客户提交相关文件的往来信函或电话录音;因第四项原因注销,要有原录入人员签署的对输入错误的说明。

② 尚未核赔通过的计算书或者立案已处理的案件,可以通过"立案注销拒赔登记"来进行立案注销操作(注销之后的案件不能再产生结案任务,并且所有的工作流节点都被注销,为失效状态;已经结案或者核赔通过已送收付费系统的案件不能进行立案注销拒赔登记)。

立案拒赔、注销原因:可选择部分分为"不属于保险责任""确认客户放弃索赔""超过索赔时效""无效数据""绝对免赔注销"5类。任务类型分为"客户申请注销""公司内部注销""案件拒赔""部分拒赔"4类。

（3）立案注销恢复

根据《未决赔案管理规定》，上述立案注销条件第一至三项原因的赔案可以恢复；第四项原因的赔案不得恢复。即对于不属于保险责任；属于保险责任，但客户放弃索赔；客户已报案，但自出险之日起两年内未提交索赔申请书及相关理赔单证原因的案件，按照规定的立案注销恢复流程履行报批手续后，由有立案注销恢复权限的操作人员在业务系统中进行处理。

（4）立案拒赔

拒赔案件分为立案前拒赔和立案后拒赔。

① 立案前拒赔。

• 保险公司专线接线员接受报案并查阅保单信息后，对于超出保险期限、未投保险种出险等明显不属于保险责任的情形，应明确告知报案人拒赔理由，并在系统内登记。

• 报案人要求提供书面拒赔材料的，按"立案后拒赔"步骤处理。

② 立案后拒赔。

• 查勘定损人员现场查勘后，发现不属于保险责任，应向客户讲明拒赔意向并反馈给保险公司专线人员或理赔内勤，缮制《机动车保险拒赔案件报告书》，上报主管人员。

• 主管人员应对拒赔理由和有关证据材料进行复审，并签署意见。对超越本级管理权限的案件，按业务管理权限报上级审批。

• 经最终审批确认应拒赔的案件，向被保险人发出《机动车保险拒赔通知书》。

6. 系统操作要点

① 立案任务在标的车查勘完成后生成，定损任务的处理不受是否立案的影响。

② 新车险理赔系统中，若标的车对应多张保单，通过关联操作可生成一个报案号，则一个报案会对应多个立案，但立案号与保单号仍是一一对应的。

③ 在立案任务产生后，不能再进行多保单关联。

④ 出险标志：出险标志的选择将决定资料收集发起理算计算书的类型（交强险、商业险）。

⑤ 出险原因：从查勘环节直接带入，可以修改，出险原因的代码如果为0开头（即巨灾代码），事故免赔不计算；多次出险赔款的可选免赔率也不计算免赔率。

⑥ 赔案类别：对于"特殊互碰"，理算时将只会赔付本车。

⑦ 立案注销/拒赔对应于立案，因此保险车辆对应多个保单、多个立案的情况下，可以对单个立案进行注销、拒赔。

⑧ 只要立案已处理,该立案对应保单下没有核赔通过的理算计算书，也都可以进行立案注销；有核赔通过的计算书需要立案注销时要先进行计算书作废操作。

⑨ 立案注销提交环节为注销审核，立案拒赔提交环节为一级核赔。

⑩ 保险车辆对应多个保单、多个立案的情况下，所有立案都注销/拒赔后将自动修改报案状态为立案注销，此时报案信息不能进行修改。

⑪ 车险理赔系统设置了自动立案功能。符合设定条件的案件可由系统自动进行立案处理，无需手工操作（详见4.3.1节内容）。

7. 涉及单证

所涉及的单证有《延时立案申请表》《报案注销申请表》《立案注销申请表》《报案注销恢

复申请表》《立案注销恢复申请表》。

4.1.5 案例分析

案例一 奔驰车酒驾调包现场查勘案件分析

【案情】2015年10月18日22时,张某向平安财产保险股份有限公司某分公司报案称其在济南市驾驶鲁A×××××奔驰轿车碰撞城市路树,造成标的车严重受损,经查该车投保险种为商业车损险、商业三者险及交强险等。

【处理过程】平安公司接到报案后根据案件损失,指派相应技能权限大案查勘人员直接参与现场查勘,通过对现场勘察,发现标的车在一转弯处碰撞六棵路树及一根电杆,判断出险时车辆车速应当较快,出险时间十分敏感,车上乘客有饮酒情形,且乘客手臂受伤部与主驾驶室侧气囊气孔痕迹相符,案件存在酒驾调包嫌疑。

鉴于调包案件取证、固化证据困难,在事故处理交警队协助取证下,确认此起事故为酒驾调包案件,该案经整案负责人连续一周调查取证及与事故处理交警队的沟通联系,有效避免了案件无人跟踪、跟踪不及时情形发生。

本案通过乘客手臂受伤部与主驾驶室侧气囊气孔痕迹,从而判断出车辆实际驾驶人员,因此在现场查勘时应做到细致勘察,重点关注车上人员受伤情况及车内损坏部件,从而通过细微情况分析车上人员受伤成因,有助于对案件驾驶员锁定;其次需加大与第三方部门合作,取得有力证据,共同打击欺诈行为。

【处理结果】2016年1月25日,平安财产保险股份有限公司某分公司依据上述实时分析,确认是一起奔驰车酒驾调包案件,成功拒赔20万元。

案例二 编造事故现场,转移第一事故现场方式欺诈赔案分析

【案情】2016年5月20日15时,被保险人王某报案称,其桂D×××××解放牌自卸车于当日14时在某石场,车辆起抖时由于地面下陷,造成了车辆倾覆受损。人保财险某分公司查勘员接到95518调度后,马上赶赴事故第一现场查勘,由于该石场位于承保公司150多公里的偏远山上,山路崎岖险峻,查勘人员经过3小时的路程奔波后到达事故现场,但是车主又说事故车已转移了第一现场,车辆已调离到山坡下,查勘员遂又到达山坡下勘查标的车辆,经查勘,标的车主要是车厢液压升降机构部分受损,估损26000元。

【处理过程】在第二现场,查勘员发现,标的车身没有明显的碰撞痕迹,发现此情况后,查勘员立即要求车主带他到出险地事故第一现场复查,在第一现场,查勘员并没有发现如车主报案所称的地面下陷造成车辆倾覆的痕迹,针对疑问,查勘员进一步调查了解,并利用专业知识分析出该事故属于机械故障而造成的损失,并没有发生保险车辆倾覆的责任事故。在这些事实面前,被保险人于5月21日致电95518,放弃索赔。

这起骗赔案中,反映了被保险人为获得非保险责任赔偿,企图采用编造事故现场偏僻或转移第一事故现场的方式,认为查勘人员难以及时到达现场,无法准确了解损失情况,并且通过转移第一事故现场,使保险公司查勘人员难以开展现场查勘,掌握第一手资料,达到蒙混骗赔目的。

【处理结果】由于公司查勘人员第一时间到达了现场,认真细致地勘查事故发生地,对疑点一一核查,利用丰富的专业知识,分析出事故的本来面目,有理有据地驳回了被保险人的索赔要

求,最终为公司减少损失 26000 元。

案例三　先出险后投保车险现场查勘案件分析

【案情】被保险人李某于 2015 年 9 月 10 日为鲁 B×××××的别克轿车向太平洋财险公司投保了车损险、第三者责任保险、车上人员责任险、不计免赔、划痕等。

2015 年 10 月 6 日 20 时,驾驶员黄某拨打太平洋财险 95500 客服热线报案,称其驾驶鲁 B×××××的别克轿车于 2015 年 10 月 5 日 18 时行驶至某偏僻路段时发生侧翻事故,造成标的车严重损坏。

【处理过程】太平洋财险 95500 客服热线人员接到报案后,立即调度现场查勘员到达事故现场。经现场查勘发现诸多案件疑点:

（1）出险时间距离起保时间不足一个月;

（2）车辆损失严重却非第一时间报案;

（3）太平洋保险查勘员接报案后多次约见被保险人李某及驾驶员黄某,要求配合复勘现场,对方均以各种理由推脱。

在多次联系黄某后,终于答应配合做笔录,在获取笔录过程中,黄某言辞闪烁,多处描述前后不一致。

随后公司调查人员前往施救该车的某拖车公司进行调查取证时,接待人员称施救人员已外出且无法答复施救人员的位置及返回时间,调查再次受阻。

太平洋保险调查人员转变思路,转往事故发生地点继续进行调查。经秘密走访事发地周边小卖部及目击群众,最终获悉该起事故实际发生日期为 2015 年 8 月 30 日,且无交通事故处理部门处理。

【处理结果】最终被保险人在保险公司掌握的大量证据面前无法自圆其说,于 2015 年 11 月 27 日在拒赔通知书上签字同意放弃该起案件的索赔请求。案件成功拒赔,公司避免经济损失 20 万元。

对于临近保险期限的非现场报案,要重点针对是否存在先出险后投保的风险,坚持亲自到现场进行实地走访调查,不能放过蛛丝马迹。

4.2　事故车辆定损

【知识目标】

1. 了解事故车辆定损、核损、报价、赔款理算等环节的工作职能
2. 掌握事故车辆定损、核损、报价、赔款理算等环节的操作流程

【能力目标】

1. 学会在事故车辆定损等环节的工作技能
2. 熟练掌握各类车险案件定损等过程中的处理技巧

【素质目标】

1. 培养法律意识、公德意识、集体意识
2. 培养自信、自尊、自强、自律的良好行为习惯

课程育人:保险业要回归本源,服务至上

4.2.1 定　　损

定损工作流程图如图 4-5 所示。

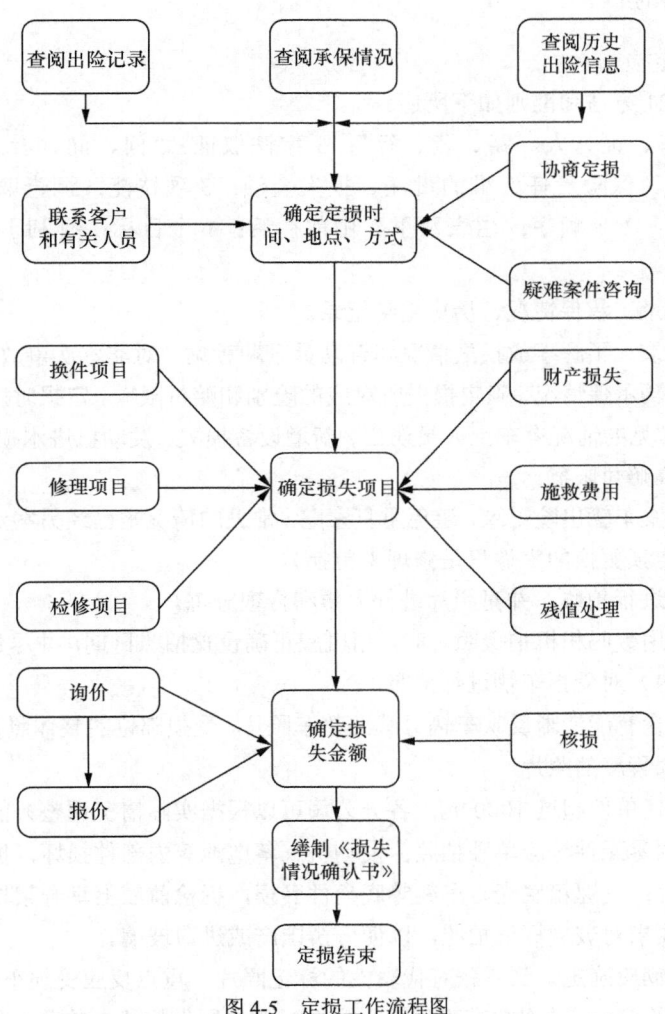

图 4-5　定损工作流程图

1. 定损工作职能

① 查阅查勘记录、承保情况、历史出险记录。了解事故损失情况和查勘员查勘意见；损失所对应的险别及赔付限额；历史出险记录是否有与损失情况类似的可疑案件。

② 确定受损机动车和其他财产的损失情况，并对损失项目进行拍照。

③ 与客户协商确定修理方案，包括确定修理项目和换件项目。对需要询价、报价的零部件向报价岗询价、报价。确定修理工时费。与保险事故有关各方协商修理费用，协商一致后签订《机动车保险车辆损失情况确认书》。

④ 对需要核损的案件提交核损岗。
⑤ 引导客户选择保险公司合作修理厂进行事故车辆维修。
⑥ 对修复车辆进行复检和损余回收。
⑦ 确认施救费用。

2. 工作要点和技巧

（1）机动车辆定损

现场查勘 654321 方法和准则如下所述。

6 个方面："车、证、人、路、货、行"；5 字法取证："问、闻、看、思、摄"；4 个基本问题：保险车辆、保险责任、谁的责任、损失金额；3 项技能：调查取证、绘制现场图、填写现场查勘报告；2 个顺序：由表及里、由前往后；1 个目标：有利于车主、修理厂、保险公司。

① 查阅查勘记录、承保情况、历史出险记录。

- 查阅查勘记录，了解事故损失情况和查勘员查勘意见，对非本次事故的损失不予确定。
- 查看保险车辆承保情况，确定损失所对应的险别和赔付限额。定损时属于未承保险别的损失项应不予赔付（常见的情况有车上人员伤亡、新增设备损失、发动机进水损失），且定损金额不应超过各险别的最高赔付限额。
- 仔细查阅涉案车辆出险记录，避免重复索赔（常见的情况是已经另案定损但未修理又发生事故；历史案件中定损更换的零件只是修理未更换）。

② 对受损车辆进行拍照，并对照片进行上传和合理分拣。

- 定损人员使用数码相机拍摄照片时，相机应正确设置拍照日期，并尽量按一定顺序（比如从前到后，由外到内）对受损车辆进行拍照。
- 定损照片需含有能清晰反映车辆号牌的整车照片，受损部位的整体照片，能正确反映零部件的损失数量和受损程度的照片。
- 对价值较高（单件超过 1000 元，各分公司可以根据实际情况调整）的受损零部件和需要更换的零部件、残损零配件等应单独拍照；发动机、蓄电池等内部件损坏，拆检前应掀起发动机罩拍摄全景受损照片；变速箱底壳、车架等底盘件受损，拆检前应上举升架拍摄全景受损照片；更换风挡玻璃的，要求对玻璃标记拍照，以便分辨国产或进口玻璃。
- 每辆受损车辆应确定一到两张有代表性的标记照片，重点反应受损车辆损失概况。
- 定损员应按照精简、高效、准确反映受损情况的原则做好待上传照片的筛选工作，严格控制上传车险理赔系统的照片数量。
- 对于上传的案件照片，应该合理分拣。将车辆损失照片分拣到相应的涉案车辆中；对于价值较高的受损零部件和需要更换的零部件、残损零配件照片，应在定损后，分拣到对应的定损项中。

③ 确定车辆损失情况。

- 车辆定损基本原则。修理范围仅限于本次事故中所造成的车辆损失；能修理的零部件，尽量修复，不要随意更换新的零部件；能局部修复的不能扩大到整体修理；能更换零部件的坚决不能更换总成件；根据修复工艺难易程度，参照当地工时费用水平，准确确定工时费用；准确掌握汽车零配件价格。

第4章 事故车辆理赔

- 确定保险车辆和三者车辆损失项目。注意在定损项目中剔除保险车辆标准配置以外的新增设备损失（未承保新增设备损失险）；区分事故损失与机械损失的区别（比如机械故障机械本身的损失、轮胎自爆轮胎的损失、锈蚀零部件的损失）；剔除保险条款中的除外责任所对应的损失（比如发动机进水造成发动机的损失）；对照历史案件信息，剔除本次损失中重复索赔的项目。
- 与客户协商确定修理方案、包括换件项目、修理项目、检修项目。坚持修复为主的原则，如客户要求将应修零部件改为更换时，超出部分的费用应由其自行承担，并在《机动车保险车辆损失情况确认书》中注明。
- 残值的处理。残值折归被保险人的，应合理作价，并在定损金额中扣除；保险公司回收残值的，按照损余物资处理规定做好登记、移交工作。对于可修可换的零部件定损为更换的，尤其是一些价值较高的零部件，为防止道德风险，应要求回收残值。
- 对更换零部件进行询价、报价。属上级公司规定的报价车型和询价范围的，向上级公司询价。不属上级公司报价范围的，根据当地报价规定，核定配件价格。上级公司对于询价金额低于或等于上级公司报价金额的进行核准操作；对于询价金额高于上级公司报价金额的，应逐项报价。
- 工时费的确定。工时费的定价应以当地修理行业的平均价格为基础，并适当考虑修理厂的资质，与被保险人协商确定。一般轻微事故中，可按维修项目分项定价；对重大事故的定损，应采取工时费包干的办法与修理厂进行谈判，一般应先谈妥工时费再拆解事故车辆，避免因谈判不成变更修理厂时带来被动。
- 对超权限案件提交核损岗进行核损。核损未获通过的，按核损员要求对定损项目进行重新确定。
- 出具《损失情况确认书》。核损通过后，可根据换件项目、修理项目的有关内容，与被保险人签订《机动车保险车辆损失情况确认书》（含零部件更换项目清单和修理项目清单）。《机动车保险车辆损失情况确认书》一式两份，经被保险人签字确认，保险人、被保险人各执一份。

④ 车辆送修。
- 应主动向被保险人推荐与我公司建立合作关系的协作修理厂。
- 投保人在投保时选择专修厂修理，应推荐具有保险车辆专修资格的修理厂。
- 被保险人要求推荐、招标修理厂修理的，推荐、招标的修理厂应尽量选择资质为一级的汽车修理厂或专业汽车维修站，不得选择资质低于二级的汽车修理厂。

⑤ 修复车辆的复检。
- 事故车辆修复完工，客户提取车辆之前，可选择安排车辆复检，即对维修方案的落实情况、更换配件的品质和修理质量进行检验。以确保修理方案的实施，零配件修理、更换的真实性，防范道德风险的发生，保证被保险人的利益。
- 在非协作修理厂修理的事故车辆，对单件损失金额较高的配件，为确保车辆按照定损要求修理，应该在修复完工后，进行车辆关键零部件的复检，确保已经更换新的配件。
- 复检的结果应在定损单上注明。如发现未更换定损件或未按定损价格更换原厂件，应在定损单上扣除相应的差价。

⑥ 车辆定损时应注意的几个问题。
- 追加定损。受损车辆解体后，如发现尚有因本次事故损失的部位没有定损的，经定损员核

实后，可追加修理项目和费用。追加定损时，应注意区分零部件损坏是在拆检过程中、保管过程中、施救过程中发生，还是保险事故发生时造成的损失。

- 经保险人同意，对保险事故车辆损失原因、损失程度进行鉴定的费用可以负责赔偿。
- 自行送修车辆的定损。受损车辆未经保险公司和被保险人共同查勘定损而自行送修的，根据条款规定，保险人有权重新核定修理费用或拒绝赔偿。在重新核定时，应对照查勘记录，逐项核对修理项目和费用，剔除其扩大修理和其他不合理的项目和费用。

（2）非车辆财产损失的确定

① 第三者财产和车上货物的损失，应会同被保险人和有关人员逐项清点。

- 确定损失数量、损伤程度和损失金额。同一保险标的要注意避免重复赔偿。
- 超过本级处理权限的，应及时报上级进行定损或核损。
- 制作《机动车保险财产损失确认书》一式两份，由被保险人签字确认，保险人、被保险人各执一份。

② 财产损失的确定应注意以下几点。

- 损失修复原则。第三者财产和车上货物的恢复以修复为主；无法修复和无修复价值的财产可协商折价进行赔偿。
- 确定物损数量。交通事故中常见的财产有普通公路路产、高速公路路产、供电通信设施、城市与道路绿化等。相关财产的品名和数量可参照当地物价部门列明的常见品名和配套数量。受损财物的数量确定还必须注意其计算方法的科学性、合理性。
- 损失金额的确定。对于出险时市场已不生产销售的财产，要依据原产品的主要功能和特性，使用市场上同类型产品替代。定损金额以出险时保险财产的实际价值为限。
- 维修方案的确定。根据损失项目、数量、维修项目和维修工时及工程造价确定维修方案。对于损失较大的事故或定损要求较高的事故，可委托专业人员确定维修方案。
- 常见财产损失处理办法如下。

市政和道路交通设施，如广告牌、电灯杆、防护栏、隔离桩、绿化树等。定损中按损坏物产的制作费用及当地市政、路政、交管部门的赔偿标准核定。

房屋建筑。了解房屋结构、材料、损失状况，然后确定维修方案，聘请工程专业人员根据维修方案制作预算，在合理预算的基础上与损失方协商达成赔偿协议。

道旁农田庄稼。在青苗期按青苗费用加上一定的补贴即可，成熟期的庄稼可按当地同类农作物平均产量测算定损。

家畜、牲畜。牲畜受伤以治疗为主。受伤后失去使用价值或死亡的，凭畜牧部门证明或协商折价赔偿，公路上散养的家畜不在赔偿范围之内。

车上货物及其他货品。应根据不同的物品分别定损，对一些精密仪器、家电、高档物品等应核实具体的数量、规格、生产厂家，可向市场或生产厂了解物品价格。另外，对于车上货物还应取得运单、装箱单、发票，核对装载货物情况，以防止虚报损失。

（3）施救费用的确定

① 施救费用的界定。

- 施救费用是指当保险标的遭遇保险责任范围内的灾害事故时，被保险人或其代理人、雇佣人员等为防止损失的扩大，采取措施抢救保险标的而支出的必要、合理的费用。
- 必要、合理的费用是指施救行为支出的费用是直接的、必要的，并符合国家有关政策规定。

② 施救费用的确定。施救费用的确定要严格依照有关条款的规定，并注意以下几点。
- 被保险人使用他人（非专业消防单位）的消防设备，施救保险车辆所消耗的费用及设备损失可以赔偿。
- 保险车辆出险后，雇用吊车和其他车辆进行施救的费用，以及将出险车辆拖运到修理厂的运输费用，在当地物价部门颁布的收费标准内负责赔偿。
- 在施救过程中，因施救而损坏他人的财产，如果应由被保险人承担赔偿责任的，可酌情予以赔偿。但在施救时，施救人员个人物品的丢失，不予赔偿。
- 施救车辆在拖运受损保险车辆途中发生意外事故造成的损失和费用支出，如果该施救车辆是被保险人自己或他人义务派来抢救的，应给予赔偿；如果该施救车辆是有偿服务的，则不予赔偿。
- 保险车辆出险后，被保险人赶赴肇事现场处理所支出的费用，不予负责。
- 只对保险车辆的施救费用负责。保险车辆发生保险事故后，涉及两车以上，应按责分摊施救费用。受损保险车辆与其所装货物（或其拖带其他保险公司承保的挂车）同时被施救，其施救货物（或施救其他保险公司承保的挂车）的费用应予剔除。如果它们之间的施救费用分不清楚，则应按保险车辆与货物（其他保险公司承保的挂车）的实际价值进行按比例分摊赔偿。
- 保险车辆为进口车或特种车，发生保险责任范围的事故后，当地确实不能修理，经保险公司同意去外地修理的移送费，可予负责，并在定损单上注明送修地点和金额。但护送车辆人员的工资和差旅费，不予负责。
- 施救、保护费用与修理费用应分别理算。当施救、保护费用与修理费用相加，估计已达到或超过保险车辆的实际价值时，可按推定全损予以赔偿。
- 车辆损失险的施救费是一个单独的保险金额，但第三者责任险的施救费用不是一个单独的责任限额。第三者责任险的施救费用与第三者损失金额相加不得超过第三者责任险的责任限额。
- 施救费应根据事故责任、相对应险种的有关规定扣减相应的免赔率。
- 重大或特殊案件的施救费用应委托专业施救单位出具相关施救方案及费用计算清单。

3. 系统操作要点

（1）定损方式选择

① 修复定损。"修复定损"是一般定损方式，选择"修复定损"需要进入第三方定损工具定损，损失确认单有详细更换项目和维修项目的明细。

② 协议定损。"协议定损"只分别录入换件金额和工时费的总价，选择"协议定损"不能进入第三方定损工具，不录入更换项目和维修项目的明细。

③ 推定全损。"推定全损"只录入总定损金额。选择"推定全损"也不能进入第三方定损工具。

（2）车辆信息的录入

① "车辆信息"一栏里的"损失类别""交强险责任类型""承保情况"直接影响理算的计算，需要特别注意其选择录入的正确性。

② 注意核对"车辆信息"所对应的"车牌号"和"损失方标志"，分清楚正在定损的标的是"主车"还是"三者车"。"车牌号"由查勘环节自动带入，不要随便修改。

（3）定损修改

① 核赔通过前，定损岗可以对定损进行修改。定损结束后，定损修改可通过"车辆定损"中选择"车辆定损修改处理"进行操作。

② 如果进行定损修改时，理算计算书已经处理完毕或者已经做暂存处理，必须在定损修改完成并核损通过后，在理算环节选择"理算刷新"提取定损修改结果重新进行理算。

③ 已经核损通过的任务要进行"定损任务注销"，必须先进行定损修改，使定损任务处于"定损修改"状态下，才能进行"定损任务注销"。

④ 已经核赔通过的案件，可以在调度环节发起"追加定损"任务。

（4）定损任务的结束

核损完成后将向定损岗返回一条确认定损结束的任务，定损员必须处理这个任务确认定损结束。所有定损任务结束后，才能发起理算任务。

4. 涉及单证

定损所涉及的单证有《机动车保险车辆损失情况确认书》《零部件更换项目清单（代询价单）》《修理项目清单》《机动车保险快捷案件处理单》《机动车保险车辆损失情况简易确认书》。

4.2.2 核　　损

核损工作流程图如图4-6所示。

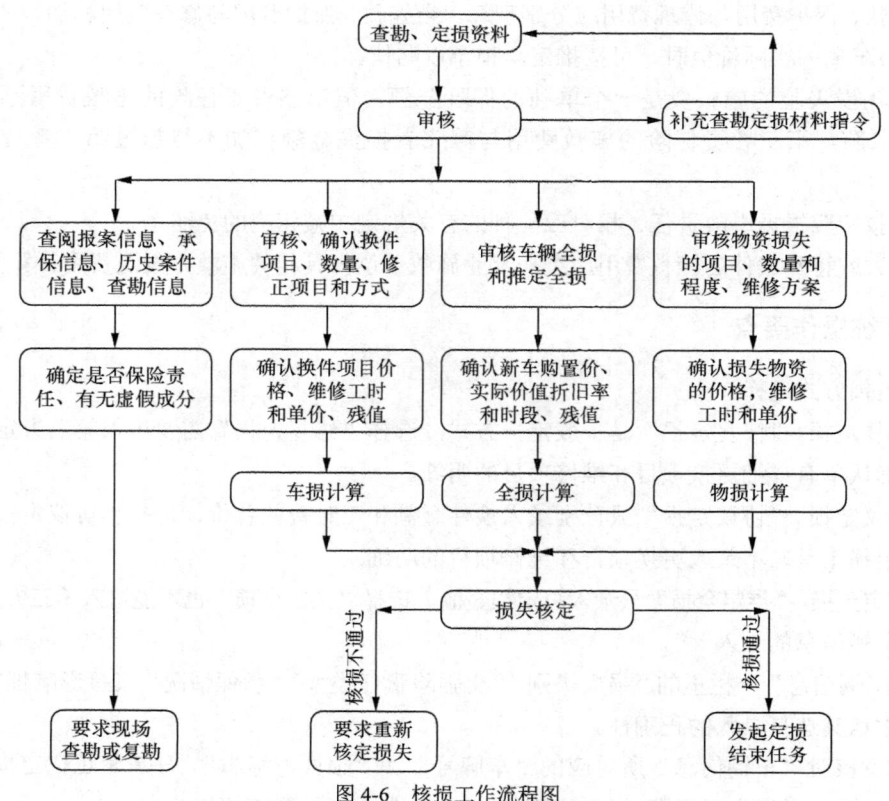

图4-6 核损工作流程图

1. 核损工作职能

微课 30 事故车辆核损

① 运用车险理赔系统对定损岗或报价岗提交的案件进行同步核损,实现理赔管控高时效、管控手段前端化。

② 检查查勘定损员是否按查勘定损规范完成现场查勘、定损,查勘定损资料是否上传完全。

③ 通过审核承保情况、报案情况、查勘情况、历史出险记录等信息,审核事故是否属于保险责任,案件是否存在虚假成分。对可疑案件督促查勘员进行现场查勘或复勘。

④ 审核定损结果的合理性、准确性。对不合理、不准确的部分进行核损修改,并要求定损员按核损结果重新核定损失。

2. 工作要点和技巧

(1) 对是否属于保险责任的复核

综合承保、报案、查勘、历史出险记录等环节的信息,判断事故是否属于保险责任;案件是否存在虚假成分。

① 浏览保单承保险别,审核事故损失是否能对应相应的承保险别,损失金额是否超过了对应险别的最高赔付限额(如划痕险限额)。

② 查看保险期限,对邻近保险起期或止期的保险事故应提高警惕,要对查勘情况进行重点审核。

③ 核对被保险人与行驶证车主是否相符,不相符的是否已经过户,已经过户的有没有变更被保险人的批单。

④ 检查驾驶证、行驶证是否有效。

⑤ 检查事故现场照片是否符合拍摄规范(有无带车牌号的整车照片、拍摄能不能反映事故发生的全貌等),照片日期是否可疑(照片日期在报案时间之前的可能是虚假案件)。

⑥ 通过事故现场照片、查勘记录分析事故成因,判断是否存在虚假成分。需要现场复勘的,可联系查勘人员进行恢复现场复勘。

⑦ 对历史出险信息进行查阅,检查是否存在重复索赔的情况。

(2) 对车辆定损结果的复核

① 审查定损员上传的初(估)定损清单及事故照片的完整性。如上传资料不能完整反映事故损失的各项内容,或照片不能完整反映事故损失部位和事故全貌,应通知定损员补充相关资料。

② 换件项目的复核。

- 剔除应予修复的换件项目(修复费用超过更换费用的除外)。
- 剔除非本次事故造成的损失项目。
- 剔除历史信息中已经定损更换但修理时未更换的重复索赔损失项目。
- 剔除可更换零部件的总成件。根据市场零部件的供应状况,对于能更换零配件的,不更换部件;能更换部件的,不更换总成件。
- 剔除保险车辆标准配置外新增加设备的换件项目(加保新增设备损失险除外)。
- 剔除保险责任免除部分的换件项目。如车胎爆裂引起的保险事故中所爆车胎,发动机进水后导致的发动机损坏,自燃仅造成电器、线路、供油系统的损失等。

- 剔除超标准用量的油料、辅料、防冻液、冷媒等。如需更换汽车空调系统部件的，冷媒未漏失，可回收重复使用处理等。

③ 车辆零配件价格的复核。

- 车辆零配件价格的复核应该以定损系统本地化价格为依据，并在一定范围内上下浮动。已经经过报价的，以报价金额为准。
- 对于保单有特别约定的，按照约定处理。如专修厂价格，国产或进口玻璃价格等。
- 残值归被保险人的，对残值作价金额进行复核。

④ 维修项目和方式的复核。

- 应严格区分事故损失和非事故损失的界限。剔除非本次事故产生的修理项目。
- 应正确掌握维修工艺流程，剔除不必要的维修、拆装项目。

⑤ 维修工时和单价的复核。

- 对照事故照片及修理件的数量、损坏程度，剔除超额工时部分。
- 以当地的行业维修工时标准为最高上限，参照出险地当时的工时市场单价，剔除超额单价部分。

（3）车辆全损或推定全损的复核

① 全损/推定全损的条件。

- 事故车辆无法施救。
- 保险车辆的施救费用达到或超过保险事故发生时车辆的实际价值。
- 事故车辆修理费用达到或超过保险事故发生时事故车辆的实际价值。
- 当事故车辆修理费用与施救费用之和，达到或超过保险事故发生时事故车辆的实际价值时，可以与被保险人协商采取推定全损处理。

② 全损或推定全损的计算。

被保险人收回残余物资的，定损金额＝实际价值－残值

保险人收回残余物资的，定损金额＝实际价值

（4）其他财产损失的复核

其他财产主要包括第三者非车辆财产和承运的货物。

其他财产的核损主要包括损失项目和数量、损失单价，维修方案/造价的核损。可参照《非车险理赔实务指南》的定损规范处理。

3. 系统操作要点

（1）结合本地具体情况设置个性化核损流程

① 按定损金额的大小设置是否需要核损。换件单价金额；单车损失金额；同一定损单合计金额。

② 按出险险别设置是否需要核损。比如可以对划痕险、玻璃单独破碎险进行逐单核损。

③ 对涉及特定机构的案件进行核损。对某下属分支单位承保的案件进行核损；对某代理机构承保案件的单独核损；对某修理厂承修的事故车辆的定损情况进行核损。

④ 对部分特殊案件进行核损。对省内通赔案件进行核损；对交强险互碰自赔案件进行核损。

（2）核损操作注意事项

① 车辆核损只能修改换件、修理、辅料的核损单价，不能修改定损价格。定损员需要参照核损价格对定损价格进行重新修改。

② 如果在车辆定损时，某些换件打上了回收标志，则在核损通过时，系统会自动发起一条损

余回收任务。

4.2.3 报 价

车辆报价工作流程图如图4-7所示。

1. 报价工作职能

① 查看车辆信息。
② 查看车辆定损信息。
③ 查看零部件更换费用清单。
④ 查看零部件修理费用清单。
⑤ 查看零部件辅料费用清单。
⑥ 查看待检测零部件清单。
⑦ 金额汇总。
⑧ 编辑报价意见、选择提交动作。

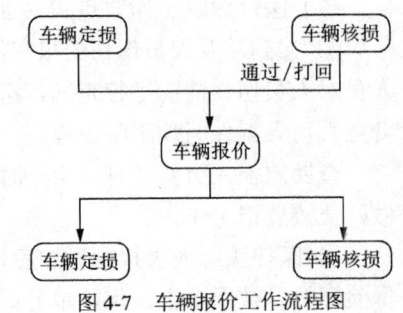

图4-7 车辆报价工作流程图

2. 报价工作要点

① 报价人员在接到定损人员提交的车辆定损报价任务及零配件更换项目损失清单后，应认真核定该事故损失照片，确认零配件更换项目无误后，依据零配件信息核定零配件价格。

② 报价人员应认真收集、整理本地区的零配件价格信息，并及时通过零配件报价管理系统做零配件价格的本地化处理，以及零配件报价管理系统数据的实时更新、维护。

③ 省级分公司报价人员应对所管辖的分支机构使用报价系统的情况进行监督、指导，对于报价处理中的问题应及时向主管领导汇报，并提出改正建议。

3. 系统操作要点

① "车辆报价"主要是对定损人员提交的车辆定损任务项下的车辆的"换件"价格进行"报价"处理。

② 车辆报价岗人员登录新车险理赔系统，在报价方式下点击编辑按钮进入第三方系统对车辆零配件价格、零配件辅料价格进行报价处理。关于第三方系统的具体操作方法，以第三方系统操作手册为准。

③ 超过省级分公司报价权限的案件将由系统的九级报价岗提交至总公司远程操作平台进行处理，报价审核结果返回至省级分公司九级报价岗。

4.2.4 医疗跟踪、医疗审核

1. 医疗跟踪

（1）医疗跟踪工作职能
医疗跟踪是指保险车辆发生事故，造成人身伤亡的，由医疗跟踪人员对伤亡人员的抢救、治疗过程，死亡原因的鉴定和伤残等级的评定，以及相关费用的使用情况进行跟踪的过程。医疗跟踪包括：了解伤者基本情况、伤情程度；跟踪伤者治疗过程，协调对伤者的抢救和治疗方案；告知保险人可承担的医疗费用范围；对死亡原因的鉴定和伤残等级的评定进行跟踪和调查。

微课31 医疗跟踪、医疗审核

（2）医疗跟踪工作要点和注意事项

① 接到涉及人员伤亡的报案后，在调度查勘人员的同时，调度医疗跟踪人员对人员伤亡情况进行查勘。医疗跟踪人员对需进行住院治疗人员及时启动重大伤人案件医疗跟踪流程。

查勘定损人员要及时（第一时间）将所有涉及人员伤亡的资料、情况移交医疗跟踪人员，并做好交接登记工作。

② 医疗跟踪人员接到通知后，应及时与报案人（被保险人）联系，核对基本情况：保险险种、保险标的、被保险人、保险单号码（交强险/商业险）、保险期限；出险时间、出险地点、出险原因、事故处理机关；伤亡人员数量、伤亡者姓名、伤势程度、救治医院；报案人（被保险人）及伤亡者联系人的联系方式、电话号码。

③ 医疗跟踪人员根据报案及了解的信息，及时赶赴医院。根据患者的伤势程度，估计损失金额。

对有保险定点医院的，根据报案及了解的信息，在院医疗保险办公室的配合下，确认伤者为保险患者，双方在通知单中签字，院方按照定点医院管理办法和协议内容实施治疗方案。

④ 医疗跟踪人员对住院治疗的伤者，实施从住院到出院的全程跟踪。

- 伤者入院后原则上24小时内开展医疗跟踪，特重伤者应在离开监护室的两天内进行跟踪，并根据需要给伤者的伤势部位拍照。跟踪了解内容包括：被保险人的详细资料、出险时间、出险地点及出险原因；伤者姓名、性别、年龄、身份证号码、伤者出险时受伤情况、入院诊断、记录入院时的时间；伤者工作单位、工资标准及工种、家庭情况（重点了解有无抚养义务情况）、护理人员情况（护理级别、护理人员姓名、工作单位、工资标准、护理时间）。

- 伤者入院后原则上每周跟踪一次，并填写《伤残人员医疗跟踪调查表》，对当前的治疗原则、治疗项目、用药范围、床位及护理级别、已发生的医疗费用进行详细记录，不合理费用要及时与经治医生沟通，修改治疗方案，并告知伤者及被保险人，还需将这些情况在表中注明。

⑤ 伤者出院3日内，原则上完成《伤残人员医疗跟踪调查表》，条件允许的情况下，将伤者住院病历复印件、医疗费用清单一并转入资料收集或理算环节。

2. 医疗审核

（1）医疗审核的内容

医疗审核是指保险事故发生后，对受害人的医疗费用，按条款约定进行核审的过程。医疗费用主要包括医药费、诊疗费、住院费、住院伙食补助费、后续治疗费、整容费、必要的营养费等。

（2）医疗审核的依据

① 保险条款的约定。

② 国务院卫生主管部门组织制定的《交通事故人员创伤临床诊疗指南》《最高人民法院关于审理人身损害赔偿案件适用法律若干问题的解释》等国家法律法规。

③ 国家基本医疗保险标准、各省/地市基本医疗保险标准。

（3）医疗审核的内容和标准

① 医药费审核。医药费参照医保标准，根据医保用药范围审核。

- 剔除非医保类药（或丙类药）部分和乙类药品的自费部分及其他非医保范围费用。
- 剔除治疗非本次保险事故导致的创伤或与本次损伤无关的疾病，或者故意拖延出院时间而延长住院的医药费。
- 剔除无原医院证明的擅自住院、转院、再诊、外购药品费用。
- 剔除医嘱中记载的医疗活动项目与费用明细中不相符的项目和药品费用。
- 剔除住院期间的伙食费（在住院伙食补助中给予赔偿）。

② 诊疗费审核。剔除超过医保标准范围的诊疗费及其他费用。剔除超过当地物价管理部门核定标准的会诊费。

③ 住院费审核。剔除超过医保标准的床位费及其他费用。床位费按住院天数和当地医保标准的单价计算。

④ 住院伙食补助费、住宿费审核。住院伙食补助费参照当地国家机关一般工作人员的出差伙食补助标准确定。受害人确有必要到外地治疗，因客观原因不能住院，受害人本人及其陪护人员实际发生的住宿费和伙食费，其合理部分应予赔偿，但应提供相关证明并参照当地国家机关一般工作人员的出差住宿标准确定。

剔除超过标准的伙食补助费、住宿费。伙食补助费按住院天数和当地日补助标准计算。

⑤ 后续治疗费审核。后续治疗费是指对损伤经治疗后体征固定而遗留功能障碍需再次治疗的或伤情尚未恢复需二次治疗所需要的费用。

后续治疗费根据受害人伤情和医院意见核定。

- 对神经系统损伤（植物人、脑损伤等）造成的功能障碍，根据医疗终结时间，在残疾评定、支付残疾赔偿金后，不再支付后续治疗费。
- 对生理性缺失（如牙齿脱落、颅骨缺损等）或根据医疗证明或者鉴定结论确定必然发生的后续治疗费用（如内固定材料取出术），应参考以往当地医院类似治疗的费用，并依据省内《医疗服务价格手册》中的收费标准进行核算，确定相应的后续治疗费。

⑥ 整容费审核。剔除非为恢复生理功能而产生的整容费。

⑦ 必要的营养费审核。根据受害人伤残情况，参照医疗机构的意见确定。

- 营养费的赔偿，应经治疗的医院或法医的鉴定，确认受害人需补充营养食品作为辅助治疗的，可以酌情赔偿。
- 营养期间原则上仅限于住院治疗期间，或治疗医院或法医在营养证明中注明的营养期间。
- 营养费参照当地国家机关一般工作人员的出差伙食补助标准予以确定。
- 评残后不再支付营养费。

⑧ 植入性材料审核。植入性材料是指骨科、脑外科、口腔科及其他相关学科以恢复功能（非美容或整形）为目的而永久或临时性植入人体内的材料。

植入性材料分国产普通型、国产特殊材料、进口材料等。

按当地医保标准，剔除国产普通型、国产特殊材料、进口材料的自负比例部分。剔除治疗非本次保险事故导致的创伤而植入的材料费用。剔除非以器官功能恢复为目的的整容、整形植入材料费用。剔除烤瓷牙费用超过普通种植牙费用部分。

3. 其他费用审核

（1）其他费用审核的内容

其他费用主要是指死亡伤残费用。死亡伤残费用包括丧葬费、死亡补偿费、受害人亲属办理交通事故支出的合理交通费用、残疾赔偿金、残疾辅助器具费、护理费、交通费、被扶养人生活费、误工费，被保险人依照法院判决或者调解承担的精神损害抚慰金等。

（2）审核的依据

根据《最高人民法院关于审理人身损害赔偿案件适用法律若干问题的解释》规定的标准审核。

① 丧葬费。按照受诉法院所在地上一年度职工月平均工资标准，以6个月工资总额计算。

② 死亡赔偿金。按照受诉法院所在地上一年度城镇居民人均可支配收入或者农村居民人均纯收入标准，按20年计算。但60周岁以上的，年龄每增加一岁减少一年；75周岁以上的，按5年计算。

③ 交通费。根据受害人及其必要的陪护人员因就医、转院治疗时实际发生的费用计算。交通费应当以正式票据为凭；有关凭据应当与就医地点、时间、人数、次数相符合。

受害人亲属办理丧葬事宜支出的交通费的合理费用应当遵循合情合理的原则酌情确定。

④ 误工费。根据受害人的误工时间和收入状况确定。误工时间根据受害人接受治疗的医疗机构出具的证明确定。受害人因伤致残持续误工的，误工时间可以计算至定残日前一天。

受害人有固定收入的，误工费按照实际减少的收入计算；受害人无固定收入的，按照其最近三年的平均收入计算；受害人不能举证证明其最近3年的平均收入状况的，可以参照受诉法院所在地或出险地相同或者相近行业上一年度职工的平均工资计算。

受害人死亡其亲属办理丧葬事宜误工的，误工时间应当遵循合情合理的原则酌情确定。

⑤ 被扶养人生活费。根据扶养人丧失劳动能力程度，按照受诉法院所在地上一年度城镇居民人均消费性支出和农村居民人均年生活消费支出标准计算。

被扶养人为未成年人的，计算至18周岁；被扶养人无劳动能力又无其他生活来源的，计算20年。但60周岁以上的，年龄每增加一岁减少一年；75周岁以上的，按5年计算。

被扶养人是指受害人依法应当承担扶养义务的未成年人或者丧失劳动能力又无其他生活来源的成年近亲属。被扶养人还有其他扶养人的，赔偿义务人只赔偿受害人依法应当负担的部分。

被扶养人有数人的，年赔偿总额累计不超过上一年度城镇居民人均消费性支出额或者农村居民人均年生活消费支出额。

⑥ 残疾赔偿金。根据受害人丧失劳动能力程度或者伤残等级，按照受诉法院所在地上一年度城镇居民人均可支配收入或者农村居民人均纯收入标准，自定残之日起按20年计算。但60周岁以上的，年龄每增加一岁减少一年；75周岁以上的，按5年计算。

受害人因伤致残但实际收入没有减少，或者伤残等级较轻但造成职业妨害严重影响其劳动就业的，可以对残疾赔偿金作相应调整。

⑦ 残疾辅助器具。按照普通适用器具的合理费用标准计算。伤情有特殊需要的，可以参照辅助器具配制机构的意见确定相应的合理费用标准。

⑧ 护理费。根据护理人员的收入状况和护理人数、护理期限确定。

护理人员有收入的，参照误工费的规定计算；护理人员没有收入或者雇佣护工的，参照当地护工从事同等级别护理的劳务报酬标准计算。护理人员原则上为一人，但医疗机构或者鉴定机构有明确意见的，可以参照确定护理人员人数。

护理期限应计算至受害人恢复生活自理能力时止。受害人因残疾不能恢复生活自理能力的，可以根据其年龄、健康状况等因素确定合理的护理期限，但最长不超过20年。

受害人定残后的护理，应当根据其护理依赖程度并结合配制残疾辅助器具的情况确定护理级别。

⑨ 精神损害抚慰金。受害人或者死者近亲属遭受精神损害，赔偿权利人向人民法院请求赔偿精神损害抚慰金的，适用《最高人民法院关于确定民事侵权精神损害赔偿责任若干问题的解释》予以确定。

机动车交通事故责任强制保险在死亡伤残责任限额内，原则上最后赔付精神损害抚慰金。

(3) 审核中应注意的问题

① 死亡补偿费审核。

属地原则：事故发生地或受诉法院所在地。

区分城镇居民和农村居民。对于在城镇已暂住满一年的农村居民，可以按城镇居民人均纯收入标准计算。对于无暂住证明的农村居民，仍按其户口簿上标明性质处理。

注意死者实足岁数，上一年度标准在当地执行时限，满60岁及75岁死者的计算年限等。

② 交通费、住宿费审核。交通费按照交通事故发生地国家机关一般工作人员的出差车旅费标准计算，交通工具以普通公共汽车，火车普通硬席为主。

剔除未提供正式票据或正式票据与就医地点、时间、人数、次数不相吻合的部分；剔除超普通公共汽车、火车普通硬席以上的交通工具的票价标准的部分。

受害人死亡的，受害人亲属因办理丧葬事宜所支出的交通费赔偿，一般以两人为限，特殊情况最多不超过3人。时间一般以3天为限。次数以每天3次为限。注意剔除3张以上的连号。

住宿费剔除住宿人次、时间不合理的部分；剔除住宿标准超过国家机关一般工作人员的出差标准部分。

③ 残疾赔偿金审核。

按国家标准《道路交通事故受伤人员伤残评定标准》中的计算公式计算。

单等级伤残计算公式：

$$残疾赔偿金 = 伤残补偿年数 \times 居民人均可支配收入 \times \frac{11-伤残等级}{10}$$

多等级伤残的综合计算是按伤者的伤残赔偿计算方法加以计算。

根据伤残赔偿总额、赔偿责任系数、赔偿指数等，如下式

$$C = C_t \times C_1 \times (I_h + \Sigma I_a)(\Sigma I_a \leq 10\%, \ i=1, 2, 3, \cdots, n, 多处伤残)$$

其中，Σ 的下标为 $i=1$，上标为 n。

式中，C 为伤残者的伤残实际赔偿额；C_t 为伤残赔偿总额；C_1 为赔偿责任系数，即赔偿义务主体对造成事故负有责任的程度；I_h 为伤残等级最高处的伤残赔偿指数，即多等级伤残者，最高伤残等级的赔偿比例，用百分比（%）表示。

伤残赔偿指数是指伤残者应当得到伤残赔偿的比例。以伤残者的伤残程度比例作为伤残者的伤残赔偿比例。《道路交通事故受伤人员伤残评定标准》将受伤人员伤残程度划分为10级，从第 I 级（100%）到第 X 级（10%），每级相差10%。

I_a 为伤残赔偿附加指数，即增加一处伤残所增加的赔偿比例，用百分比（%）表示。

存在 I 级伤残时，其他等级被吸收，不计算赔偿附加指数。

各地现有法律法规对 I_a 的取值规定不同，实践中要根据当地的相关规定进行计算。目前部分地区对 I_a 采用的取值方法：II 级为10%，III 级为9%，IV 级为8%，V 级为7%，VI 级为6%，VII 级

为5%，Ⅷ级为4%，Ⅸ级为3%，Ⅹ级为2%。附加指数合计（ΣI_a）不超过10%，赔偿指数合计（$I_h+\Sigma I_a$）不超过100%。

④ 残疾辅助器具费审核。残疾辅助器具费是指因残疾而造成全部或部分功能丧失，需要配制补偿功能的器具的费用。根据普通适用器具价格乘以核定更换次数的器具费用与更换器具的维护费用之和计算。"普通"一般应当理解为低中档产品而适用，"合理"即指中等费用水平。

辅助器具的更换周期和赔偿期限参照配制机构的意见确定。一般来说，其费用支付期限取决于伤残人员对残疾辅助器具需要年限及残疾辅助器具的更换周期。同时参考我国人均寿命或人均期望寿命作为赔偿期限的界定标准。原则上残疾辅助器具赔偿至受害人75周岁止。

- 剔除配制的奢侈型、豪华型辅助器具与同类普通型中间价或合资型器具最低价之间的差价。
- 剔除超过民政部门等相关机构标准的器具更换价格和更换年限标准的部分。

⑤ 护理费审核。护理费是因受伤人员生活不能自理，需家属、朋友或其他特聘人员对其陪护所应付的劳动报酬。护理费分两种情形，一是在住院治疗期间以及出院康复期间因生活不能自理而需要由医护人员以外的其他特聘人员陪护所产生的陪护费；二是残疾评定之后因生活不能自理而需要聘请其他陪护人员所产生的陪护费（也称为今后护理费，或今后陪护费）。护理费的计算以接受治疗的医疗机构出具的证明材料为基础。

- 剔除超标准范围的护理费人数。护理人员原则上为一人，但医疗机构或鉴定机构有明确意见的，可以参照确定护理人数，一般以两人为限。住院期间的护理（陪护）人数应以医院经治医师的意见为主；出院后的护理（陪护）的必要性和陪护人数，医疗审核人员应根据病历中所述的出院情况和医院建议确定。
- 剔除超过计费标准的护理费部分。护理人员有收入的，参照误工费的规定计算；护理人员没有收入或者雇佣护工的，参照当地护工从事同等级别护理的劳务报酬标准计算。
- 受害人定残后的护理，应当根据其护理依赖程度并结合配制残疾辅助器具的情况确定护理级别。

注 意

医院的护理费是医疗服务项目费用的一部分，决不能与生活护理相等同。在审核时根据医嘱所注明的护理等级对照相应的价格标准核定其护理费。

⑥ 被扶养人生活费审核。
- 调查户籍证明和实际被扶养人情况，剔除超过实际被扶养人数的扶养费金额。
- 被扶养人还有其他扶养人的，赔偿义务人只赔偿受害人依法应当负担的部分，其余部分应予剔除。
- 被扶养人有数人的，注意年赔偿总额不超过上一年度城镇居民人均消费性支出或者农村居民人均年生活消费支出额。
- 综合考虑受害人是否因伤残导致实际收入减少等情况，来确定受害人丧失劳动能力的程度。原则上，保险人只对受害人达到5级以上（含）残疾的情况下才赔偿"被扶养人生活费"。死亡或一级伤残其赔偿系数为100%，一般情况下伤残等级每下降一个等级，酌情降低赔偿系数。

⑦ 误工费审核。
- 住院期间的误工时间以实际住院的天数为准，转院后住院时间交叉重叠的时间应

剔除。
- 剔除无医疗机构出具证明的误工时间。
- 剔除超过《交通事故人员创伤临床诊疗指南》确定的标准，又无合理证明的误工时间。
- 剔除伤残评定后的误工时间。
- 受害人有收入证明的，应提供完税证明，或提供由工作单位加盖公章的包括其他人在内的工资发放表（内有扣除个人所得税的内容）。
- 受害人无收入证明（包括家庭主妇、无业人员等）的，参照受诉法院所在地相同或者相近行业上一年度职工的平均工资标准计算。
- 剔除受害人在事故发生前为无劳动能力人、16岁以下的未成年人、在校学生、按国家规定已退休人员的误工费。

4. 涉及单证

所涉及的单证有《机动车保险伤残人员医疗跟踪调查表》《机动车保险人员伤亡费用清单》或《机动车保险医疗费用审核表》。

4.2.5 资料收集

资料收集工作流程图如图4-8所示。

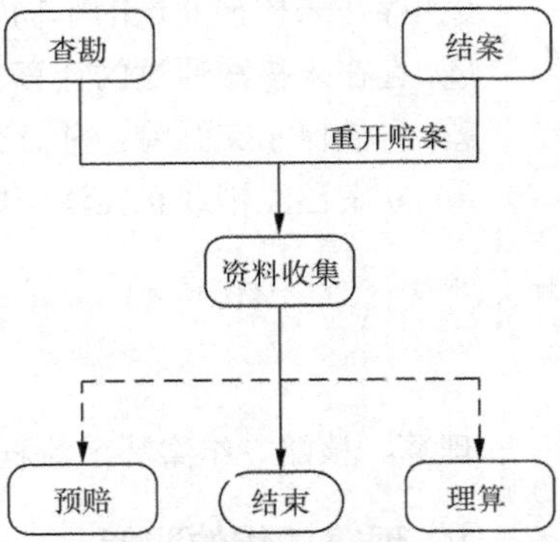

1. 资料收集的工作职能

① 对查勘发起的资料收集任务进行处理。
② 发起理算任务。
③ 发起预赔、支付/垫付任务。
④ 对单证收集标志、是否收集齐全进行操作。

2. 资料收集处理

资料收集任务在第一辆车查勘完成后产生。资料收集岗人员可根据前面环节填写的客户索赔所需清单开展单证收集工作。

首先需要对已收集和需要收集的资料逐一核对，在系统中，左侧所列清单为理赔所需单证，收集标志打钩表示已收集到单证，上传标志打钩表示已上传单证的相关资料。完成以上操作后保存收集情况。

图 4-8 资料收集工作流程图

3. 发起预赔、支付/垫付任务

若案件需要进行预赔或进行交强险抢救费用支付/垫付，进入资料收集环节可发起预赔任务或支付/垫付任务。

4. 发起理算任务

当所有的定、核损任务，人伤跟踪任务和立案任务结束后，若需要理算，可针对该案对应的每张保单发起理算任务。

5. 系统操作要点

（1）对以交强+商业混保情况，可以选择先发起交强或者将交强、商业打包发起理算，理算员就能一次性处理。

（2）若发起的理算任务还未被理算员接收，资料收集岗可以撤销理算任务。

（3）对于仅仅已接收，但没有保存的理算任务，可以先进行"任务放弃"，再进入资料收集环节撤销。

（4）资料收集环节可进行"查勘修改"和"立案修改"操作。

（5）发起预赔需注意以下事项。

① 未立案，无法产生预赔任务。

② 预赔是针对商业险而言。

③ 已存在商业险计算书，不允许发起预赔。

④ 当前有未处理的预赔任务或者该保单的预赔任务未核赔通过，不允许发起预赔。

⑤ 若商业险保单对应的立案已注销或正注销中，不允许发起预赔。

（6）发起理算任务需注意以下事项。

① 当前报案还未立案，不能产生理算任务。

② 当前报案下还存在未提交的立案任务，不能产生理算任务。

③ 存在未核损通过的车辆/财产任务，以及没有结束的定损任务，不能产生理算任务。

④ 存在未核赔通过的计算书，不能发起理算任务。

⑤ 只投保了交强险，并且交强险已经做结案的，不能发起理算任务。

⑥ 立案已注销或正在注销中，对应保单不能发起理算任务。

4.2.6 赔款理算

理算、核赔、结案环节流程图如图4-9所示。

1. 理算工作的职能

① 审核赔案材料，对保险责任，索赔材料的真实合理性进行初审，对有疑问的材料提出复审意见。

② 对立案定损录入数据有误的案件提出修改意见。

③ 在本环节发现可疑赔案的情况，应提出处理意见后交调查岗审核。

④ 对资料齐全的赔案进行理算，并保证数据的准确性和完整性。

微课32 赔款理算

2. 处理流程和系统操作要点

资料收集发起理算任务后，由理算员接收任务并缮制计算书。案件选择理算类型包括交强、商业单独理算以及交强商业险同时理算3种类型，理算顺序为先交强后商业。

（1）交强险理算

交强险系统自动带入第三者车辆和财产损失部分的定损金额。

① 人员伤亡部分分别对应死亡、残疾等各损失项录入计算损失金额。

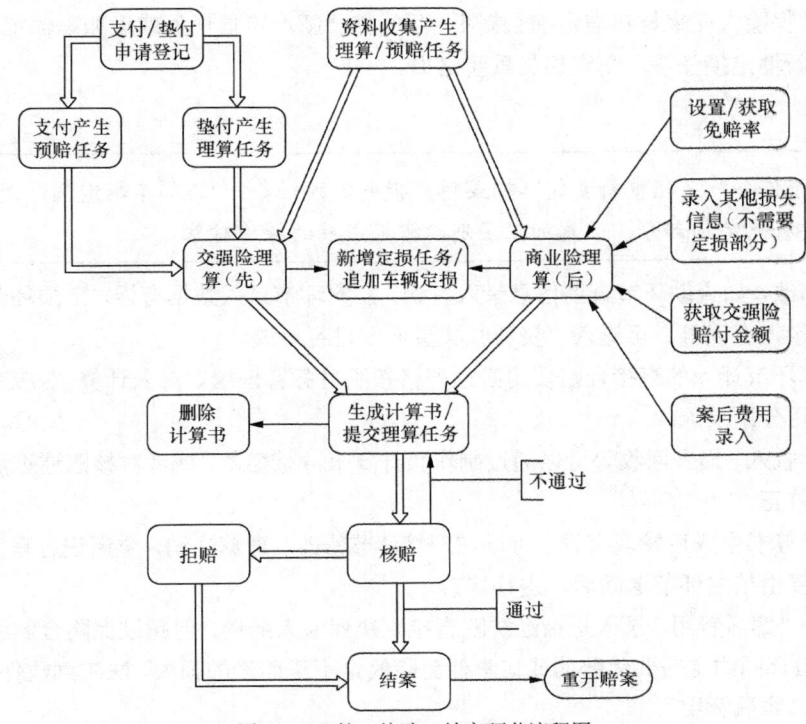

图 4-9 理算、核赔、结案环节流程图

② 生成理算结果后，核对计算结果是否准确，确认无误后提交核赔人员审核。

③ 如果是交强、商业同时发起理算任务的案件，可以将交强险计算书先暂存，再做商业险计算书，然后同时提交核赔。也可以先提交交强险核赔，通过后再做商业险理算。

（2）商业险理算

① 系统自动带入车辆及财产定损金额，要获得正确的免赔率，必须正确选择责任类型以及增加免赔率的条件，免赔率条件根据不同案件类型，需要判断是否存在以下情况。

- 车辆是否发生全车车损。
- 赔案是否不能证明事故原因。
- 标的车是否违反安全装载规定。
- 是否同一年度内发生多次赔款。
- 是否存在约定行驶区域外出险。
- 是否为单方肇事。
- 是否属于无法找到第三方。
- 是否为非约定驾驶员使用保险车辆发生保险事故。
- 盗抢险是否缺少相关单证（每项），等等。

② 人员损失计算方法与交强险相同。

③ 不需要定损及核损的项目可以录入其他损失类，如停驶损失等。

④ 在生成商业计算书前，如果已经有同保单的交强险计算结果，可以自动获取交强险赔款数据，并在往后的商业险计算中进行扣减。获取免赔率后生成计算书，确认计算结果无误后提交。

（3）其他操作

① 如果发现定损金额与赔偿凭证金额不一致的情况，可以在其他扣除项进行扣减调整。

② 发现被保险人交来材料与定损数据不一致，需要新增定损任务或追加车辆定损的，可以在理算环节发起新增定损任务，交定损员重新定损。

"新增定损任务"是指重新发起车辆或财产损失定损任务。"追加车辆定损"是指已经定损过的车辆需要补充定损部分，注意加以区别，掌握正确的操作对象。

③ 理算修改，如查勘环节查勘信息录入有误，立案环节录入数据有误，定损环节损失类别确定错误，金额录入有误等，可进入"资料收集页面"进行修改。

④ 在理算环节计入的直接理赔费用必须严格按照财务管理规定录入计算，对应交强险和商业险所发生的费用分别录入。

⑤ 对追偿收入、损余回收等可以通过制作负计算书冲减赔款，或者对核赔通过后的数据做负数计算书进行修正。

⑥ 如果计算书生成后发现有误，可以在理算环节修改、理算注销，重新进行理算；如果已经提交核赔，需要由核赔环节退回后，进行修改。

⑦ 系统中"案后费用"录入是指经法院直接判决保险人赔偿，但超过保险合同约定赔付以外的费用。如保险合同约定需要免赔的或在责任免除约定不予赔偿的损失，法院判决保险人赔偿的，该项费用计入"案后费用"。

⑧ 在本环节发现假赔案的情况，应提出处理意见并将案件提交调查。

⑨ 如果立案环节没有发起追偿，可以在理算环节选择发起追偿任务。

3. 机动车交通事故责任强制保险赔款计算

（1）基本计算公式

保险人在交强险各分项赔偿限额内，对受害人死亡伤残费用、医疗费用、财产损失分别计算赔偿。

$$总赔款 = \Sigma 各分项损失赔款 = 死亡伤残费用赔款 + 医疗费用赔款 + 财产损失赔款$$

$$各分项损失赔款 = 各分项核定损失承担金额$$

$$死亡伤残费用赔款 = 死亡伤残费用核定承担金额$$

$$医疗费用赔款 = 医疗费用核定承担金额$$

$$财产损失赔款 = 财产损失核定承担金额$$

各分项核定损失承担金额超过交强险各分项赔偿限额的，各分项损失赔款为交强险各分项赔偿限额。

"受害人"为被保险机动车的受害人，不包括被保险机动车本车车上人员、被保险人，下同。

（2）当保险事故涉及多个受害人时

① 基本计算公式中的相应项目表示如下。

即：
$$各分项损失赔款 = \Sigma 各受害人各分项核定损失承担金额$$

$$死亡伤残费用赔款 = \Sigma 各受害人死亡伤残费用核定承担金额$$

医疗费用赔款＝Σ各受害人医疗费用核定承担金额

财产损失赔款＝Σ各受害人财产损失核定承担金额

② 各受害人各分项核定损失承担金额之和超过被保险机动车交强险相应分项赔偿限额的,各分项损失赔款为交强险各分项赔偿限额。

③ 各受害人各分项核定损失承担金额之和超过被保险机动车交强险相应分项赔偿限额的,各受害人在被保险机动车交强险分项赔偿限额内应得到的赔偿为

被保险机动车交强险对某一受害人分项损失的赔偿金额＝交强险分项赔偿限额×［事故中某一受害人的分项核定损失承担金额/（Σ各受害人分项核定损失承担金额）］

【例4-1】A车肇事造成两行人甲、乙受伤,甲医疗费用为17500元,乙医疗费用为15000元。设A车适用的交强险医疗费用赔偿限额为18000元,则A车交强险对甲、乙的赔款为

A车交强险赔偿金额＝甲医疗费用+乙医疗费用＝17500＋15000＝32500（元）

32500元大于适用的交强险医疗费用赔偿限额18000元。

甲获得交强险赔偿： 18000×17500/（17500＋15000）≈9692（元）

乙获得交强险赔偿： 18000×15000/（17500＋15000）≈8308（元）

（3）当保险事故涉及多辆肇事机动车时

① 各被保险机动车的保险人分别在各自的交强险各分项赔偿限额内,对受害人的分项损失计算赔偿。

② 各方机动车按其适用的交强险分项赔偿限额占总分项赔偿限额的比例,对受害人的各分项损失进行分摊。

某分项核定损失承担金额＝该分项损失金额×［适用的交强险该分项赔偿限额/（Σ各致害方交强险该分项赔偿限额）］

● 肇事机动车中的无责任车辆,不参与对其他无责车辆和车外财产损失的赔偿计算,仅参与对全责/有责方车辆损失或本车以外人员伤亡损失的赔偿计算。

● 根据交强险"无责代赔"机制,无责方车辆对全责/有责方车辆损失应承担的赔偿金额,由有责方在本方交强险无责任财产损失赔偿限额项下代赔。

● 肇事机动车中应投保而未投保交强险的车辆,视同投保机动车参与计算。

● 对于相关部门最终未进行责任认定的事故,统一适用有责任限额计算。

③ 肇事机动车均有责任或均无责任的,简化为各方机动车对受害人的各分项损失进行平均分摊。

● 对于受害人的机动车、机动车上人员、机动车上财产损失的计算公式为

某分项核定损失承担金额＝受害人的该分项损失金额÷（N–1）

● 对于受害人的非机动车、非机动车上人员、行人、机动车外财产损失的计算公式为

某分项核定损失承担金额＝受害人的该分项损失金额÷N

其中,N为事故中所有肇事机动车的辆数;肇事机动车中有应投保而未投保交强险的车辆的,视同投保机动车计算。

④ 初次计算后,如果有致害方交强险限额未赔足,同时有受害方损失没有得到充分补偿,则对受害方的损失在交强险剩余限额内再次进行分配,在交强险限额内补足。对于待分配的各项损

失合计没有超过剩余赔偿限额的，按分配结果赔付各方；超过剩余赔偿限额的，则按每项分配金额占各项分配金额总和的比例乘以剩余赔偿限额分摊；直至受损各方均得到足额赔偿或应赔付方交强险无剩余限额。

（4）受害人财产损失需要施救的，财产损失与施救费赔款累计不超过财产损失赔偿限额。

（5）主车和挂车在连接使用时发生交通事故，主车、挂车分别在各自的交强险责任限额内承担赔偿责任。

主车、挂车的保险人对各受害人的各分项损失平均分摊，并在对应的分项赔偿限额内计算赔偿。

主车与挂车连接使用时发生内部互碰，分别属于不同被保险人的，按互为三者的原则处理。

（6）被保险机动车投保一份以上交强险的，保险期间起期在前的保险合同承担赔偿责任，起期在后的不承担赔偿责任。

（7）对被保险人依照法院判决或者调解承担的精神损害抚慰金，原则上在其他赔偿项目足额赔偿后，在死亡伤残赔偿限额内赔偿。

涉及诉讼纠纷等特殊情况下，可按照精神损害抚慰金核定承担金额占死亡伤残费用赔偿项目下所有核定损失承担金额总和的比例，计算交强险对精神损害抚慰金的赔偿金额。

4. 车辆损失险赔款计算

（1）基本计算公式

公式1：车辆损失险赔款＝（车损赔款+施救费用赔款）×（1–事故责任免赔率）×（1–免赔率之和）–免赔额

公式2：车辆损失险赔款＝（核定修理费用–残值+核定施救费用–交强险赔偿金额）×事故责任比例×（保险金额÷投保时保险车辆的新车购置价）×（1–事故责任免赔率）×（1–免赔率之和）–免赔额

核定施救费用＝施救费用×（保险财产价值÷实际被施救财产总价值）

说 明

① 公式1中，若车损赔款≥保险金额，代入保险金额计算赔偿；若施救费用赔款≥保险金额，代入保险金额计算赔偿。

② 若"核定修理费用–残值"≥交强险赔偿金额，且车损赔款和施救费赔款分别不超过保险金额时，直接用公式2计算即可。

③ "免赔率之和"是指根据条款规定适用的除事故责任免赔率外的各项免赔率之和。条款中规定的被保险人自行协商处理交通事故不能证明事故原因的免赔率与找不到第三方适用的免赔率不能同时使用；二者也不能与事故责任免赔率同时使用。

④ 若"（车损赔款+施救费用赔款）×（1–事故责任免赔率）×（1–免赔率之和）"小于等于免赔额，应在赔款计算书上注明"经计算，车辆损失险赔款等于零"；不涉及其他险种赔付的，应及时通知保户，核赔通过后做注销处理。

⑤ "免赔额"是投保《可选免赔额特约条款》时约定的免赔额。

（2）部分损失的赔款计算

① 车损赔款＝（核定修理费用–残值–交强险对车辆损失赔偿金额）×事故责任比例×（保

险金额÷投保时保险车辆的新车购置价）

交强险对车辆损失赔偿金额＝交强险赔偿金额×核定修理费用÷（核定施救费用+核定修理费用）

● 若核定修理费用≥保险事故发生时保险车辆的实际价值，应按全部损失的计算方式计算赔偿。

● "交强险赔偿金额"是指应由所有第三方机动车交通事故责任强制保险赔偿的被保险机动车的车辆损失金额（含施救费）。

② 施救费用赔款＝（核定施救费用−交强险对施救费赔偿金额）×事故责任比例×（保险金额÷投保时保险车辆的新车购置价）

核定施救费用＝施救费用×（保险财产价值÷实际被施救财产总价值）

交强险对施救费赔偿金额＝交强险赔偿金额×核定施救费用÷（核定施救费用+核定修理费用）

（3）全部损失的赔款计算

保险车辆在保险事故中发生整体损毁或受损严重失去修复价值即构成实际全损或推定全损。

① 判断被保险机动车全部损失的条件。当被保险机动车发生的损失符合以下3种情形之一的，按全部损失计算赔款。

● 核定修理费用≥被保险机动车出险时的实际价值。

● （估计施救费用＋核定修理费用）≥被保险机动车出险时的实际价值。

● 估计施救费用≥被保险机动车出险时的实际价值。

② 赔款计算公式。

车损赔款＝（实际价值−残值−交强险对车辆损失赔偿金额）×事故责任比例

施救费用赔款＝（核定施救费用−交强险对施救费赔偿金额）×事故责任比例
×（保险金额÷投保时保险车辆的新车购置价）

（4）计算说明

① 被保险机动车发生全部损失的，在计算车损赔款时不按照"保险金额÷投保时新车购置价"的比例进行赔付。

② "保险事故发生时保险车辆的实际价值"（简称"出险时实际价值"）按保险事故发生时保险合同签订地同种类型车辆市场新车购置价（含车辆购置附加费/税）减去该车已使用累计月数折旧后确定。

出险时实际价值＝出险时新车购置价×（1−已使用月数×月折旧率）

保险事故发生时的新车购置价根据保险事故发生时保险合同签订地同类型新车的市场销售价格确定，无同类型新车市场销售价格的，由被保险人与保险人协商确定。

按月折旧率计算，不足一月的，不计折旧。折旧率按条款规定的比率计算。

③ 如果保险金额低于出险时实际价值，因总残余价值里有一部分属保户自保的，所以这时残值应计算为

残值＝总残余价值×（保险金额÷实际价值）

④ 在确定"事故责任比例"时，被保险人自行协商处理交通事故的，依据双方在《协议书》中各自承担的责任，依据保险条款约定的比例（即负主要责任为70%，负同等责任为50%，负次要责任为30%）计算赔偿。

【例4-2】一投保营业用汽车损失保险的车辆，在同一保险期限内发生第三次事故，新车购置价（含车辆购置税）100000元，保额100000元，出险时实际价值50000元，事故不涉及第三方车辆，驾驶人承担全部责任，约定免赔额500元。车辆修理费用60000元，残值100元。则按车损赔款计算

公式，计算为

核定修理费用 = 60000 > 50000（出险时实际价值），应按全损计算赔偿

车损赔款 =（实际价值−残值−交强险对车辆损失赔偿金额）× 事故责任比例

= （50000 − 100 − 0）× 100% = 49900（元）

车辆损失险赔款 =（车损赔款+施救费用赔款）−免赔额 =（49900 + 0）− 500 = 49400（元）

5. 第三者责任险赔款计算

（1）基本计算公式

三者险赔款 =（死亡伤残费用赔款+医疗费用赔款+财产损失赔款）× 事故责任比例 ×（1−事故责任免赔率）×（1−免赔率之和）

死亡伤残费用赔款 = 受害人死亡伤残费用 − Σ各肇事机动车交强险对受害人的死亡伤残赔偿总金额

医疗费用赔款 = 受害人医疗费用 − Σ各肇事机动车交强险对受害人的医疗费用赔偿总金额

财产损失赔款 = 受害人财产损失 − Σ各肇事机动车交强险对受害人的财产损失赔偿总金额

注 意

① 当被保险人按事故责任比例承担的死亡伤残费用赔款、医疗费用赔款、财产损失赔款之和超过责任限额时，计算公式可简化为

三者险赔款 = 责任限额 ×（1−事故责任免赔率）×（1−免赔率之和）

② 任何肇事方应投保而未投保机动车交通事故责任强制保险或机动车交通事故责任强制保险合同已经失效的，视同其投保了机动车交通事故责任强制保险进行计算。

（2）主挂车的赔款计算

适用第三者责任险的计算公式，同时应注意：

① 主车与挂车连接时发生保险事故，在主车的责任限额内承担赔偿责任。

主车与挂车由不同保险公司承保的，按主车、挂车责任限额占总责任限额的比例分摊赔款。

主车应承担的赔款 = 总赔款 ×［主车责任限额÷（主车责任限额＋挂车责任限额）］

挂车应承担的赔款 = 总赔款 ×［挂车责任限额÷（主车责任限额＋挂车责任限额）］

挂车只投保了交通事故责任强制保险的，不参与分摊在商业三者险项下应承担的赔偿金额。

② 挂车未与主车连接时发生保险事故，在挂车的责任限额内承担赔偿责任。

③ 主车与挂车连接使用时发生交通事故，对受害人的赔偿最高可以达到两个交强险保额，因此在计算商业三者险赔款时，应注意扣除主车、挂车两部分的交强险赔款。

车辆损失险、第三者责任险赔款计算应注意以下几点。

① 赔款计算依据交通管理部门出具的《道路交通事故责任认定书》以及据此做出的《道路交通事故损害赔偿调解书》。

当调解结果与责任认定书不一致时，对于调解结果中认定的超出被保险人责任范围内的金额，保险人不予赔偿；对于被保险人承担的赔偿金额低于其应按交强险、商业险赔偿原则计算的结果的，保险人只在限额内对被保险人实际损失的金额进行赔偿。

② 对于不属于保险合同中规定的赔偿项目，但被保险人已自行承诺或支付的费用不予承担。

③ 法院判决被保险人应赔偿第三者的金额，如精神损害抚慰金等，未投保相应附加险的，不

予承担。

④ 保险人对第三者责任事故赔偿后，对受害第三者的任何赔偿费用的增加不再负责。

⑤ 免赔率按条款规定确定。应特别注意以下 3 点。

- 因自然灾害引起的不涉及第三者损害赔偿的单纯车损险案件，不扣免赔。但对被保险人未尽到妥善保管或及时施救义务的案件除外。
- 营业用车多次出险加扣的免赔率，在实务中掌握最高为 30%。
- 对无法找到第三方加扣免赔的情况注意掌握的要点：损失应该由第三方负责赔偿；第三方确实无法找到，对于有交警处理或事故当事人私了等情况均不属于无法查找第三方。

4.2.7 核　　赔

1. 工作职能和要求

① 审核单证。审核单证包括确认被保险人按规定提供的单证、证明及材料是否齐全有效，有无涂改、伪造；经办人员是否规范填写赔案有关单证并签字，必备单证是否齐全，签章是否齐全；所有索赔单证是否严格按照单证填写规范认真、准确、全面地填写。

② 核定保险责任。核定保险责任包括审核被保险人是否具有保险利益；出险车辆的厂牌型号、牌照号码、发动机号、车架号与保险单证所载是否相符；驾驶人是否为保险合同约定的驾驶人；出险原因是否属保险责任；赔偿责任是否与承保险别相符；出险时间是否在保险期限内；事故责任划分是否准确合理。

③ 核定车辆损失及赔款。核定车辆损失及赔款包括车辆定损项目、损失程度是否准确、合理；更换零部件是否按规定进行了询报价，定损项目与报价项目是否一致；换件部分拟赔款金额是否与报价金额相符；残值确定是否合理。

④ 核定人员伤亡及赔款。核定人员伤亡及赔款包括根据查勘记录、调查证明和被保险人提供的交警事故责任认定书、事故调解书及伤残证明，依照国家有关道路交通事故处理的法律、法规规定和其他有关规定进行审核。核定伤亡人员数、伤残程度是否与调查情况和证明相符；核定人员伤亡费用是否合理；被扶养人、年龄是否真实，生活费计算是否合理、准确。

⑤ 核定其他财产损失赔款。核定其他财产损失赔款包括根据照片和被保险人提供的有关货物、财产的原始发票等有关单证，核定财产损失、损余物资等有关项目和赔款。

⑥ 核定施救费用。核定施救费用包括根据案情和施救费用的有关规定，核定施救费用有效单证和金额。

⑦ 审核赔付计算。审核赔付计算包括残值是否扣除；免赔率使用是否正确；赔款计算是否准确。

2. 核赔处理流程

属本级公司核赔权限的，经核赔人员签字后，报经理室/主任审批；属上级公司核赔的，核赔人员提出核赔意见，由经理室/主任签字后，报上级公司核赔。

上级公司核赔根据不同的案件，侧重审核以下内容。

① 普通赔案的责任认定和赔款计算是否准确。

② 有争议赔案的旁证材料是否齐全有效。

③ 诉讼赔案的证明材料是否有效，理由是否成立、充分。

④ 拒赔案件是否有充分证据和理由。

3. 系统操作要点

① 车险理赔系统对于一定金额以内的赔案可以自动核赔，无需人工提交结案。(详见 4.3.1 节内容)
② 自动核赔后，数据同时将自动提交结案。
③ 如核赔中发现问题，应提出核赔意见并退回理算环节修改。
④ 对核赔通过，但保户未领款，收付费未做登记确认的案件，可以作为计算书作废的处理。

4.2.8 结　案

1. 结案处理流程

① 赔案分级核赔、审批后，业务人员通知财会部门支付赔款。
② 审核领取赔款人身份证和被保险人出具的授权委托书，支付赔款。
③ 有关理赔单据清分：一联赔款收据交被保险人；一联赔款收据连同一联《机动车保险赔款计算书》送财务部门留存；一联赔款收据和另一联《机动车保险赔款计算书》连同其他案件单证材料存入赔案案卷。
④ 核赔通过后，在系统中做结案处理。

2. 系统操作要点

① 交强险、商业险在一张保单承保的，可以分别结案。交强险结案产生相应的分赔案号（生成规则：XDAA+结案年度+公司代码+序号）；确认可以全部结案后，产生总赔案号（生成规则：WDAA+结案年度+公司代码+序号）。如果确认该立案号项下仅有交强或商业险，可以同时完成全部结案。如果立案号项下有部分未结案的数据，不允许做全部结案。
② 系统提供自动结案功能，但部分案件需要选择"手工结案"。如机动车停驶损失险条款、代步机动车服务特约条款、异地出险住宿费特约条款、约定区域通行费用特约条款等需要出具批单冲减保额的案件等。索赔单证获取渠道和相关要求见表 4-1。

表 4-1　　　　　　　　索赔单证获取渠道和相关要求

	单证名称		涉及财产损失赔案	涉及人员伤亡赔案	获取渠道	相关要求和适用范围
共用单证	保险单正本		√	√	被保险人提供	查验原件
	索赔申请书		√	√	保险公司提供，被保险人填写	须由被保险人签字确认（被保险人为个人），或加盖单位公章（被保险人为单位）
	事故证明（不同事故对应不同证明）	事故证明	/	/	路政、交管、气象、消防等部门	未经保险公司查勘核实的单方事故
		事故责任认定书、调解书	√		公安交管部门	通过交警处理的事故
		自行协商处理协议书		√	当事人填写	双方当事人依法自行协商处理的事故
		判决书或裁决书或调解书或仲裁书			法院、仲裁机构	法院审理的诉讼案件或仲裁机构审理的仲裁案件

第4章 事故车辆理赔

续表

	单证名称	涉及财产损失赔案	涉及人员伤亡赔案	获取渠道	相关要求和适用范围
共用单证	驾驶员驾驶证、营运客车驾驶员提供资格证、专用机械车/特种车驾驶员提供操作证	√	√	当事驾驶人提供	查看原件,留存复印件或照片
	机动车行驶证	√	√	被保险人提供	查看原件,留存复印件或照片
	向第三方支付赔偿费用的过款凭证或法院执行凭证	√	√	公安交管部门、法院、仲裁机构	涉及第三方赔偿时,须由事故处理部门签章确认
车辆/财产损失	车辆修理发票	√	/	修理厂(二类以上修理资质)	涉及车辆损失时
	施救费(拖车、吊车费用)发票及清单	√	/	拖车、吊车提供机构	涉及车辆施救时
	财产损失清单(设备总体造价及损失程度证明或工程预算等)	√	/	被保险人和专业机构提供	涉及财产损失时
	购置、修复受损财产的费用单据	√	/	公安、路政管理等部门	
医疗及其他费用	伤者住院、出院证明(住院病历)	/	√	医疗机构	须由县级(含)以上医院出具
	伤者医院诊断证明	/	√	医疗机构	须由县级(含)以上医院出具
	伤者医疗费报销凭证及费用明细	/	√	医疗机构	须附处方及检查、治疗、用药明细清单
	伤者需要护理的证明 护理人员误工及收入证明	/	√	护理证明:医疗机构 收入证明:护理人单位	涉及护理费赔偿时。收入超过纳税起征点的应提交纳税证明
	伤、残人员,亡者处理事故人员误工证明及收入情况证明、纳税证明	/	√	误工证明:医疗机构或有资质的医疗鉴定机构和所在单位 收入证明:伤者单位	涉及误工费赔偿时。有固定工作单位的,应加盖单位公章或人事劳资部门印章,证明收入实际减少数额。收入超过纳税起征点的应提交纳税证明
	残者法医伤残鉴定书	/	√	有资格的伤残鉴定机构	涉及残疾补助费赔偿时
	残者、亡者家庭情况证明、户籍证明、被扶养人丧失劳动能力证明	/	√	户籍证明:公安机关 丧失劳动能力证明:民政部门、司法鉴定机构	涉及被扶养人生活费赔偿时
	亡者医学死亡证明或户籍注销证明或尸检报告或火化证明	/	√	死亡证明:医疗机构 户籍证明:公安机关 尸检报告:公安机关 火化证明:殡葬机构	涉及死亡补偿时,须提供其中一项证明
	交通费、住宿费用报销凭证	/	√	交通、住宿提供单位	涉及住宿费、交通费赔偿时

续表

单证名称		涉及财产损失赔案	涉及人员伤亡赔案	获取渠道	相关要求和适用范围
领取赔款	被保险人身份证明	√	√	被保险人提供	查看原件，留存复印件
	领款人身份证明	√	√	领款人提供	查看原件，留存复印件
	领取赔款授权书	√	√	保险公司提供，被保险人填写	被保险人委托他人领取赔款时
	赔款收据	√	√	保险公司提供	由被保险人签字或签章

涉及机动车辆盗抢赔案需提供的材料：
1．保险单正本；2．《机动车行驶证》；3．《机动车登记证书》；4．机动车来历凭证（车辆销售或交易发票）；5．车辆购置税完税证明（车辆购置附加费缴费证明）或免税证明；6．车辆管理所出具的车辆停驶手续；7．出险当地县级以上公安刑侦部门出具的盗抢立案证明；8．被保险人出具的权益转让书；9．车辆修理发票（涉及车辆修复时）。

4.2.9 案例分析

案例一 车辆发生异地交通事故应该怎么赔偿？

【案情】2015年9月3日下午，张先生驾驶沪××××××宝马车在外省行驶时，因倒车造成了交通事故。他立即向某保险公司和122报案，保险公司经现场查勘，向车主出具了车损情况简易确认书，车辆估损2369.50元。交警到达现场查勘后，随即委托价格认证中心对车辆进行鉴定，确认维修费用共计1.27万余元，评估费400元，共1.31万余元。次日，张先生的宝马车在事发地某维修厂进行了维修。

【分歧】当张先生持保险合同等相关材料准备理赔时，保险公司却拒绝接受，只肯赔偿2369.50元，保险公司的理由是：宝马车辆只有上海和杭州才有配件，公司曾经要求张先生将车辆运回上海修理，但张先生却私自在当地修理，导致损失的扩大。协商无果，张先生将保险公司告上了法庭。

【法院判决】法院经审理后认为，被告保险公司提供的维修商估价单是依据保险公司现场查勘的简易确认书而来，并非现场查勘。而原告张先生提交的价格认证中心鉴定结论书系权威机构作出，其证据效力优势于维修商的估价单。

法院作出一审判决，被告某保险公司支付原告张先生保险金人民币1.31万余元。

【法官分析】车损理赔之所以容易发生争议，除了被保险人与保险公司利益的冲突之外，还在于法律与保险条款的冲突。保险公司引用保险条款修复为主的规定，这给保险公司有比较大的解释余地，而被保险人认为赔偿应以实际损失为准。事实上，被保险人以实际损失为准的看法更接近法律的规定。

我国民法通则规定：损坏国家、集体的财产或者他人财产的，应当恢复原状或者折价赔偿。而审判实践中理解该条法律，就是执行按实际损失赔偿的原则。

案例二 交通事故受害人的急救费用怎么支付？

【案情】2015年11月29日，徐某驾驶大货车由西向东行驶，在某路段超越停靠在路边的公交车时，将横过公路的丁某撞倒。徐某一面报警，一面赶快将其送往医院抢救，经医院诊断，丁某左腿和左臂粉碎性骨折，需预交医疗费1万元，徐某无力支付这笔费用，交警部门给徐某大货车承保机构平安保险公司打电话，要其迅速将医疗费交给医院，以便用于对丁某的治疗，保险公司经核实后将这笔款交到医院。县公安交通巡逻警察大队民警对现场进行勘察后，又对肇事司机徐某血液中的乙醇含量进行了抽检，发现其为酒后驾车。

【分歧】县交警大队于2015年12月8日作出《道路交通事故责任认定书》，认定在该起交通事故中，驾驶员徐某酒后驾驶，观察不足，违反《道路交通安全法》第二十二条第二款的规定；丁某是未成年人，横过公路时没有成年人带领，在车辆临近时突然横穿，违反了《道路交通管理条例》第六十四条第一款规定；因此双方应对该起交通事故承担同等责任。伤者父亲对该认定书不服，依法提起行政诉讼。

【法院判决】一审法院经过审理认为：公安机关认定丁某在车辆临近时突然横穿公路证据不足，由此作出同等责任认定缺乏事实根据和逻辑推理过程。公安机关在事实认定及法律适用上均有不当之处。依照《中华人民共和国行政诉讼法》判决：①撤销县交警大队作出的道路交通事故责任认定；②判令县交警大队重新作出道路交通事故责任认定。

【法官分析】根据《道路交通安全法》第七十五条的规定，医疗机构对交通事故中的受伤人员应当及时抢救，不得因抢救费用未及时支付而拖延救治。肇事车辆参加机动车第三者责任强制保险的，由保险公司在责任限额范围内支付抢救费用；抢救费用超过责任限额的，未参加机动车第三者责任强制保险或者肇事后逃逸的，由道路交通事故社会救助基金先行垫付部分或者全部抢救费用，道路交通事故社会救助基金管理机构有权向交通事故责任人追偿。

正常情况下，因保险公司是在保险责任限额内支付抢救费用，所以不发生追偿问题。但如果交通事故由于一定的原因，不属于保险公司承保的范围，保险公司在垫付这笔费用后，有权向责任者追偿。这体现在《机动车交通事故责任强制保险条例》第二十二条。

交通事故受伤人员的抢救费用除由当事人预付以外，还可由保险公司和道路交通事故社会救助基金支付。

案例三　受害人故意延长住院时间的医疗费如何处理?

【案情】2013年5月10日，沈某驾驶三轮车与任某驾驶摩托车碰撞，造成沈某左眼、右脚拇指骨折受伤的交通事故。沈某受伤后需住院治疗。

【分歧】为解决有关的费用问题，沈某在2013年9月提起诉讼，法院判决：除先予执行的8000元外，某保险公司还应向沈某支付护理费4800元，任某应向沈某支付医药费5458.48元、住院伙食补助费5400元。上述款项经沈某申请强制执行，两被告已向沈某全额支付。

虽然沈某尚欠顺德区桂洲医院一万多元的住院费，但沈某收到被告支付的赔偿款，并没有向医院支付住院费，只支付了门诊费1540.6元，因此沈某现尚欠桂洲医院住院费14542.87元。2014年2月，沈某再次提起诉讼，要求任某、某保险公司到医院支付医药费15000元、支付交通费300元、生活补助费10000元。任某收到应诉材料后，认为沈某是故意拖延不出院，要求法院向医院核实有关的情况，经核实，医院认为沈某在2013年11月底已经可以出院休养。

【法官判决】法院经审理后认为：一方面，任某由于过错侵害了沈某的人身权，造成了沈某医药费等损失，依法应当承担相应的民事责任，沈某行使民事求偿权符合法律规定，但另一方面，沈某行使权利也应遵循诚实信用的原则。根据查明的事实，沈某本应在2013年11月底就可以出院，但沈某一直不肯出院，造成损失的扩大。同时，前期判决的医药费，沈某不返还给医院而改为自用。因此，沈某在本案中要求法院判决任某向医院支付住院费，既没有法律依据，也可能使沈某因此不当得利，故不予支持。沈某在本案中提供的门诊收据，没有相应的诊断报告，法院不予采信。沈某在本案中要求的交通费没有单据，与法律规定不符，不予支持；要求的住院伙食补助费无理，不予支持。根据《中华人民共和国民事诉讼法》第一百三十条，《中华人民共和国民法通则》第四条，《最高人民法院关于审理人身损害赔偿案件适用法律若干问题的解释》第二十二条的规定，缺席判决：驳回沈某全部的诉讼请求。本案诉讼费216元，由沈某自行承担。

【法官分析】交通事故受害人是否故意延长治疗扩大医疗费用，可以通过医疗费合理性鉴定确认。本案中，沈某故意延长住院时间，扩大医疗费用，沈某就医的医疗机构向法院出具《医疗关于患者沈某的治疗意见回复》，确认沈某违反诚信原则，以致产生住院等费用。据此，法院认为，沈某在2013年11月后的住院及相关费用属于借故增加的开支，依法应由其自行负担，不应由侵权人任某赔偿。

4.3 事故车辆典型案件处理

【知识目标】
1. 了解事故车辆典型案件的适用范围
2. 掌握事故车辆典型案件处理的工作流程
3. 掌握机动车交强险互碰赔偿处理规则

【能力目标】
1. 在工作过程中学会对事故车辆典型案件进行正确处理
2. 严格按照机动车交强险互碰赔偿处理规则指导实际工作

【素质目标】
1. 培养文明礼貌、热爱集体、爱护公物的传统美德
2. 培养创新精神和实践精神

课程育人：让"工匠精神"在保险业发扬光大

4.3.1 简易赔案及简化处理赔案

1. 简易赔案处理

（1）适用范围

微课33 事故车辆典型案件处理

符合以下条件的赔案，均可以按照简易赔案流程快速处理：损失金额在5000元（含）以下，不涉及人员伤亡，案情简单、责任明确、损失金额容易确定的赔案。

（2）处理流程

① 保险车辆发生事故后，通过第一现场查勘确定事故责任和保险责任，能够现场定损的，当场确定损失情况。

② 对于不需要进行第一现场查勘的案件，安排客户直接到定损点查勘定损。定损员负责对事故真实性及事故责任认定审核把关，对有疑点的案件应反馈相关人员复勘现场。

③ 查勘定损后出具《机动车辆快捷案件处理单》，指导被保险人（驾驶员）填写《机动车辆

保险索赔申请书》。保险车辆的行驶证和驾驶人员驾驶证、营运车辆的营运资格证等材料拍照留存。涉及代索赔或代领赔款情况的应将《委托书》交被保险人签字或盖章。

④ 在收齐索赔资料后应在3个工作日内通知被保险人领取赔款。

（3）操作要求

① 有条件的，查勘定损后应同时向客户收集索赔单证，一并提交资料收集岗位人员，无需被保险人再次提交。

② 需要被保险人提供修理发票的，可先行理算，在被保险人办理领款手续时再行提交，减少被保险人送交理赔材料往返次数。

2. 优质客户、大客户简化处理案件

（1）适用范围

优质客户，大客户简化流程适用于根据公司有关认定标准确定的优质客户、大客户，发生的5000元以下，不涉及人员伤亡的案件。

（2）操作要求

① 以下情况由客户提供相关证明，可以免第一现场查勘，通过第二现场查勘或在定损时确认事故情况、核对损失痕迹。

- 对于无不良记录、在本保险年度内第一次出险的个人客户，单方事故涉案金额2000元以下，不涉及人员伤亡的，可以不进行现场查勘，有条件的由客户自行提交现场照片（各省级分公司应在制定细则时明确照片的提供方式和拍摄要求）。对于具有较高评级的客户，可适当提高金额（5000元以下）和出险次数限制（两次以内）。
- 对于黄金客户、大客户发生的单方或双方不涉及人员伤亡的事故，出险原因明确、责任清晰、涉案金额在3000元（对于管理水平较高的地市级分公司可视情况提高至5000元）以下的，可以不进行现场查勘，有条件的由客户自行提交现场照片（各省级分公司应在制定细则时明确照片的提供方式和拍摄要求）。

② 优质客户、大客户优先处理。优质客户、大客户报案，应优先处理。对于不需要进行现场查勘的案件，安排客户直接到定损点定损。

能够现场定损的，当场确定损失情况。需要到拆检中心定损的，应联系优先定损、优先修理。

对资料齐全、符合要求的赔案优先理算核赔。

在条件具备的前提下，允许客户通过网络提交事故照片和索赔申请。

3. 流程合并和自动处理

（1）流程合并

以下情况可合并流程或调整流程处理。

① 总损失金额在5000元以下，不涉及人员伤亡的案件，查勘、立案、定损可由同一人完成。

② 查勘定损同时进行并及时录入系统的，立案可在查勘定损后处理，此时查勘估损金额可以不录入，通过定损金额回写立案数据。

（2）自动处理

以下情况可通过在系统中进行条件配置，由系统自动处理，无需人工处理。由系统自动处理的环节包括立案、核赔、结案等，各分公司可在以下通用规则的基础上，自行增设个性化规则。

① 同时符合以下条件的，可由系统自动立案：未超过规定的立案时限；查勘完毕，查勘报告已在系统中提交；估损金额等要素齐全，能够对应到具体险别；事故估计损失金额在5000元以内，单方事故或被保险人责任明确的双方事故，不涉及人员伤亡，不存在拒赔情形。

② 符合以下条件之一的，可人工理算后由系统自动核赔：赔款金额在2000元（对于管理水平较高的地市级分公司可视情况提高至5000元）以下，不涉及人员伤亡，且理算人员未对损失金额及免赔率进行调整的小额交强险、商业车险案件；赔款金额在2000元（对于管理水平较高的地市级分公司可视情况提高至5000元）以下，已经通过医疗审核，且理算人员未对定损金额、医疗费审核金额及免赔率进行调整的涉及人员伤亡案件；定损金额在10000元以下，已经通过人工核损，且理算人员未对定损金额及免赔率等重要内容进行调整的单方车损案件。

> **注意**
>
> 重开赔案、拒赔案件、盗抢险案件、全损或推定全损案件、理算时修改了车辆号牌号码或定损金额等重要内容的案件，以及涉及代位追偿的案件不允许自动核赔。

③ 自动结案。除特殊情况外（如机动车停驶损失险条款、代步机动车服务特约条款、异地出险住宿费特约条款、约定区域通行费用特约条款需要出具批单冲减保额等情况），均由系统自动结案。车险理赔流程对比见表4-2。

表4-2　车险理赔流程对比

条件＼环节	简易赔案快速处理流程		优质客户、大客户简化处理流程（注）		一般案件理赔流程		
	2000元以下无人伤亡	5000元以下无人伤亡	3000元以下无人伤亡	3000元以上无人伤亡	财产损失5000元以上	人员伤亡	
						2000元以下	2000元以上
报案	√	√	√	√	√	√	√
查勘	可免现场	√	可免现场	√	√	√	√
立案	可自动	可合并处理	可自动	可合并处理	5000元以下可自动	可合并处理	
定损	√	√	优先	优先			
核损	×	单个零件2000元以上	×	整单1万元或单个零件2000元以上	√	√	√
医疗审核	×	×	×	×	√	√	√
理算	√	√	优先	优先			
核赔	可自动	√	可自动	√	通过核损可自动	通过医审可自动	√

注：对于管理水平较高的地市级分公司可视情况提高至5000元。

4.3.2　交强险"互碰自赔"案件

交强险"互碰自赔"，是建立在交通事故快速处理基础上的一种交强险快速理赔机制，即对于事故各方均有责任，各方车辆损失均在交强险财产损失赔偿限额以内，不涉及人员伤亡和车外财产损失的两车或多车互碰事故，由各保险公司在本方机动车交强险财产损失限额内对本车损失进行赔付。

交强险"互碰自赔"流程图如图 4-10 所示。

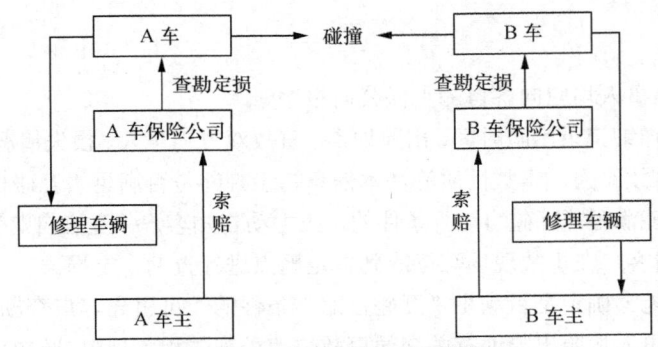

图 4-10　交强险"互碰自赔"流程图

1. 适用条件

同时满足以下条件，适用"互碰自赔"方式处理。

① 两车或多车互碰，各方均投保交强险。

② 仅涉及车辆损失（包括车上财产和车上货物）、不涉及人员伤亡和车外财产损失，各方损失金额均在 2000 元以内。

③ 由交警认定或当事人根据出险地关于交通事故快速处理的法律法规自行协商确定各方均有责任（包括同等责任、主次责任）。

④ 当事人各方对损失确定没有争议，并同意采用"互碰自赔"方式处理。

单方肇事事故、涉及人员伤亡的事故、涉及车外财产损失的事故，以及任何一方损失金额超过交强险财产损失赔偿限额的事故，都不适用"互碰自赔"方式处理。

2. 处理原则

（1）满足"互碰自赔"条件的，由各保险公司分别对本方车辆进行查勘定损，并在交强险财产损失赔偿限额内，对本方车辆损失进行赔偿。

① 事故经交警处理的，被保险人可凭交警事故责任认定书、调解书，直接到各自的保险公司索赔。

② 双方根据法律法规规定自行协商处理交通事故的，经保险公司查勘现场，核对碰撞痕迹。

③ 出险地建有行业交通事故集中定损中心的，由各方当事人共同到就近的定损中心进行查勘、定损。

（2）原则上，任何一方车辆损失金额超过 2000 元的，不适用"互碰自赔"方式，按一般赔案处理。即对三者车辆损失 2000 元以内部分，在交强险限额内赔偿。其他损失在商业险项下按事故责任比例计算赔偿。

特殊情况下（如当地行业对损失金额限定标准有其他规定的，或事后发现损失金额超过限定标准、已无法勘验第三方损失等），可参照《机动车交强险互碰赔偿处理规则（2008 版）》中，"交警调解各方机动车承担本方车辆损失"的相关规定处理。即对被保险机动车的车辆损失在本方机动车交强险赔偿限额内计算赔偿，超过限额部分在本方机动车商业车险项下按条款规定计算赔偿。

(3)各保险公司对"互碰自赔"机制下支付的赔款,不进行清算追偿。

3. 基本流程

(1)接报案

出险后,各方当事人均应向各自的承保公司报案。

① 接报案时应详细记录出险时间、出险地点、事故双方当事人、损失情况、责任划分等内容,并根据客户提供的事故原因、事故性质等基本信息初步判断是否满足"互碰自赔"条件。

② 初步判断可能满足"互碰自赔"条件的,应主动告知客户"互碰自赔"的适用条件、处理程序和注意事项。请客户在事故现场等待或到指定地点进行查勘、定损。

③ 接报案时不能够确定是否满足"互碰自赔"条件的,可引导客户查勘后确定。

④ 提示双方当事人按照出险地有关交通事故快速处理的相关规定,通知交警处理或依据有关法律法规规定自行协商处理。

(2)查勘定损

查勘人员要注意核实事故的真实性,填写查勘记录,并拍摄事故现场照片或损失照片。查勘时初步估计满足"互碰自赔"条件的,应告知客户"互碰自赔"的适用条件、处理程序和注意事项。发现不满足"互碰自赔"条件的,应协助各方当事人通知本方保险公司参与处理。

① 交警参与事故处理并出具《事故责任认定书》,或当事人依据有关法律法规规定自行协商处理交通事故的,如果各方损失明显低于2000元,满足"互碰自赔"条件,可由各事故方保险公司直接对本方保险车辆进行查勘、定损。查勘人员事后发现痕迹不符或存在疑问的,应向对方保险公司调查取证,必要时对各方车辆进行复勘。

② 当事人自行协商处理交通事故时不能确定是否满足"互碰自赔"条件的,可共同到一方保险公司进行查勘、估损。满足"互碰自赔"条件的,由各方保险公司分别对本方车辆进行定损。进行查勘的公司应向对方保险公司提供事故现场照片或车辆损失照片。

③ 出险地建有行业交通事故集中定损中心的,由各方当事人共同到就近的定损中心进行查勘、定损。由各方保险公司分别对本方车辆进行查勘、定损。

④ 对于当事人自行协商处理,但未及时报案,也未经保险公司同意撤离事故现场的交通事故,应勘验双方车辆,核实事故情况。

(3)赔偿处理

满足"互碰自赔"条件的,事故各方分别凭交警开具的《事故责任认定书》或《机动车交通事故快速处理协议书》等单证,直接到本方保险公司进行索赔。承保公司在交强险财产损失限额内赔偿本方车辆损失。

索赔材料包括:索赔申请书;责任认定书、调解书或自行协商处理协议书;查勘记录、事故照片、损失情况确认书(定损单);车辆修理费发票;驾驶证和行驶证(复印件或照片)。

4. 注意事项

① 各保险公司应加强对事故真实性的勘查。事故双方自行协商处理交通事故的,应尽可能对双方车辆进行查勘、比对碰撞痕迹;有条件的地区要利用交强险信息平台进行监控,以防范道德风险。

② 保险车辆在异地发生互碰事故,适用出险地保险行业协会、交管部门出台的相关规定。

应由当地交警处理，并出具《事故责任认定书》或由保险公司查勘第一现场，方可按"互碰自赔"方式赔偿。

③ 双方车号、交强险保险人需明确。事故对方车辆不明确的，应按找不到第三方处理。

5. 系统操作要点

① 在查勘、立案环节，应在"赔案类别"栏选择"特殊互碰"；并在"商业险赔偿责任"栏选择"互碰"，方可在交强险财产损失限额项下赔偿本车损失。系统将自动加注"互碰自赔"标识。

② 建立交强险信息平台的地区，应及时将相关出险、赔付数据上传至交强险信息平台。

4.3.3 机动车交强险互碰赔偿处理规则

中国保险行业协会根据交强险理赔实务的基本原则制定《机动车交强险互碰赔偿处理规则》，是交强险理赔实务的补充。

1. 标准处理机制

（1）均投保了交强险的两辆或多辆机动车互碰，不涉及车外财产损失和人员伤亡

① 两辆机动车互碰，两车均有责。双方机动车交强险均在交强险财产损失赔偿限额内，按实际损失承担对方机动车的损害赔偿责任。

【例 4-3】A、B 两车互碰，各负同等责任。A 车损失 3500 元，B 车损失 3200 元，则两车交强险赔付结果：

A 车保险公司在交强险项下赔偿 B 车损失 2000 元；B 车保险公司在交强险项下赔偿 A 车损失 2000 元。

对于 A 车剩余的 1500 元损失，按商业险条款规定，根据责任比例在商业车险项下赔偿。即如 A 车投保了车损险、B 车投保了商业三者险，则在 B 车的商业三者险项下赔偿 750 元，在 A 车的车损险项下赔偿 750 元。

② 两辆机动车互碰，一方全责、一方无责。无责方机动车交强险在无责任财产损失赔偿限额内承担全责方机动车的损害赔偿责任，全责方机动车交强险在财产损失赔偿限额内承担无责方机动车的损害赔偿责任。无责方车辆对全责方车辆损失应承担的赔偿金额，由全责方在本方交强险无责任财产损失赔偿限额项下代赔。

【例 4-4】A、B 两车互碰造成双方车损，A 车全责（损失 1000 元），B 车无责（损失 1500 元）。设 B 车适用的交强险无责任赔偿限额为 100 元，则两车交强险赔付结果：

A 车交强险赔付 B 车 1500 元，B 车交强险赔付 A 车 100 元。

B 车对 A 车损失应承担的 100 元赔偿金额，由 A 车保险公司在本方交强险无责任财产损失赔偿限额项下代赔。

③ 多辆机动车互碰，部分有责（含全责）、部分无责。

a. 一方全责，多方无责。所有无责方视为一个整体，在各自交强险无责任财产损失赔偿限额内，对全责方车辆损失按平均分摊的方式承担损害赔偿责任；全责方对各无责方在交强险财产损失赔偿限额内承担损害赔偿责任，无责方之间不互相赔偿。无责方车辆对全责方车辆损失应承担的赔偿金额，由全责方在本方交强险相应无责任财产损失赔偿限额内代赔。

【例4-5】A、B、C三车互碰造成三方车损，A车全责（损失600元），B车无责（损失600元），C车无责（损失800元）。设B、C车适用的交强险无责任赔偿限额为100元，则赔付结果为：

A车交强险赔付B车600元，赔付C车800元，

B车、C车交强险分别赔付A车：100元，共赔付200元。由A车保险公司在本方交强险两个无责任财产损失赔偿限额内代赔。

b. 多方有责，一方或多方无责。所有无责方视为一个整体，在各自交强险无责任财产损失赔偿限额内，对有责方损失按平均分摊的方式承担损害赔偿责任；有责方对各方车辆的损失在交强险财产损失赔偿限额内承担损害赔偿责任，无责方之间不互相赔偿。无责方车辆对有责方车辆损失应承担的赔偿金额，由各有责方在本方交强险无责任财产损失赔偿限额内代赔。

多方有责，一方无责的，无责方对各有责方车辆损失应承担的赔偿金额以交强险无责任财产损失赔偿限额为限，在各有责方车辆之间平均分配。

多方有责，多方无责的，无责方对各有责方车辆损失应承担的赔偿金额以各无责方交强险无责任财产损失赔偿限额之和为限，在各有责方车辆之间平均分配。

【例4-6】A、B、C、D四车互碰造成各方车损，A车主责（损失1000元），B车次责（损失600元），C车无责（损失800元）、D车无责（损失500元）。设C、D两车适用的交强险无责任赔偿限额为100元，则赔付结果：

C车、D车交强险共应赔付200元，对A车、B车各赔偿（100+100）/2＝100元，由A车、B车保险公司在本方交强险无责任财产损失赔偿限额内代赔。

A车交强险赔偿金额＝B车损核定承担金额＋C车损核定承担金额＋D车损核定承担金额
＝（600−100）+800/2+500/2=1150（元）

B车交强险赔偿金额＝A车损核定承担金额＋C车损核定承担金额＋D车损核定承担金额
＝（1000−100）+800/2+500/2=1550（元）

（2）均投保了交强险的两辆或多辆机动车互碰，涉及车外财产损失

有责方在其适用的交强险财产损失赔偿限额内，对各方车辆损失和车外财产损失承担相应的损害赔偿责任。

所有无责方视为一个整体，在各自交强险无责任财产损失赔偿限额内，对有责方损失按平均分摊的方式承担损害赔偿责任。无责方之间不互相赔偿，无责方也不对车外财产损失进行赔偿。

无责方车辆对有责方车辆损失应承担的赔偿金额，由各有责方在本方交强险无责任财产损失赔偿限额内代赔。

【例4-7】A、B、C 三车互碰造成三方车损，A 车主责（损失 600 元），B 车无责（损失 500 元），C 车次责（损失 300 元），车外财产损失 400 元。则 A 车、B 车、C 车的交强险赔付计算结果为：

先计算出无责方对有责方的赔款

B 车交强险应赔付 A 车、C 车各 50 元（100/2）。由 A 车、C 车在各自交强险无责任财产损失赔偿限额内代赔。

有责方再对车外财产、各方车损进行分摊

A 车交强险赔款=（500+400）/2+（300−50）=700（元）
C 车交强险赔款=（500+400）/2+（600−50）=1000（元）

计算有责方交强险和代赔款之和

A 车交强险赔款+代赔款=700+50=750（元）
C 车交强险赔款+代赔款=1000+50=1050（元）

（3）均投保了交强险的两辆或多辆机动车发生事故，造成人员伤亡

① 肇事机动车均有责且适用相同责任限额的，各机动车按平均分摊的方式，在各自交强险分项赔偿限额内计算赔偿。

【例4-8】A、B 两机动车发生交通事故，两车均有事故责任，A、B 车损分别为 2000 元、5000 元，B 车车上人员医疗费用 7000 元，死亡伤残费用 6 万元，另造成路产损失 1000 元。则 A 车交强险初次赔付计算结果为

B 车车上人员死亡伤残费用核定承担金额 = 60000/(2−1)=60000（元）
B 车车上人员医疗费用核定承担金额 = 7000/(2−1)=7000（元）
财产损失核定承担金额 = 1000/2+5000/(2−1)=5500（元）（超过财产损失赔偿限额，按限额赔偿，赔偿金额为 2000 元）。
A 车交强险赔偿金额 = 60000+7000+2000=69000（元）
其中，A 车交强险对 B 车损的赔款 = 2000×［5000/(500+5000)］=1818.18（元）
A 车交强险对路产损失的赔款 = 2000×［500/(500+5000)］=181.82（元）

② 肇事机动车中有部分适用无责任赔偿限额的，按各机动车交强险赔偿限额占总赔偿限额的比例，在各自交强险分项赔偿限额内计算赔偿。

【例4-9】A、B、C 三车发生交通事故，造成第三方人员甲受伤，A、B 两车各负 50%的事故责任，C 车和受害人甲无事故责任，受害人支出医疗费用 4500 元。设适用的交强险医疗费用赔偿限额为 10000 元，交强险无责任医疗费用赔偿限额为 1000 元，则 A、B、C 三车对受害人甲应承担的赔偿金额分别为

A 车交强险医疗费用赔款=4500×[10000/(10000+10000+1000)]=2142.86（元）
B 车交强险医疗费用赔款=4500×[10000/(10000+10000+1000)]=2142.86（元）
C 车交强险医疗费用赔款=4500×[1000/(10000+10000+1000)]=214.28（元）

③ 支付、垫付抢救费金额参照以上方式计算。

2. 无责财产赔付简化处理机制

无责财产赔付简化处理机制即交强险"无责代赔",是一种交强险简化处理机制。即两方或多方机动车互碰,对于应由无责方交强险承担的对全责/有责方车辆损失的赔偿责任,由全责/有责方保险公司在本方交强险项下代为赔偿。

(1) 适用条件

同时满足以下条件的双方或多方事故,适用无责财产赔付简化处理机制。

① 两方或多方机动车互碰,各方均投保交强险。

② 交警认定或根据法律法规能够协商确定事故责任,部分有责、部分无责。

③ 无责方车号、交强险保险人明确。

(2) 基本原则

① 无责代赔仅适用于车辆损失部分的赔偿,对于人员伤亡部分不进行代赔。

② 对于应由无责方交强险承担的对有责方车辆损失的赔偿责任,由有责方承保公司在单独的交强险无责任财产损失代赔偿限额内代赔。代赔偿限额为无责方交强险无责任财产损失赔偿限额之和,在各有责方之间平均分配。

③ 各保险公司之间对代赔金额进行分类统计,但不进行清算。

④ 有责方代赔的部分不影响交强险费率浮动。

⑤ 各无责方车辆不参与对其他无责方车辆和车外财产损失的赔偿计算。

(3) 基本流程

① 出险后,由有责方向其承保公司报案,无责方不必向其承保公司报案。

保险公司接报案时应提醒客户注意记录对方车牌号、被保险人名称、驾驶证号码、联系方式、交强险保险公司等信息。

当事人根据法律法规自行协商处理事故或要求自行协商处理的,应指导客户填写《机动车交通事故快速处理协议书》。

② 原则上由有责方保险公司对双方车辆进行查勘、定损,拍摄事故照片,出具查勘报告、定损单,查勘报告和定损单应由当事人签字确认。

③ 对于本应由无责方交强险承担的对有责方车损的赔偿责任,由有责方承保公司在本方交强险无责任财产损失代赔偿限额内代赔。

有责方交强险项下合计赔款为

有责方交强险赔款=其他有责方车损核定承担金额+无责方车损核定承担金额+
车外财产损失核定承担金额(≤2000元)

有责方保险公司无责代赔部分=有责方车损(≤无责方车辆数×
无责任财产损失赔偿限额/有责方车辆数)

有责方保险公司交强险合计赔款=有责方交强险赔款+有责方保险公司无责代赔部分

④ 为准确统计无责代赔数量和金额,有责方保险公司应对代赔款项加注"无责代赔"标识,并在查勘报告、业务系统中记录无责方车号、保险公司名称。

⑤ 有责方保险公司代赔后,应将无责方车号、代赔金额等有关数据上传至交强险信息平台。

(4) 注意事项

① 当事人协商确定事故责任的,保险公司有权通过查勘、比对等方式,对事故原因和协商结

果进行核实。

② 满足无责代赔条件，无责方已经支付赔款，并向己方保险公司索赔的，应提供付款证明或有责方保险公司未代赔的证明材料。

③ 对于人员伤亡损失，有责方保险公司原则上不予代赔，仍应由无责方被保险人或其授权委托人向其承保公司索赔。

对于不符合无责代赔条件，仍需无责方自行向其承保公司索赔的，应及时告知双方当事人。

3. 特殊情况处理

(1) 一方投保交强险，一方仅投保商业险或无保险的机动车发生事故

① 一方机动车投保交强险，另一方仅投保商业险。依照《条例》，军队、武警机动车参加交强险的办法由中国人民解放军、中国人民武装警察部队另行规定。在相关规定出台前，对于仅投保商业三者险的军队、武警机动车，与投保交强险的车辆互碰，按以下方式计算赔偿：

对于军队、武警车辆，按照其所投保商业险条款和特别约定的规定计算赔偿。

对于与军队、武警车辆碰撞的车辆，在计算其车损险赔款时，根据损失补偿原则，不扣除对方交强险应赔偿部分。

两车同时碰撞车外财产或行人，按照事故责任比例，承保交强险的在交强险限额内承担受害人的损失，承保商业三者险的在商业险限额内按条款规定承担受害人的损失。

【例4-10】A、B共同造成车外财产C的损失，A主责，B次责，C损失5000元。交警调解确定A承担60%的损失，B承担40%的损失，A投保了交强险，B为军队车辆，未投保交强险。则A交强险对C的赔偿金额应为

5000×60% = 3000元>2000元（交强险财产损失赔偿限额）

因此，A交强险对C的赔偿金额为2000元。

② 一方机动车投保交强险，另一方无保险。这种情况即交强险"无保险代赔"。2006年10月1日以后发生保险车辆与应投保而未投保交强险的机动车碰撞的事故，所有无保险的机动车均视同投保交强险参与赔款计算。且因交警调解、法院判决等特殊原因，被保险人的损失无法得到对方相当于交强险的赔偿时，保险公司可在本方交强险项下先行代为赔付。

a. 同时满足以下条件，可适用"无保险代赔"方式。

• 保险车辆与应投保而未投保交强险的机动车发生碰撞。

• 交警调解或法院判决未要求无保险方按交强险"无过错"原则承担赔偿责任。

• 在计算保险车辆的商业车损险、车上人员责任险或车上货物责任险赔款时，按条款规定扣除无保险方相当于交强险的赔偿金额，但实际上被保险人无法得到无保险方的足额赔偿。

b. 一方机动车投保交强险，另一方保险的处理原则。

• 原则上认为无保险车辆应该承担相当于交强险的赔偿责任。在计算本方车损赔款时，应当扣除对方相当于交强险的赔偿金额。

• 但如果本车损失确实不能得到对方相当于交强险赔偿（如已按交警调解结果履行赔偿责任，

或法院判决未要求对方承担相当于交强险的赔偿责任），可由本方交强险先行代为赔付。

对方无责，保险公司可先行在另一个交强险无责任赔偿限额内赔付全责方的本车车损和车上人员伤亡损失（道路交通事故社会救助基金成立后，由基金垫付的抢救费部分应予扣除）。

对方有责，保险公司可先行在另一个交强险赔偿限额内赔付本车车损和车上人员伤亡损失。

- 为准确统计代赔数量和金额，应对代赔款项加注"无保险代赔"标识，代赔部分在另一个交强险限额内列支。
- 保险公司代赔后应要求被保险人签具权益转让书，转让追偿的权利。
- 应注意防范无保险车辆惧怕罚款，已私下向被保险车辆支付赔款，被保险人又向保险公司重复索赔的情况。

（2）关于挂靠同一单位的机动车互碰的赔偿方式

对于被保险人（营业性车队、挂靠单位等）为同一人，但投保人（所有人）为不同自然人的机动车互碰，可按互为三者的原则，由各方机动车交强险在其分项赔偿限额内，按实际损失承担对方机动车（车辆、车上人员、车上财产）的损害赔偿责任。

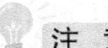

此种处理方式仅适用于投保人在投保时如实向保险人告知了车辆属于挂靠的情况，并且在保险合同中明确体现。如果在保单中体现为投保人完全相同（即不能体现出实际的所有人），则将视互碰的各车为同一被保险人所有，不能在交强险项下进行赔偿。

（3）经交警调解或当事各方协商，由各方机动车承担本方车辆损失

符合《机动车交强险财产损失互碰自赔处理办法》（简称《办法》）适用条件的，按照《办法》规定处理。不符合《办法》适用条件的，当地行业协会有相关规定的，按行业协会相关规定处理。行业协会没有相关规定的，按以下方式处理。

① 能够找到事故对方机动车并勘验损失的，对事故对方车辆损失在本方交强险赔偿限额内计算赔偿，超过限额部分在商业车险项下按过错责任比例计算赔偿。

【例4-11】A、B两车互碰，各负同等责任。A车损失3500元，B车损失3200元，交警调解结果为各自修理本方车辆。在能够勘验双方车辆损失的情况下，A车保险公司在交强险项下赔偿B车损失2000元；B车保险公司在交强险项下赔偿A车损失2000元。对于A车剩余的1500元损失，如A车投保了车损险、B车投保了商业三责险，则可以在B车的商业三责险项下赔偿750元，在A车的车损险项下赔偿750元。

② 事故对方已无法找到并勘验损失，被保险机动车无法得到对方赔偿的，可对被保险机动车的车辆损失在本方机动车交强险赔偿限额内计算赔偿，超过限额部分在本方机动车商业车损险项下按条款规定计算赔偿。

【例4-12】A、B两车互碰，各负同等责任。A车损失3500元，B车损失3200元。交警调解结果为各自修理本方车辆。在无法找到B车勘验损失的情况下，A车保险公司可在交强险项下赔偿A车损失2000元。对于A车的剩余的1500元损失，如A车投保了车损险，则在A车的车损险项下按条款规定计算赔偿。

4. 理算程序

第一步：确定哪些损失属于本方机动车交强险受害人的损失；

第二步：判断是否满足无责代赔处理机制，如满足，按简化方式计算。如不满足则进入以下步骤；

第三步：确定本方机动车交强险项下的分项核定损失承担金额。根据肇事机动车的分项赔偿限额占总分项赔偿限额的比例分摊，各方机动车适用限额一致的，按平均分摊的方式计算；

第四步：对于分项核定损失承担金额没有超过交强险赔偿限额的，按分摊结果赔付；分项核定损失承担金额超过交强险赔偿限额的，在交强险限额内，按受害人分项核定损失承担金额占总分项核定损失承担金额的比例分摊；

第五步：判断交强险限额是否用足，若有受害方没有得到全额赔付，同时又有需赔付方交强险限额未用足，则在交强险限额内补足。对于待分配的各项损失合计没有超过剩余赔偿限额的，按分配结果赔付各方；超过剩余赔偿限额的，则按每项分配金额占各项分配金额总和的比例乘以剩余赔偿限额分摊；直至受损各方均得到足额赔偿或应赔付方交强险无剩余限额。

4.3.4 案 例 分 析

案例一　交通事故简易处理案例分析

【案情】某日早上8时10分，某十字路口，由于电动车横穿马路，撞上了出租车的前保险杠，本次事故未造成人员伤亡，事故责任也比较明确，该路段又是车流量较大的路段，且处于上班早高峰。警务站的民警将现场取证以后，进行了撤离。

【案件处理】保险公司现场查勘员和交通民警在了解这一情况后，根据简易交通事故处理程序，对当时双方进行了耐心地调解，并告知双方当事人是否愿意进行协商处理。电动车车主了解到责任在自己这一方，就同意协商，在8时33分，电动车车主赔偿了出租车车主的保险杠修理费，双方达成和解。

【案件分析】发生《中华人民共和国道路交通安全法》第七十条第二款、第三款规定的交通事故：当事人对事实及成因有争议不即行撤离现场或者当事人自行撤离现场后，经协商未达成协议的；受伤人员认为自己伤情轻微，当事人对事实及成因无争议，但是对赔偿有争议的。这些情况适用简易程序，可以由交通警察按照交通事故简易程序处理；保险公司可根据简易赔案适用范围进行处理。

随着道路交通事故简易程序快速处结的实施，最大限度减少了道路交通事故对道路交通的影响，提高了道路交通事故处理效率和通行效率，方便人民群众，维护了道路交通环境。

案例二　交强险"互碰自赔"案例分析

【案情】私家车主赵先生，投保了交强险和商业车险，一天中午，由于赵先生车速远快，路口转弯时和迎面而来的另一辆机动车刮擦。幸运的是，由于赵先生反应迅速，两辆车迎面相撞之后，没有造成人员受伤，只是双方车辆有轻微刮痕。

【案件处理】事故双方报案后，各自保险公司现场勘员经现场查勘，认定两辆机动车均有一定的责任，且双方均无异议，赵先生车辆损失800元，另一辆机动车损失1200元。根据《交强险财产损失"互碰自赔"处理办法》规定,两辆迎面相撞的机动车适用"互碰自赔"的规定,由保险公司定损并办理了"互碰自赔"的出险理赔手续。

【案件分析】自 2009 年起,国内保险行业在全国范围正式实施"交强险财产损失互碰自赔处理机制"。有投保车险中交强险的车辆发生互碰,如果只有不超 2000 元车损、各方都有责任并同意采取"互碰自赔"的,就可以适用这一理赔处理机制。

案例三 交通事故"无责代赔"案例分析

【案情】2013 年 10 月,吴先生购买了一辆桑塔纳,并购买了交强险。某天在路口等红灯时被一辆奔驰追尾,桑塔纳后保险杠被撞坏,奔驰的前保险杠等也出现损坏。交警认定奔驰车主负全责。桑塔纳维修费 180 元,奔驰维修费 3200 元。

【案件处理】经双方保险公司查勘员现场调解,由奔驰车主所投保的 A 保险公司赔付桑塔纳车主吴先生车辆维修费 180 元;吴先生赔偿奔驰车主维修费 100 元,由 A 保险公司代为赔偿。

【案件分析】为加强对受害人利益的保护,交强险规定机动车肇事后,即使自己一方无责也要赔偿对方一定损失,以无责任限额为赔偿限度。交强险无责限额分 3 项:无责任死亡伤残赔偿限额为 11000 元;无责任医疗费用赔偿限额为 1000 元;无责任财产损失赔偿限额为 100 元;

该案例中:吴先生的车辆被追尾,己方无任何责任,所以,需在无责任财产损失赔偿限额下赔偿对方部分修车费用 100 元。为方便案件处理,简化赔偿程序,目前交强险规定:无责方车辆对有责方车辆损失应承担的财产损失赔偿金额,由有责任方在本方交强险无责任财产损失赔偿限额项下代赔。即双方事故中桑塔纳车主无责时,需要用自己的交强险赔付奔驰车主,只不过费用由奔驰车主的保险公司代赔。

此外,桑塔纳车主虽然使用了交强险,他第二年买交强险时仍可享受优惠费率。《交强险费率浮动暂行办法》规定:仅发生无责任道路交通事故的,交强险费率仍可享受向下浮动。

第 5 章
汽车保险电话营销

5.1 汽车保险电话营销简介

【知识目标】
1. 了解汽车保险电话营销系统
2. 掌握汽车保险电话营销流程及话术技巧
3. 掌握汽车保险电话营销线上人员服务规范

【能力目标】
1. 学会与客户在汽车保险电话营销过程中的话术语言
2. 用汽车保险电话营销线上人员服务规范指导日常工作

【素质目标】
1. 培养乐于助人、无私奉献、爱岗敬业的服务精神
2. 培养操作标准、服务规范、用语礼貌、举止得体的礼仪规范

课程育人：文明服务，让生活更美好

1. 应用背景

中国经济社会的快速发展，为保险业提供了强大的增长动力，中国保险业迎来了发展的春天。然而，随着我国金融市场与国际金融市场差距的逐渐缩小，我国保险行业面临的竞争与日俱增。保险展业初期传统的营销模式已经不能满足企业的发展目标，电话营销逐步走入保险业的营销渠道中。

保险电话营销（以下简称保险电销）不是一个新兴行业，它已经在国内外的各种营销渠道中行之多年，并占有一席之地。

电话营销（Telemarketing）又称电话行销，是指通过使用电话、传真等通信技术，来实现有计划、有组织，并且高效率地扩大顾客群体、提高顾客满意度、维护顾客关系等市场行为的一种营销手段与营销模式，是直复营销的一种。它起源于美国，出现于 20 世纪 80 年代以前，后来逐渐发展到亚洲地区，90 年代初进入中国，并在大陆得到了迅猛的发展。2002 年开始，友邦保险等具有外资背景的保险企业首次将电话营销应用于保险行业，开始了保险电话营销的征程。2003 年招商信诺、中美大都会等也都相继涉足了电话营销领域，这个阶段标志着电话营销正式进入中国保险市场。之后随着平安保险、大地保险、天平保险等公司获得保险电话营销牌照后，中国保险行业的电话营销业务算真正开始起航了。

从我国保险电销发展历程来看，我国保险电话营销最初应用于寿险产品，随着保险市场的日益成熟及顾客需求的多样化，早期依靠公司外勤直接展业的财险公司也纷纷开始发展电话营销业务，至此，电话营销在我国保险行业得到了普遍的应用。

保险公司开展电话营销业务，一般分为 4 个阶段：呼叫中心建设、保监会申请及审查、运营流程设计及人员管理。呼叫中心建设解决了保险电销的基础设备问题；保监会申请通过可以使电销活动符合政策规定并有效保障保险公司和消费者的权益；运营流程设计对于保险电销业务的顺利开展意义重大，流程的好坏关系到电销业务开展的效率及成果；人员管理包括组织结构设计、人员招聘、人员培训、绩效及稳定性管理等多方面，稳定高效的团队对于保险电话营销有着十分重要的作用。

2．系统简述

保险电话销售系统是讯呼技术根据保险行业开展电话销售营销模式不可或缺的工具。保险电话销售系统能有效发挥培训和现场管理的能量，提高规范水平、服务质量、销售效率，是传统销售模式无法比拟的。系统在设计中应充分利用先进的计算机技术、网络技术、通信技术和 CTI 技术来实现该行业所需的功能作用。

3．平台构架

（1）智能化的电话销售系统平台

① 设计思想。电话销售系统采用 C/S 结构集成 CTI 业务平台，多种业务、多种通信协议、多种信令构成 CTI 综合服务中心，一方面达到最大的经济性，另一方面多种业务支撑，共享各类资源，提高竞争力。

② 组网方式灵活。电话销售系统采用 TCP/IP 协议进行业务管理，各业务模块可按负荷分别运行在不同主机，以增强相应处理能力。系统可从 Compact PCI 平滑过渡到小型机，达到组织结构的灵活性和系统平台的无关性。

③ 可视化的业务生成系统。用户可以根据系统提供的控件任意组合，方便、快捷地建立所需要的业务流程。对数据库信息的查询，通过系统提供的数据库控件可以方便地实现，查询到的结果可以通过合成音、传真、邮件、短信等方式灵活地向用户发布。不同业务流程之间可以相互转移。

④ 话务统计功能。对系统生成的线路占用数据进行自动统计和分析，为系统管理进行数据设定提供依据，并使之配合各业务系统进行话务分配，不断优化系统整体性能。

⑤ 多种信令方式共存。讯呼技术在与通信网配合使用时，采用中国一号信令、中国七号信令、ISDN PRI、ISDN BRI 等多种通信信令方式。

⑥ 综合的业务排队与管理。

- 可实现多个业务的合群呼入、综合排队、分组处理功能。
- CTI 资源共享，任一线路均可处理系统提供的任何业务。可动态调整业务处理数量，充分合理地利用系统资源。

⑦ 多等级系统管理功能。
- 对系统管理、维护和操作人员分多个等级，如超级用户、系统管理员、普通话务员、班长等。
- 话务员的所有操作功能均可通过权限设置进行管理。
- 根据不同等级进行操作，达到对整个系统的有效控制和管理。

⑧ 完备的业务管理能力。
- 提供业务管理的统一接口。对各业务模块统一管理，综合排队并分类处理。
- 平台可灵活拆卸，业务可动态增加。

⑨ 完善的全中文多窗口界面。
- 界面按人机工程学设计，采用流行的 Windows 界面，提示丰富、明了，操作方便、快捷。
- 坐席系统的所有功能，均可以使用系统设置的快捷键进行操作，方便用户使用。

⑩ 安全措施可靠、完备。
- 各种特服业务采用合群呼入、分组处理，其中任意业务处理进程发生故障不致影响整个系统，保证整个系统最大限度的稳定和可靠。
- 数据库服务器可选用高性能 PC 服务器或小型机，具备双工镜像硬盘、服务器热备份等容错手段，保证系统长期不间断运行时的数据安全。

⑪ 语音服务系统。
- IVR（互动式语音应答）服务器可根据定制的业务流程，灵活进行语音服务。
- 系统输出的语音可使用 TTS（文语转换）设备实时发布。
- 语音采编系统提供强大的语音录制和编辑功能。

⑫ 软件设计。
- 软件采用当前最先进的面向对象的设计方法，遵循 CCITT（国际电报电话咨询委员会）所建议的 SDL 语言进行状态迁移处理。
- 操作系统采用 Windows 2003/2000/XP/NT、Windows ME/98/95、UNIX；软件工具选用 VC++、PowerBuilder；数据库管理系统采用功能强大的具有客户/服务器体系结构的大型关系数据库 Sybase、Oracle 或 MS SQL Server。

（2）热线电话接入

电话销售系统电话通过数字 2M 口拨入，可同时受理 30 路至数千路电话，自动提取主叫号码，系统可根据需要设定相应数量的坐席，同时配合自动语音服务，大大缩短了受理时间。

（3）数据库结构

电话销售系统完成有线电话、移动手机主叫号码提取，地址、名称及资料显示，数字化录音等功能，系统建立了强大计算机网络数据库支持系统智能化决策，可对各种咨询、查询、受理等编写方案。

（4）组网功能

系统服务器提供数据管理、信息共享、高级管理，并具有安全性。

客户机采用 Windows 操作系统，是最终用户接口设备或应用程序，它从其他设备请求信息并将信息呈现给用户。客户机初始化它与服务器之间的通信，而将大多数的数据处理留给服务器解决。客户机通过从服务器上卸载数据进行分析和图像显示，减少了网络上的通信量并且使用户得到高级的信息流。

服务器采用先进 Windows 2003/2000 Server 网络操作系统、Microsoft SQL Server 2000 数据库，为来自客户机的请求处理提供服务，这些服务包括数据提取、数据计算、数据处理等。服务器的硬件具有强大的信息处理和计算能力，服务器系统的主要功能是建立处理和网络服务的地址、监听

客户呼叫、读取客户请求、处理客户请求、将应答写给客户、取消客户的连接。

(5) 数字化的录音录时

系统不需要额外添置任何设备，即拥有全数字化自动录音系统，连续不间断录音时间长（根据计算机硬盘而定），容量大，既能自动备份，也可对重点文件手工备份；录音能在任意坐席播放，也可以对备份的语音文件随意查询和回放。

(6) 统计和查询功能

系统能为热线中心提供各式各样统计报表（图文统计），为中心分析决策提供最直接最原始的一手资料。同时系统也支持对业务受理、费用管理、协助代理等的查询要求。

4. 系统功能

(1) 模块划分

① 自动语音服务包括：最新信息、语音公告板、相关信息查询、自动语音投诉留言、服务满意度调查等模块。

② 人工服务包括：客户历史资料弹出、留言信箱管理、业务咨询、信息查询、业务受理、客户投诉意见建议、业务代理及专家受理、热点调查/电话回访等模块。

另外还包括对人工服务过程的全程录音和统计。

(2) 功能简述

① 预拨号功能：系统支持客户联系方式批量导入和批量拨打，自动筛选有效电话号码转接人工服务坐席。

② 客户资料管理功能：客户信息录入、分类。

③ 通话系统日志功能：业务员可以通过系统记录面谈记录或联络记录，为二次面访及跟进电话提供参考，以便把握住真正的潜在客户。

④ IVR 语音导航功能：支持多语言和多层次的语音导航，提供脚本和图像两种流程编译方式。

⑤ 查询功能：保险公司可根据自身情况设置可供客户查询各种信息，如公司信息及保险知识、保险条款及费率、业务员信息、保单信息、投保和承保手续、保单服务及理赔服务手续等内容。

⑥ 录音功能：具有全部通话录音的功能和提高服务质量、避免服务纠纷等作用。

⑦ 传真功能：自动收发传真，支持传真资料签章、自动索取、群发、转发、回访等。

⑧ 短信功能：提供标准短信接口，可进行短信的收发、群发等功能。

⑨ 邮件功能：与邮件软件进行对接，实现呼叫中心和邮件管理的无缝连接。

⑩ 语音留言功能：忙时或无人接听时进行语音留言和自动留言提醒功能。

⑪ 业务统计报表功能：提供各种业务报表的统计功能，保险公司可根据自己的需求订制个性化的报表。

⑫ 自动语音通知功能：可进行广告宣传和信息语音通知，例如，新险种推荐、续费提示、客户的生日问候、保费的自动催缴通知等。

⑬ 知识库功能：保险公司可根据自身情况进行话术设置、产品知识等信息的填写，方便坐席人员查找和熟练。系统提供语音知识库和文本知识库。

5. 应用效果

(1) 提高销售效率，扩大市场份额。系统通过预拨号功能，自动识别出空号、错号、忙音和

关机等状况,将有效的电话号码转接至坐席人员。既节省了时间又提高了销售效率,从而增加成交概率,扩大市场份额。

(2)避免客户的流失,保障客源稳定。客户资料管理模块,具有客户个人信息录入登记、查询等功能,从而避免因业务人员的流动而带来的客户流失,起到积累客户资源的作用。

(3)改善服务质量,提高用户满意度。系统具有记录客户对保险产品及服务的咨询、投诉和建议等的功能,主管可以查看当天或某段时间客户反映的问题,未处理的问题置顶,问题可以设置处理级别。

(4)沟通更迅速,服务更周到。系统提供的即时通知功能可以随时将客户信息通知到保险业务员,同时还可以向用户及业务人员提供及时的业务提示。

(5)减少开支,降低经营成本。通过 IVR 的使用,将大量的重复性和标准化的服务尽量采用自动语音进行处理,如查询、咨询等工作,从而节省 30%~80%的人力成本。

(6)加强内部协调,提高工作效率。客户问题可以通过系统流转到相关职能部门,加强了协作,避免了口头传达延误的问题。

5.2 汽车保险电话营销流程及话术

【知识目标】
1. 了解汽车保险电话营销的业务系统
2. 掌握汽车保险电话营销文明礼貌用语
3. 掌握汽车保险电话营销线上人员服务规范

课程育人:增强保险业现代化服务理念,提升服务质量

【能力目标】
1. 学会耐心详细地向顾客解答疑惑,树立为顾客服务的意识
2. 与顾客沟通期间保持良好的心情,主动挖掘顾客需求

【素质目标】
1. 培养乐于助人、无私奉献、爱岗敬业的服务精神
2. 培养操作标准、服务规范、用语礼貌、举止得体的礼仪规范

1. 汽车保险电话营销流程

良好的业务系统是保险电话营销成功与否的催化剂。电话营销是一项进行大量数据处理的业务。根据业内统计数据,电话营销陌生拜访的成功率一般为 1.5%~3%,以此可以推算出保险电话营销若要达到一定的保费收入目标,其数据消耗量有多么巨大。此外,电话营销过程中还会产生众多流转单据,此类数据的处理也是一项繁重而必不可缺的业务。因此,好的业务系统对于保险电销的意义十分重大。

微课 34 开场白话术

保险电销的业务系统一般包括电话营销系统、综合管理系统和商业智能系统 3 个方面。电话营销系统主要实现客户资料处理(包括客户查询及客户

微课 35 报价及产品介绍话术

增加）、保险费率查询及计算、保单生成等功能；综合管理系统可对项目、数据、报表、系统及人员进行实时监控和管理，通过提供报表、人员等统计分析结果，使用者可及时了解业务进展，分析业务数据走向，方便统筹管理数据，了解人员工作业绩及工作状态，为项目的整体管理提供依据；商业智能系统主要是对客户分析、保单分析、业绩分析和项目分析等各项内容进行管理分析，通过设立数据挖掘模型和决策分析模型，对电话营销系统中相关数据进行智能商业分析，为电话营销人员提供有利分析工具，对营销管理起到了定量分析、定性决策的重要支撑作用，支持不同层次的管理者进行不同范围的决策。

汽车保险电话营销流程图如图 5-1 所示。

2. 汽车保险电话营销话术

（1）开场白话术

① 首拨开场白。

· 先生/女士，您好，这里是××电话车险，我叫×××（坐席全名），工号×××，我们公司近期推出特色车险优惠活动，这里给您个报价，您参考一下，请问您是车主吧？

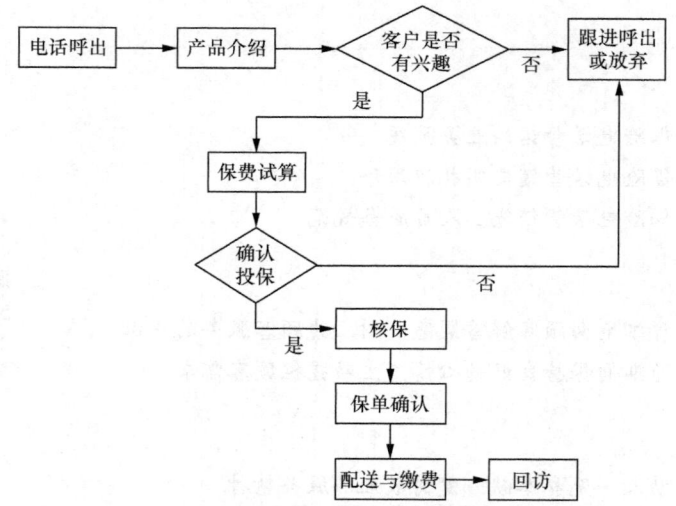

图 5-1 汽车保险电话营销流程图

· 先生/女士，您好，这里是××电话车险，我叫×××（坐席全名），××节日来临之际，我们推出了一个非常优惠的车险活动，这边给您报个价，您参考一下，好吧？

② 后续跟踪回访开场白。

· ×先生/女士，您好，我是之前和您联系过的××电话车险的小×（坐席的姓氏），工号×××，您让我今天给您打过来。上次给您报了一个车险价格，总保费是××××元，您看没有问题今年就在我们这边办了吧？

· ×先生/女士，您好，我是之前和您联系过的××电话车险的小×（坐席的姓氏），工号×××，之前小×给您报了一个车险价格，总共费用是××××元，上次为您介绍的 VIP 道路救援服务卡只剩下×个名额了，您看您行驶证在身边吧？我马上为您登记一下资料。

（2）报价及产品介绍话术

· 先生/女士，为了给您准确报价，请问您的爱车是什么时候买的，具体是哪一款车，买的时候多少钱？

- 那今年车损险我按照××万给您保，三者险您看是保10万还是20万？您车是5座位对吧？我每座给您保1万。有没有找保险公司理赔过，有没有赔过对方的人伤或财产损失呢？
- 那您今年的保费就是×××（出险一次有责无死亡，费率不变；出险两次有责无死亡，费率上浮10%；出险一次有死亡，费率上浮30%）。
- 那您这几年都是平平安安的吧？那您今年的保费就是×××（去年的车最多下浮10%；前年的车最多下浮20%；3年及以上的车最多下浮30%）。

(3) 异议处理话术

① 您从哪里得到我的电话号码？

- 先生，其实给您来电话并没有恶意的，您通过一个电话，足不出户就能了解到各保险公司的价格和优势，您看这样对于您来说是只有好处没有坏处的是吧？这边就给您报一下我们公司的优惠价格吧。
- 我们是根据一定规则编取，由系统自动拨号的。这也是我们之间的一种缘分嘛，您看您的车是什么时候买的，当时买车多少钱？

② 您怎么知道我有车啊（您怎么知道我的车险要到期了啊）？

- 请不要误会，这边只是给您报个车险的优惠价格，货比三家，您买的时候也不吃亏嘛，您看您的车是什么时候买的，当时买车多少钱？
- 您有车啊？真是太好了，我们每天都要打好几百个电话，好不容易遇到一个像先生您这样有车的客户（车险要到期的客户），我们真是太有缘了，我一定给您申请最优惠的价格，您看您的车是什么时候买的，当时买车多少钱？
- 我们去年和您联系过，看您真是贵人多忘事啊，很遗憾去年没有机会今年希望我们有这个机会为您提供免费的报价服务，您看今年三者险您是报10万元还是20万元啦？

③ 我很忙。

- 就是因为您忙所以我们才通过电话这样的方式来给您推荐我们的产品啊，您看一个电话，几分钟的时间就可以搞定您的保险，我马上为您办理了吧，可以送单上门的。
- （真的很忙）那非常不好意思打扰您了，您看您现在忙那小×中午12点（休息时间）再给您报个优惠价格好吧？

④ 来电号码怎么显示有0××。

- 因为我们电销中心设在××市，0××是××市的区号，但是我们出单和后续服务/理赔都是在当地直接给您进行的。

⑤ 我不需要。

- 先生/女士，您别误会，我们来电不是让您马上购买保险，因为我们正在举行办车险活动，价格非常优惠！今天只是想借此机会给您的车险试算个价格，要是您觉得合适，可以办理，要是不合适，您也可以做个参考嘛。
- 没有关系啊，我们买东西肯定是要货比三家的对吧。相信您多了解一条信息对您来说，肯定是有利无害的啊。您要是觉得合适可以选择我们，不合适的话，就当做个参考嘛。

⑥ 我已经保了。

- 保单还没有送过来吧？付了钱没有呢？现在都是见费出单，您没有付钱的话保单是不会生效的，所以，您现在还可以选择其他公司的，我给您报个价格，您对比一下嘛。

- 请问您今年是在哪家保险公司保的？保费花了多少钱？正式保单您拿到了吧？我们现在做活动，保费要比其他保险公司至少优惠200~300元，要是小×这边给你报个价格，您可以对比一下，看您今年是买贵了还是便宜了？
- 那真的挺可惜的，我们这次活动期间给出的价格是我们公司的续保价，比其他渠道多优惠15%呢，月底就截止了，小×电话都打来了，您家人开什么车呢，您也可以帮他咨询下保费啊……
- （真保）您买了的话也没关系，期待咱们明年合作，如果今年您有任何保险方面需要咨询的问题或者您有朋友需要购买保险的，欢迎您随时拨95×××转2，报我的工号：00000，找到我，小×乐意为您解答。这边就先不打扰您了，祝您行车安全，再见！
- （真保，报价后客户对我公司产品比较满意，转介绍）先生您对我们公司很满意，可惜您今年已经买了，这样吧，您身边还有朋友没有买保险的，您就把他们的电话给我，好东西大家一起分享嘛，我联系一下他们，让他们先享受一下专业汽车保险公司的服务，顺便明年你到期之前可以问一下您朋友我们公司如何，您再决定要不要在我们公司投保嘛。

⑦ 有人帮我办理/已经有地方办了。

- 那么恭喜客户先生您已经拥有了一份保障了，那么我想冒昧地问一下客户先生您的朋友是给您做的哪家保险公司的呢？您介意我给您介绍一下我们的个性化产品以及非常人性化的道路救援服务吗？我相信在现在这个信息社会您了解多一点有用的信息对您来说不是坏事情吧？
- 先生我想朋友都是能给到我们帮助的，您朋友给您的价格肯定是最优惠的，那今天我也和您交个朋友，给您报个亲情价，您比较一下好吧！

⑧ 保险公司倒闭怎么办？

客户先生您真会开玩笑，保险公司是和国计民生息息相关的，所以在成立的之前都会经过比其他公司更加严格的程序，在成立后也会受到保监会的严格监管，除了平时监察外，每年还要做一次深入的查核，一旦发现违反管理办法的行为，即予纠正——轻者撤换核保精算人或负责人，重者甚至撤销执照，所以您觉得我们可能拿自己的前途开玩笑嘛？还有，根据《中华人民共和国保险法》的规定，保险公司成立后应按照其注册资本总额的20%提取保证金，存入保监会指定的银行，作为保险公司清算时清偿债务，换句话说，就算保险公司真的倒闭了，也不会影响到您的理赔的。

⑨ 保险都是骗人的！（客户拒绝是因为投保容易理赔难）

请问先生您为什么会有这种想法呢？您是因为过去买了保险，出现事故却没有得到很好的理赔对吧？其实有很多人都是碍于情面而买的人情单，而不花时间去了解自己的权益，一旦发生事故而没有得到理赔，就轻易地说保险是骗人的，所以我希望您今天能够认真地听我给您讲一下保险的责任，并在收到保单后仔细阅读一下看和我说的有无出入，如果您觉得没有问题您再付钱。另外，人家说谣言止于智者，我想您和我一样，不会根据一面之词就相信一个人，况且如果保险是骗人的，政府也不会任由最初的一家保险公司发展到现在的几十家。

⑩ 你们公司的专业体现在什么地方？

既然我们是专业做汽车保险的，肯定和其他公司不一样啊，客户出险以后有专门的车险小管家全程跟踪客户的理赔流程，而且一些小案件我们都是上门收取单证的，实际上从案件出现开始，您就只需要报案和准备材料就可以了，其他手续都由我们全程负责，而且理赔速度也很快，一万块钱以下的案件都是当天赔付到账，3万元以下的是两个工作日，这个速度在整个保险行业里是

| 第5章 汽车保险电话营销

非常快的。很多客户觉得自己没有出险，几千块的保费就白交了。但在我们公司就不一样了，我们有非事故的道路救援服务，主要针对汽车抛锚的情况。您想，汽车就好像人一样，人都说不准什么时候会生病，汽车也会说不准什么时候抛锚，对吧。如果车子抛锚了，我们会提供全国的道路救援，免费为客户修车、拖车、换轮胎、电瓶充电等服务，解除了您的后顾之忧，而且我们会适时发送一些周边的路况信息和天气情况，包括汽车维修保养的小常识，便于您出行，客户的年审和驾驶快到期了我们也会发短信提醒。对了，像您的生日我们也有短信祝福呢，您说，这样细致入微的服务还不够专业吗？

⑪ 我朋友是保险公司的。

- 有熟人但是价格不一定是最优惠的啊，你先听听我们公司的价格，买不买都可以做个比较嘛！

- 您的想法我非常理解，您之所以选择在您朋友那里投保，是觉得有事理赔找他方便吧？您的朋友肯定是尽力帮您，但是一个人的能力比较有限。您保在我们这里，我们是365天每天24小时为您服务，不管何时何地，您只需要给我们拨打电话，就可以享受贴心的服务了。您看今年投保人被投保人都是写您的名字对吧！

- 看得出来先生是一个重感情，也很豪爽的人，但是先生您买产品也一定要看质量的对吧？举个简单的例子，有一次我在我朋友那买了一部手机，他当时给我说得很好，但是电池没过两天就坏了，后来我不方便找他理论，就自己掏腰包又买了一块电池！况且您在朋友那里投保，也不是他帮您理赔的，到时理赔不好，您找谁呢？而我们这边有物超所值的产品和无微不至的售后，一定值得先生考虑的，对吧？

⑫ 你们价格比较高。

- ×先生/女士，您看这边的价格已经很优惠了，而且买保险主要是看保障到底全不全部全面，就拿我们公司的三者险来说，就和其他公司的不一样了。我们公司的三者险的赔偿责任是除了第三方的人伤物损之外还包含了法律费用的，这些都是包含在您所投保的三者险保额内进行赔付的，避免了因诉讼问题产生的困扰。

- ×先生，您的想法我非常理解，我也承认我们公司的价格不是最低的，但我相信我们给您的服务是最贴心的。

- 这边不计免赔都是包含在保单里面的，不需要您单独花钱购买，说实在的，作为专业的车险公司，很多地方都是人性化的。其他保险公司都是需要单独买不计免赔，有些客户不明白没买不计免赔，到时候自己要赔付一部分，这对客户是相当不划算的。

⑬ 你们打几折。

- 先生，每家公司的基准保费是不一样的，所以就算是同样的折扣，可能最终的保费也不一样，我直接给您报个我们的价格，您可以和其他公司的价格做一个对比，这样就知道谁是最优惠的了，是吧？

- 其实您没必要去看他们打几折，有的地方给您报价，把价格抬得很高，那折扣自然就打得低，其实打折后的价格还没有我们优惠，因为我们公司的主险中都包含不计免赔，不用单独花钱购买，到时候保险责任范围内也是100%赔付。

- 您也知道，折扣都是虚的，同样的东西，如果商场里面打一折却比在旁边的超市打五折还贵，您肯定也不会买那个一折的。相信您最关心的还是最终的实际保费，对吧？

- 先生（女士）您可以放心，在同样的范围下，这是我能给您的最优惠的价格了，最终价格

便宜了，折扣是多少又有什么关系呢？您说对吧？更何况，在您投保的车损险里，我公司还给您包含了自燃、涉水、动物侵扰等险种……（将话题转移到产品优势）

⑭ 能不能再优惠点。

- 先生，您现在的价格已经是我们搞活动的最低价格了，相信也不是我一家公司在和您联系，您应该是做对比的，所以价格方面我们已经是最低了，不过如果您现在投保，可以享受到我们的道路救援服务和××××礼品，这些都是送完为止的哦！您看我现在就为您办理了吧。

- 先生，您现在的价格已经是我们搞活动的最低价格了，相信也不是我一家公司和您联系，您应该是做过对比的，所以价格方面我们这边实在是没办法再少了，不过您作为我的客户，当然以后有什么事都可以第一时间找到我，小×一定会竭尽全力帮您，多帮您协调一下不是比什么都强吗？

- 先生，我理解您这种想法，一般顾客在选择一样产品时，会注意3件事：产品的优质；优良的售后服务；最低的价格。但现实中，我从来没见过有哪家公司能同时提供最优秀的品质、最优良的售后服务、最低的价格给客户的。也就是这3项条件同时拥有的情况是不可能的，就好比奔驰汽车不可能卖桑塔纳的价格一样。所以您现在选择产品的话，您是愿意牺牲哪一项呢？愿意牺牲我们产品优秀的品质，还是我们公司优良的售后服务呢？所以有时候我们多投资点，能得到您真正想要的东西还是蛮值得的，您说是吧？（您看保单是送到您家里还是公司呢？）

⑮ 我想在××公司买。

- ××公司的确是一家不错的保险公司，但是我们比他们更专业啊，从保障范围来讲我们的险种比他们的多了动物侵扰险和法律费用，这两个险种您要想买，在他们公司还买不到呢，花同样的钱买更多的保障本身就是赚了，更何况我们公司目前的保费还比他们的便宜，所以，简直就是物超所值。保险本来就是一年买一次，您可以尝试不同的服务，您花一年的时间来尝试一下我们公司的服务，有尝试才会有收获嘛，说不定您会发现我们公司比那家公司更好，是吧？

- 先生，您觉得××公司的服务好是吧，那是因为你没有尝试过我们的服务啊，我们的服务肯定比你原来那家公司更好呢。打个比方，你天天在一家餐馆吃饭，尽管那家餐馆的味道不错，突然旁边开了另一家，装修精致，相信您也会去尝一下吧。

- 看来您是一个十分忠诚也十分执着的人啊，您刚才说过，以前在很多保险公司都保过，而现在您只选择在人保就是因为您认可它的理赔服务，对吧？其实，我们公司在理赔方面也是十分便捷的，您不仅可以享受到电销的绿色通道，实现1万元以下不涉及伤人案件当天领取赔款，还可以享受道路救援服务……您看，您对人保也是一回生二回熟，况且服务也是比较出来的，您今年何不用一年的时间来了解、体验一下我们公司的服务呢？您看保单是给您送到家里还是公司呢？

⑯ 我只买交强险，可不可以啊？

- 当然可以啊。交强险的赔付限额很低，死亡伤残最高限额是110000元，医药费用10000元，财产损失2000元，实际出险时的损失是远远不够的，所以才有必要来买商业险，而且买保险就是买个保障，买个安心和放心。平均每个月也就二三百块钱，但是却能让你出行无忧，所以还是帮你投保一份商业险吧。其实交强险承担的是交通事故中对对方的赔付，而没有对自己的保障，我知道您不想买商业险的原因是因为觉得没这个必要。但是保险的基本意义就是防患于未然，买了保险不代表要出险，而是如果当险情一旦发生通过保险的作用把损失降至最低。

- （客户想在其他公司买商业险）先生当然可以选择这样的方式，但是这样的话如果将来出险理赔就会很麻烦,因为这样就会先让您来我们这边理赔,然后再去您购买商业险的公司理赔,这样的话就会使您浪费更多的时间在理赔上,耽搁了工作就不好了,要不您就用一年的时间来尝试一下我们公司的服务,而且在价格上也会给您很大优惠的(介绍产品优势+促成)。

⑰ 付不起保费。

客户先生您真的很会开玩笑啊,您看你在××这样的大城市能拥有汽车怎么会付不起这么一点保费呢?何况保险本来就是一份保障,当以后出现保险的责任规定的时候我们帮您赔付。

⑱ 关于理赔。

- 万一真的出险了,您只需要在现场拨95×××转1号键报案,将出险情况描述一下。
- 挂掉电话10分钟内就会有我们的工作人员与您取得联系,指导您正确处理。如果是单方事故且损失较小,他会指导您进行快速处理;如果是双方事故则需报交警,按交警的指示来做。我们勘察员到达现场的时间也有规定,例如我们××市内要求在×分钟内赶到,郊区则在×分钟内到达。
- 到达之后我们的查勘员会进行现场查勘定损,如果您觉得我们查勘员定的价格与您常去的修理厂定的价格有出入的话我们还可以和您一起去到您的修理厂进行三方定价,一般来说我们定的价格在绝大多数修理厂4S店都能修好。当然如果有些修理厂或4S店要价明显不合理,我们查勘员会与他们进行协商,实在协商不下来我们还会推荐您到同等的修理厂或4S店修理,尽量不让您出差价。
- 然后就是您以前觉得最麻烦的收理赔资料的问题了。我们公司规定查勘员在现场会给您一张表,上面会一次性告诉您需要准备哪些理赔材料,同时他在现场会尽量收集您已有的资料。对于没有收齐的,您可以选择自己交到公司,也可以通过邮寄的方式寄到公司。
- 我们公司在收到齐全有效的理赔资料后,对于金额一万元以下的案件,一个工作日内结案支付;金额一万元至10万元以下的案件,3个工作日内结案支付;金额10万元以上的案件,7个工作日内结案支付;对于特别重大或复杂疑难案件,将于10个工作日内结案支付。
- 在您交资料的同时,我们一定会建议您交一张您的存折卡的复印件(当然也可以让查勘员给您拍下来),这样的话您的理赔款就会通过转账的形式打到您的银行账户里面。
- 这就是我们整个的理赔流程,您看非常清晰明确对吧?

⑲ 我还是想在4S店买,方便。

先生,您指的方便是直接在4S店修理,并且后续手续由他们帮您代办,是吧?其实在我们这边保同样能享受到这样的服务,我们不限定修理厂,您同样可以在您经常修理或者满意的4S店修理,而且后续服务我们都是一对一的,您只需要提供必要的资料就行了,而且资料也是我们上门收取。所以您在我们这边买保险享受的服务也很方便,况且4S店只是代理,他在中间环节还要赚钱,我们是电话销售,省去了中间环节,您花少的钱买同样的甚至更好的服务,不是更好吗?

×先生,您的想法我非常明白。但是相信您修车不可能一直在一家4S店修理对吧?而且4S店只负责修车,像我们的三者险,万一客户撞了人,一赔就是十多万甚至二十万的,浅谁?最后还不是找的保险公司。我之前有个客户就是这种情况,保险公司让他找4S店,4S店让他找保险公司,客户就像球一样被踢过来踢过去,先生,您觉得呢?(促成)

我知道您在4S店投保也是图个修车方便,那是因为你所涉及的都是一些小擦小碰的,万一发生了其他事情,像双方责任纠纷的情况,4S店是不会帮车主代办理赔的,因为保监会在2009年的时候已经取消了4S店这个中间环节,理赔起来也是非常麻烦的。

- 不知道您有没有关注这几天的新闻,新闻报道有个客户因为开车撞了花台,把车开到修理厂维修。结果今年购买保险的时候，发现4S店给客户报了3次险，今年保费也上涨了很多，相信您也不希望这样的事情发生到您的身上吧？

⑳ 客户要求坐席留手机号码。

- 先生，公司有规定，我们的手机是不能带进职场的，而且我们的电话都是有录音保障的，这也是保障您的权益，所以以后你有什么问题都可以随时拨打95×××按×号键，我的工号是：×××。
- 先生，其实我们这也是为了保障您的权益，我现在给您打的每一通电话都有录音保障，所有给您的承诺都是做得到的。手机肯定做不到这一点呀，您放心，我们的客户热线都是一年365天24小时为您开通的，您随时拨打都会有人为您热情服务。
- ×先生/女士，我们是正规的电话车险公司，根据保监会的规定为保护我们公司客户的信息安全，我们进入公司后个人电话是不能带入职场的，（因为下班后是个人时间，也不会随时待机的）而且您要是有什么事情需要咨询的都可以拨打我们公司24小时的服务热线，随时都会有人为您提供服务的。

㉑ ××情形赔不赔。

- 您首先要确定购买了对应的险种。第二，要确定您所说的那种情况属于我们的保险责任，那我们就会赔，反之则不赔。例如，购买一个车损综合险，开车撞墙了，看似要赔，但是如果客户是醉酒驾车，则不会赔了。

㉒ 保险未到期。

- 先生，其实现在正是优惠期间而且也可以提前投保的，现在小×打电话给您就只是想先给您报个优惠价格，也希望今年小×能有机会为您服务啊。
- 我们是给您按期续上的，比如说您的保险是下个月10号到期，那我们就从11号给您起保，无缝连接，不会重复投保，只是说提前办理，可以享受到这个优惠折扣，就像买飞机票一样，预定都有打折的，到时候您拿起来用就可以了，对您来说也没有任何损失对吧，您看保单是给您送到家还是单位呢？
- 先生，现在保险都是提前购买，当然保险日期还是会接着您去年的日期，不会提前，也不会多收您一分钱，好多客户提前两个月都买了，正好我们现在有这个活动还有礼品赠送，您看就在我们这里购买吧。

㉓ 关于考虑。

- 车子主要是您在开吧，那保险肯定也是您说了算啊，而且通过我的介绍相信您也会了解到，我们公司的产品和服务都是一流的，所以您买了这么好的一个产品，您家里人肯定也会与您达成共识的。
- 我非常了解您的想法，您非常尊重您家人的意见，而我现在为您推荐的产品已经是非常优惠相信对您有益的事情，您的家人也是不会反对的！更何况我们现在的活动真的很难得，所以建议您可以现在做决定。
- 看来先生很尊重您的家人的意见啊，相信您肯定也很爱您的老婆吧，您看如果今天您把这车险办了，不也是帮您的老婆省事吗？况且我们公司这里恰恰又遇到优惠活动，我们这个好消息带给您，您何乐而不为呢？
- 您看您现在是考虑的哪一方面呢，价格还是服务呢？价格来讲的话，我们这边是最优惠的，而且性价比是最高的，相信也不只我一人给您打电话，您也可以比较一下。服务方面的话，我们是专业的车险公司，所有后续服务都是一对一的。您把车交给我们，剩下的事情都由我们全权负责，完全无后顾之忧，所以您就没必要考虑了，我这边马上帮您办理了吧。
- 考虑当然是没有问题的，那先生您看您主要考虑哪方面呢，价格还是服务？挂断电话之后有些东西可能也不是那么清楚，不如现在有什么问题，小×为您提供在线咨询，再为您介绍一下，方便您考虑。

㉔ 拒绝。

● 先生，您看我是做销售的，联系您肯定是我的分内之事，我可不希望我的饭碗被您抢了，而且您这么忙，万一没在保险日期前办理的话岂不是会影响到您的出行？所以您看择日不如撞日，我今天就帮您办理了吧。

● 那您看这样好吧，您的保险×日就到期了，要是您×号没有和我联系，我就给您打个电话好吧？

● 您需要考虑，我们也非常尊重您的意见的，您看这样好吧，如果我们公司有什么新的优惠活动，这边都会及时来电通知您的，或者您有什么问题需要咨询的也可以拨打我们公司服务热线95×××，转×号键，我姓×或者报您的车牌，只要上班时间您都能方便地找到我的，就不打扰您了，谢谢您的接听，祝您生活愉快，再见！

● 呵呵，您看让您给我打电话，多不好意思，而且我们这个也是服务热线，还是我×日给您打电话吧！您看是上午9点好还是中午12点以后好呢？方便您嘛。

㉕ 我有自己的保险公司和保险员。

● 那不错，不过，我想有些改变是值得一试的。

● 我相信任何改变必然会有收获。

● 我非常尊重您的选择，但是您没有尝试过我们公司，说不定我们这边会更好呢？

㉖ 你们在××地方是否有签约修理点？

● 先生/女士，其实往往出险都不太可能正好在某修理店旁边，我们以前的那些客户一般出险时都选择就近的修理厂处理的，避免车发生进一步损失嘛，而且我们公司是不指定修理厂的，您出险时就可以就近选择自己喜欢的修理厂修车。

㉗ 一天都是保险公司的电话。

● 先生，我上次给您打电话都是3天前了，今天还是第一次给您打电话呢，您今天已经接了其他保险公司的电话了吧？那您人真好，也不会拒绝我的电话吧？

● 非常抱歉打扰到您了。因为考虑到您这样的成功人士平时都比较忙，很难抽出时间去保险公司办理保险，所以我们现在就通过电话的方式与您联系，希望在最短的时间里为您提供最优惠的保险信息。这边就给您做一个保险计划您参考一下好吧？不知道先生/女士您三者险习惯保20万元还是30万元呢？

（4）报价后尝试促成话术

① 二择一法。您今年的保费只需要××××，您看保单是给您送过来还是您到我们公司来取呢？

② 直接法。您今年的保费只需要××××，其实我们可以把单子做出来，直接给您送过来，或者您自己到我们公司来取。

③ 从众法。像您这个价位（车型）我们公司做了很多了，那这边就帮您办理了吧。您的身份证在身上吧？

④ 危机法。今年保费只需要××××，而现在刚好有……（优惠活动），但是有名额和时间限制，这边就帮您办好，到期之前给您送过去吧。行驶证车主是您的名字吧，投保人、被保险人也是您的名字对吧？

⑤ 保证法。今年保费只需要×××，我们公司的价格可以说是整个××市场性价比最高的了，

这边简单登记就可以帮您办好的，非常方便。您看投保人、被投保人都是您的名字吧？

（5）结束语话术

① 常规结束语。那这边就不打扰您了，下周一下午5点（时间以与客户预约的为准）再与您联系。如果保险方面有任何疑问，欢迎随时拨打95×××转×，报我的工号××找到我，我叫××，很乐意为您服务。祝您出行安全，再见！

② 出单电话结束语。先生，这边保单已经给您录完了，您看还有什么问题？没问题的话这边就给您做保单了。（没有）好的，感谢您对××公司的支持！在未来一年里小×就是您的车险小管家，如果有任何车险上的疑问，欢迎随时来电。我的工号是××。这边就不打扰您了，祝您行车安全，再见！

③ 预约结束语。感谢您的接听，如果您有关于车险的任何问题，请拨打95×××转×号键找小×，我的工号是×××××，祝您行车安全（工作愉快），再见！

④ 成交结束语。感谢您对小×及××公司的支持，报案理赔请直接拨打95×××转×号键，找我可以直接转×号键，我的工号是××。祝您行车安全（工作顺利），再见！

3. 案例分析

（1）案例一：针对续保客户的开场白话术

【情景再现】张先生的汽车保险在平安保险公司连续投保3年，将于近日到期。平安保险公司的电话营销员孙青负责张先生的续保任务。

【通话方式】

孙青：您好！请问是张先生吗？

张先生：是的。你是哪里？

孙青：张先生，您好！我是平安保险公司的孙青，工号100123，去年是我为您车牌为鲁A-12345的爱车办理了保险，今年您的车险即将到期，我们之前给您发的到期通知函不知道收到没？

张先生：收到了。

孙青：您是我们公司的VIP客户，近期我们针对VIP客户推出了一系列的车险优惠活动，您是车主对吧？请问您现在是否有空，我为您办一下续保，好吗？

张先生：好的。

孙青：很高兴为您服务。我会尽快帮您办理，并尽快将保单送给您。就不多打扰您了，祝您生活愉快。

（2）案例二：报价及产品介绍话术

【情景再现】张先生的帕萨特轿车车龄一年，购车时在车行为爱车买的保险，对汽车保险知识不熟悉，汽车保险将于近日到期。平安保险公司的电话营销员孙青负责为张先生报价及产品介绍任务。

【通话方式】

孙青：张先生，我先参考去年您的投保方案给您报个价吧？

张先生：好的。

孙青：首先，交强险是国家规定必须投保的险种，由于您去年没有理赔，此次费用优惠浮动10%；您的车现在市场价格是20万元。那我按现在的市场价格给您把车损险（即车辆行驶过程中

发生刮擦碰撞等导致的自己车辆的损失保险)足额保上,另外我再为您加上50万元的三者险(因为交强险大部分是对死亡伤残进行赔付的,所以涉及三者的车损人伤理赔,山东地区的客户大都会选择加50万元作为交强险的补充);还有盗抢险;车上人员责任险5人,每个人1万元,以及不计免赔特约保险。这样您爱车全年的保费包括交强险才4200元。您现在投保还可以享受如免费验车等一系列特色服务。您看如何?

张先生:嗯,可以。

5.3 汽车保险电话营销线上人员服务规范

【知识目标】
1. 了解汽车保险电话营销服务特色
2. 掌握标准规范的普通话及专业术语
3. 掌握汽车保险电话营销线上人员服务规范

【能力目标】
1. 推进科技创新和管理创新,降低运营成本,提升服务质效
2. 不断改善客户体验,增强社会的满意度

【素质目标】
1. 培养以客户为中心的指导思想
2. 培养尽职、尽责、尽心、尽力的工作态度

课程育人:热爱祖国从干好工作开始

1. 与客户交流中的基本规范

① 接听和呼出过程中除客户主动提出要求外,必须使用普通话与客户交流。

② 当班时段内须保持电话畅通(通话\小憩\系统问题除外),接听电话须及时,须在电话接通两秒内应答或回应客户。

③ 正确使用保持键,遇查询信息或其他原因须请客户稍等时按"保持键",与客户恢复通话后使用正确用语,让客户在线上等待的时间尽量不超过一分钟,超过后根据自己查询的进展征询客户意见,是否还愿意等待。

④ 不占用中继线与客户嬉笑、打闹、聊天。

⑤ 对于主动要求聊天、言谈轻浮、电话中出言不逊的客户应采取适当方法和话术处理。

⑥ 面对刁难、抱怨、投诉客户须及时安抚,必要时可转接给现场主管来解决,不可与客户引起语言上的冲突。

⑦ 正确使用产品介绍话术与客户进行交流,提供给客户准确、完整的产品介绍和优惠政策、信息。

⑧ 禁止使用服务禁用语。服务禁语指对客户表示出不尊重的语言,如反问、训斥、质问、嘲讽、诘问语。

2. 与客户交流中的违规现象

① 隐瞒、欺骗产品的重要内容或完全错误告知条款内容。
② 出现违反职业道德的行为和语言，明确诋毁同行业和其他渠道。
③ 电话接通后长时间无人回应导致客户挂机，占用中继线拨打私话，脱离销售主题的交流持续时间超过 5 分钟，恶意持线结束交流后达 3 分钟以上未挂机。
④ 答复或信息告知内容有损公司、行业形象和利益。
⑤ 对理赔环节存在不实告知，会造成理赔风险的。
⑥ 顶撞辱骂客户或态度措辞明显对客户不敬，违反监管规定对客户做出补贴返佣的承诺或事实。
⑦ 电话中出现赠送险种等违规行为，违反名单来源告知范围。
⑧ 留私人联系方式给客户，违反客户资料保密规定，向外泄露客户相关信息。

5.4 汽车保险电话营销特色

【知识目标】
1. 了解汽车保险电话营销服务特色
2. 掌握标准规范的普通话及专业术语
3. 掌握汽车保险电话营销线上人员服务规范

【能力目标】
1. 提升服务质量，营造良好工作氛围
2. 增强保险业现代化服务理念，改进服务品质

【素质目标】
1. 培养与时俱进精神及主动服务意识
2. 培养爱国、敬业、诚信、友善的基本道德准则

1. 电话营销特色服务提示

① 拨打电话之前应做好详细的准备工作，包括系统、态度、资讯。
② 拨打电话时，大脑一定要清晰，要热情、大方、友善、真诚。
③ 不可拐弯抹角地讲一些无关的事情。
④ 不管自己情绪如何，也不可对客户不礼貌。
⑤ 拨打电话时应口齿清晰、明确，条理分明，要立场坚定，不可似是而非。
⑥ 讲话要有重点，重点部分要加重声音，听上去要更有力。
⑦ 听起来很专业，讲话有力度，适时幽默，开怀大笑，缓和主客之间的紧张气氛。
⑧ 绝对相信自己的产品适合顾客，详细推介服务带给顾客的好处。

⑨ 记得有效预约。
⑩ 称呼对方名字一定要热情，说两三句话要提及一下对方的名字，会显得友好。
⑪ 恰逢顾客生日或特别的节日提前联络以示祝福之意。
⑫ 尽量少用专业术语，及"嗯、这个、那么"等。
⑬ 切记不要逐字逐句阅读文字材料，成为照本宣科的传声筒。
⑭ 告诉顾客自己姓名、电话、通信地址，以便顾客跟你随时联系。
⑮ 语速 120～140 字/分钟，不能太快或太慢。根据客户语速动态调整。讲话有清晰度、吐词清晰、语气平和中有激情、耐心中有爱心。要有热情度、带笑的声音。一定要注意，不要以为对方看不到自己在态度上有所倦怠。正因为客户看不到电话销售人员，所以他所有的一切都只能靠声音去传达。更应该注意态度与声音的训练。

2. 电话营销的信念及其运用

（1）电话营销的信念

① 接听或拨出的每通电话都是重要的。电话营销员代表的是公司形象，对每一个用户都要抱着认真负责的态度，决不能敷衍；良好形象，要建立在每一个电话里，事业和人脉（与客户建立的良好关系），会在每一个热忱的电话中悄悄地拓展开来。在与用户的交流中，饱满的热情可以通过语言表达出来，但支持它的是一种敬业精神。

② 你所接听或拨出的每通电话，对方都可能是改变你命运的贵人，能给你带来财富。结合汽车电话营销的工作，我们将所有进行电话营销的对象都当做贵人，认真对待，热诚接听，他们都可能是改变你命运的人，给你带来财富。你想让别人怎样对待你，你就要怎样对待别人。你要得到快乐，你先要给别人带来快乐；你要获得幸福，你先要给别人带来幸福。你会发现，你开始充满热情和活力，充满着一种感恩的意愿，充满着一种对他人的尊敬和理解。把这样的理念贯穿于你每一天的无数电话之中，重视每一个电话营销的过程，你的工作或许会非常顺利。

③ 我喜欢打电话的对方，喜欢自己打电话的声音。要想赢得对方的信任，就要有热情、自信的态度，同时善于揣摩用户讲的每一句话，表现出对用户的话感兴趣、认可和关心，流露出的是发自内心真心实意的感觉。

世界上各种各样的爱，都是从喜欢自己开始的，都发源于对自己的爱。销售员如果不喜欢自己打电话的声音，电话怎么能打好呢？要喜欢自己的声音，就要想办法把自己的声音调整到最动听、最悦耳、最动人的程度，做到语不惊人誓不休，语不动人誓不休。

进行电话营销时应注意的关于声音的 10 大问题。

- 声音听起来是不是适合你的年龄和性别？
- 声音听起来是不是十分嘹亮？
- 声音有没有高低快慢，抑扬顿挫的变化，是不是能够充分表达你的感情？会不会显得单调？
- 听起来是不是很自然？是否发自内心的诚意？
- 讲话的速度会不会太快或太慢？有没有时常变更讲话的速度？
- 声音听起来会不会让人感觉"嗲声嗲气"？
- 有没有过分强调不必要的言辞？同时有没有强调该强调的言辞？
- 声音听起来是否带有鼻音或嘶哑的声音？

- 说话中有没有停顿过久的问题？
- 声音听上去是否清晰，普通话是否标准？

（2）电话营销的运用

① 电话是传递信息速度很快的通信工具。电话沟通比直接约访要节省时间，而且营销人员可以提前做好充分准备。

另外，邮件、传真传递信息速度也十分得快。

② 坚信每一通电话都会有所收获。自信会成功，自信会从每一个电话中学习到更好的知识，要坚信这次电话营销比上一通电话营销有进步。谁也不能保证每通电话都能成交，但我们能从每一通电话中不断总结和提高，如学识、导购技能、对用户购买心理的了解、处理问题的态度等。

③ 帮助客户成长。推销产品不是我主要的目的，重要的是我向用户推销了快捷优质的服务，节省用户的时间，帮助用户做好参谋。

④ 充满热忱的工作，感动自己，同时也感动他人。热忱是一种意识状态，能够鼓舞人的斗志。热忱会让你的整个身体充满活力，释放出潜意识的巨大力量，支持你不会疲倦；热忱是成功的源泉，你的意志力，追求成功的热情越强，成功的概率就越大。

⑤ 相信自己会成为电话营销的顶尖高手。人类的想象力很伟大。正如过去渴望拥有翅膀的人类真正做出了"翅膀"，创造出可以飞往各地的交通工具一样，想象力能使你的一部分愿望变成现实。

在做每一项工作之前都要树立信心，要有"不服输，做最好"的精神。当你决心"一定要成为电话营销高手"时，就说明你已经成功了一半，另一半是不断的努力，让梦想变成现实。

⑥ 没有人会拒绝销售，所谓的拒绝只是等于客户不够了解，或销售员推介的角度不是更好。在导购过程中，有时会遭到顾客拒绝，如婉转地拒绝："以后再说"，直接地拒绝："我不买、不需要、别耽误我的时间了"等。面对拒绝，你或许有些失望和沮丧，但你同时要清楚，在营销过程中遭遇拒绝是很正常的现象，不要因此有失败感。要善于总结，考虑一下用户拒绝的原因；回顾一下导购中是不是没有发挥出最佳水平，例如，产品的哪些优势介绍得不到位，没有吸引顾客等。

3. 让客户喜欢电话营销的理由

（1）说话要诚实

只有真诚的人才能赢得信任。让客户感受到销售员是专业的。在与客户聊天的时候，去了解此人的脾气、爱好。如果此人比较忙，在把此客户定义为准客户之后，也可以从其助理或同事中去了解。当了解了这些之后，对销售员的进攻一定会大有帮助。

（2）给客户一个购买的理由

让客户知道不只是他一个人购买所推销的产品。人都是有从众心理的，在推荐产品时适时地告诉客户一些与他情况相似或相同的人都购买了这款产品，尤其是他的周边人群购买的就是所推销的产品。这样不仅从心理上能给他震撼，而且还能增强其购买的欲望。

（3）热情的坐席最容易成功

不要在客户问起产品时，就说给你报一下价，你看一下。除非在客户时间非常紧的情况下，才会发一份报价。但也应该在发报价之前说明，实在抱歉，本来要给您介绍服务的，这次只能让您自己看了。让客户时时感受销售员就在他身边，让他感受到销售员热情。如果时间允许的话，即使客户没有需求，也应诚实、热情地去接待他们。销售员应该有"广义客户论"——世人皆客户也。

（4）不要在客户面前表现得自以为是

一定不要自以为是，以为自己什么都懂。很多客户都不喜欢那种得意洋洋，深感自己聪明的坐席员。要是客户真的错了，让他知道其他人也经常在犯同样的错误，他只不过是犯了大多数人都容易犯的错误而已。

（5）注意倾听客户的话，了解客户的所思所想

有的客户对希望购买的产品有明确的需求。注意倾听客户的需求，切合客户的需求将会使销售更加顺利。反之，一味地想介绍自己的产品，无理地打断客户的话，在客户耳边喋喋不休，十有八九会导致失败。

（6）明确告之能够给客户提供什么样的服务

客户不但希望得到销售服务，更希望在购买了产品之后，能够得到良好的服务。与客户保持联系，给客户以节日的问候等，都会给客户良好的感觉。答应客户的事千万不要找借口拖延或不办，如礼品、保单是否及时送出。

（7）不要在客户面前诋毁别人

纵然竞争对手有这样或者那样的不好，也千万不要在客户面前诋毁别人以抬高自己，这种做法非常愚蠢，往往会使客户产生逆反心理。同时不要说自己公司的坏话，在客户面前抱怨公司的种种不是，客户不会放心把自己的保险放在一家连自己的员工都不认可的公司里。

（8）当客户无意购买时，不要用旧销售伎俩施压

很多时候，客户并没有意向购买所推销的产品，这个时候是主动撤退还是继续坚韧不拔地销售？比较合适的做法是以退为进，可以转换话题聊点客户感兴趣的东西，或者寻找机会再次沟通，给客户一个购买的心理准备过程，千万不要希望能立刻一锤定音，毕竟这样的幸运是较少的。

（9）攻心为上，攻城为下

兵法有云：攻心为上，攻城为下。只有得到了客户的心，他才把销售员当作合作伙伴，当做朋友，这样销售员的生意才会长久，朋友才会越来越多。只有把客户做成了朋友，销售员的路才会越走越宽；反之，只能是昙花一现。

4．保险电话营销存在的障碍

（1）消费者对电话营销的方式认可度不高

资料显示，2008年北京保险业497.7亿元的保费收入中，保险电话营销渠道的保费占有率不足5%，比例相当低。主要原因是电话销售保险的方式对国内消费者是个比较新的概念。虽然经过这几年的发展以及电话的普及，已有一部分人认可了电话营销这种方式，但仍有绝大部分人对这一方式心存疑虑。这缘于两方面，一方面很多消费者认为电话营销方式打扰了个人生活，另一方面认为电话营销这种方式侵犯了个人隐私，不安全。

（2）客户资料来源的准确性不高

客户信息数据是进行保险电话营销最重要的基础，而数据质量是影响销售是否成功的关键因素之一。保险公司的客户信息数据来源主要有两个：一种是自身积累的老客户数据，另一种是从外部收集和获取的数据。很多保险公司由于老客户数据不足，需要大量从外部收集数据。而数据收集要花费大量人力物力，因此有不少保险公司为了节约成本而不得不降低对数据质量的要求，"滥竽充数"现象严重。

（3）电话营销的产品过于简单

由于电话营销的固有特点，通过电话销售的产品相对比较简单。例如，寿险方面通过电话销售的产品大多是一些短期意外险、健康险、防癌险等条款相对简单，消费者比较容易明白的险种。这固然对消费者的理解有一定帮助，但并不是所有客户都需要这些险种，他们需要的是比较复杂的险种，如重大疾病险却不能通过电话渠道来购买。财产险方面，车险电话营销在我国刚刚起步，尽管各家保险公司都推出了以家用车为主要营销对象，以车身险、第三者责任险、车上人员责任险、盗抢险等为主险，多个附加险的营销产品组合，但从实际社会需求出发，这远远不够。需要从综合产品定位、质量、价格、市场空间、知名度、美誉度、认知度、后续服务等方面综合考虑。

（4）存在着一定的政策风险

虽然保险监督管理委员会颁发了规范电话营销的相关条文，但因电话营销涉及对方的身份证、银行卡、姓名等"隐私"因素，因此隐私权问题一直伴随着电话营销的发展。

（5）存在一定的道德和法律风险

① 道德风险。在传统车险销售模式中，常常通过验标承保或者多层核保来控制道德风险，有的险种甚至要求要拍摄核保照片承保，而电话营销一般是通过全国统一呼叫中心异地投保核保，这无疑增加了核保难度，从而增加了道德风险的发生。

② 法律风险。法律风险主要表现在保险公司明确说明义务履行不到位，导致合同部分无效。

电话销售虽有其自身优势，但由于现行的相关法律法规还不完善，尤其是在合同的成立和生效问题上没有明确的法律加以规范，加之保险公司营销经验不足、内控管理尚不完善，因此存在诸多法律风险。

- 保险公司以电话录音作为证明保险合同成立的单独证据，存在证据不足的法律风险。对于传统的保险合同，投保人必须在投保书上签字或盖章，而电话营销保险合同以对话方式作出，没有投保书，投保人以口头形式表示要约，其收到保险公司投递的保单后因各种主客观原因不签收或未将回执送回保险公司，保险公司因为已经收了保费也就听之任之。这样，在合同生效前就没有投保人的签字或盖章。保险合同是保险公司和投保人享有权利和履行义务的依据，保险公司必须确保能够证明合同成立。如果保险公司不能提供证据或者提供证据不充分，将面临较大的法律风险：当投保人否认合同成立而要求退回保费时，保险公司可能因证据不足而不得不退回；但若发生了保险事故，投保人要求理赔时，保险公司又不能否认合同成立而拒绝赔付。通过电话营销订立的保险合同，投保人事后否认合同成立的情况多有发生，保险公司保存相关证据并确保证据的证明力至关重要。

- 保险公司明确说明的义务履行不到位，导致合同部分有效。保险合同是格式合同，投保人对其内容往往不了解，为保护投保人的权益，《保险法》第十七条规定：订立保险合同时，保险公司应当向投保人说明保险合同的条款内容；第十八条规定：保险合同中规定有保险人责任免除条款的，保险人在订立保险合同时应当向投保人明确说明，未明确说明的，该条款不产生效力。在电话营销过程中，电话营销人员一般把保险合同中比较重要又能快速表达完毕的内容告知客户，如保额、保费、合同期限等，对一些内容繁多的条款，往往为了节省时间而做简单处理。如电话录音中，电话营销人员仅提醒客户在收到保单后认真阅读责任免除条款，没有把责任免除条款的具体内容在电话中完整地介绍给客户，实际上没有尽到明确说明义务，容易造成责任免除条款不发生效力,保险公司不能援引该条款主张免责。另外,如果电话营销人员在电话中遗漏告知,这些条款对投保人也不产生效力,除非事后投保人认可。

(6) 保险公司未经投保人同意自动续保,违反合同自由原则

合同自由原则是合同当事人订立合同的最基本原则,当事人可以根据本人的需要和意愿决定是否订立合同。电话营销人员在电话中向客户说明该产品的保险期限是一年,并告知一年后经公司同意自动续保。根据该项告知,投保人保险期满后没有提出续保申请的,保险公司就为其自动续保,银行通过客户的信用卡继续扣款用来支付保费。这种做法违反了合同自由原则,因为保险期限届满后,合同应终止。如果双方愿意使原合同继续生效,保险公司应当在征求投保人的同意后重新订立合同。

(7) 银行未经持卡人书面同意扣取保费,影响持卡人的资金安全

信用卡消费的流程一般为:持卡人用卡消费并在购物单上签字;商户向发卡行提交签购单;发卡行向商户付款;发卡行向持卡人发付款通知;持卡人还款。签购单是发卡行向商户付款的依据,因为签购单能够证明持卡人已在商户那里消费。而在保险电话营销中,投保人在收到保单前没有签字,银行在付款前没有投保人的书面授权,唯一依据是电话录音。在目前单独电话录音的证明力还不充分的情况下,银行的做法存在侵害持卡人资金安全的法律风险。而在银保合作的框架下,这一法律风险必然会对保险公司产生不利影响。

参考文献

[1] 伍静. 汽车保险与理赔[M]. 北京：化学工业出版社，2009.
[2] 李劲松，朱春侠，骆剑亮. 汽车保险与理赔[M]. 北京：清华大学出版社，2010.
[3] 赵仲波. 汽车保险理赔[M]. 济南：山东科学技术出版社，2008.
[4] 骆孟波. 汽车保险与理赔[M]. 上海：同济大学出版社，2011.
[5] 沙克文. 汽车保险与理赔[M]. 北京：人民邮电出版社，2011.
[6] 李津津. 汽车保险与理赔[M]. 北京：北京交通大学出版社，2011.
[7] 付铁军，杨学坤. 汽车保险与理赔（第2版）[M]. 北京：北京理工大学出版社，2010.
[8] 孙凤英. 机动车辆保险与理赔[M]. 北京：人民交通出版社，2011.
[9] 程浩勋，黄关山. 汽车保险与理赔[M]. 北京：人民交通出版社，2011.
[10] 张红英. 汽车保险与理赔[M]. 北京：化学工业出版社，2010.
[11] 李景芝，赵长利. 汽车保险与理赔[M]. 北京：国防工业出版社，2010.
[12] 董恩国，张蕾. 汽车保险与理赔实务[M]. 北京：机械工业出版社，2010.